KB206244

요한계시록이 보인다

<요한계시록 강해설교>

요한계시록 강해설교

요한계시록이 보인다

초판발행 | 2009년 9월 20일

지 은 이 | 강 효 민
발 행 처 | 새삶전도협회
홈페이지 | www.nleva.org
주   소 | 서울시 광진구 중곡동 157-1 (143-222)
전   화 | (02) 478-7106, 010-7770-7094
팩   스 | (02) 453-9020
이 메 일 | hjh4020@hanmail.net
출판등록 | 제 25100-2007-26호
인   쇄 | 금강인쇄
책   값 | 15,000원

ISBN 978-89-960006-6-2 03230

요한계시록 강해설교

요한계시록이
보인다

강효민 지음

7년동안

한결같은 마음으로 함께해 준

새삶침례교회의 사랑하는 성도님들께

이 책을 바칩니다.

추천의 글 (1)

『요한계시록이 보인다』라는 저자의 원고를 접하고 하나님께 감사를 드렸습니다. 나는 저자의 목회를 통하여 그가 하나님을 사랑하고, 사람을 사랑하며, 하나님의 말씀을 사람들에게 심어주고자 하는 간절한 열망이 있음을 잘 알고 있습니다. 저자의 신학적인 훈련을 익히 알고 있는 터에 『요한계시록이 보인다』의 원고를 접하자 제 마음은 모든 그리스도인들에게 꼭 필요한 책이 나오게 된 기쁨으로 가득했습니다.

본 저서의 내용은 그가 목회하는 현장에서 성도들에게 전파한 설교로 구성되어 있습니다. 사실 계시록의 성격상 난해한 부분이 많고, 또한 신학적인 면에서 서로 다른 입장을 취할 수 있는 부분이 많기 때문에 계시록 관련 저서들의 내용은 모호한 입장을 취하는 경우가 있습니다. 그러나 저자는 일관된 신학적인 입장을 견지하며 요한계시록 말씀이 바르게 보이도록 최선을 다해 강해했습니다.

나는 종말론에 있어서 저자가 견지하고 있는 전환난설 및 전천년설의 신학적인 입장을 지지하며, 본서가 이 시대를 살아가는 이들에게 하나님이 주시고자 하는 말씀을 명확하게 전달해 주리라 확신합니다. 하나님께서 강효민 목사님을 사용하고 계심으로 인하여 주님께 찬양을 드리며, 귀한 목사님이 주님을 위한 복된 사역에 더욱 귀히 쓰임 받게 되기를 기대하며 축복합니다.

김우생 목사 ┃ 불광동성서침례교회 담임목사
성서침례대학원대학교 총장
극동방송 '5분 말씀' 설교자

추천의 글 (2)

요한계시록은 설교하기에 쉬운 책이 아닙니다. 종말론에 대한 신학적인 차이, 상징적 표현의 해석 문제 등으로 인해 요한계시록 자체를 기피하는 목사님들이 많은데 이번에 강효민 목사님이 요한계시록 강해설교집을 출간하게 되어서 정말 기쁘게 생각합니다. 나는 세 가지 면에서 이 강해집을 적극 추천하고 싶습니다.

첫째, 신학적 통일성입니다. 전천년설-전환난설의 입장에서 계시록 전체를 일관되게 해석하는 신학적 통일성이 돋보입니다. 계시록은 신학적 입장에 따라서 상당히 다양한 해석이 가능한 책입니다.

둘째, 계시록 4장 이후는 미래적인 내용을 담고 있는데 이 부분을 오늘날의 성도들에게 현실적으로 적용함으로 미래의 책인 동시에 현재의 책임을 보여주고 있다는 면에서 한국 강단에 큰 기여를 하고 있습니다.

셋째, 복잡한 신학적-예언적인 내용을 성도들이 이해하기 쉽게 접근하고 있는 면에서도 치하를 받을 만합니다.

이 강해설교집이 독자들로 하여금 요한계시록과 종말론에 대한 이해를 깊게 함으로 현재의 삶에서도 더욱 주님 뜻에 순종하며 사는 계기가 되기를 바랍니다.

장두만 목사ㅣ 강서침례교회 담임목사
「월간강해설교」 발행 겸 편집인
성서침례대학원대학교 교수

책을 내며

요한계시록은 많은 사람들이 어렵게 생각하는 책입니다.
실제로도 그렇습니다.
그러나 잘 읽어보면 그 속에 큰 은혜와 축복이 있음을 발견하게 됩니다.

요한계시록은 어떤 종말론 견해를 가지고 읽느냐에 따라
그 이해와 해석이 달라집니다.
저는 종말론에 있어 전환난설과 전천년설을 믿습니다.
저의 생각으로는 그것이 성경이 말하는 종말론이며,
그 시각으로 요한계시록도 강해했습니다.
어느 것이 옳은 종말론 견해인가는 독자들이 판단해야 할 몫이지만
독자들의 이해와 판단을 위해서 이 책 23장을 먼저 읽어보는 것도
좋을 듯합니다.

말로 한 설교를 글로 옮긴 것이다 보니 책으로서 세련되지 못한 부분도
발견될 것입니다. 이 점에 대해서는 독자들의 이해와 양해를 부탁드립니다.

아무쪼록 이 책이 요한계시록을 이해하려는 분들에게
조금이라도 도움이 되었으면 하는 바램입니다.

이 책이 나오기까지 새삶전도협회의 한혜정 간사님이 참 많은 수고를 했습니다. 한혜정 자매님, 정말 감사합니다.

부족한 종의 설교를 항상 잘 들어주시는 새삶침례교회의 성도님들께도
깊이 감사드립니다. 당신들은 제가 알고 있는 최고의 성도들입니다.

좋은 신앙과 신학 교육을 받게 해 주셨고, 지금도 뒤에서 늘 큰 힘이 되어 주시는 부모님(강인규 목사님과 손필순 사모님)께도 진심으로 감사드립니다. 두 분 오래오래 건강하세요. 사랑합니다.

사랑하는 아내(강세라)와 조이, 건에게도 이 책이 좋은 선물이 되었으면 합니다.

저의 기쁨이자 영원한 소망은 항상 예수 그리스도임을 고백하면서 예수님께 감사와 영광을 돌립니다.

2009년 9월
강 효 민 목사

차 례

1

예수 그리스도의 계시라

(계 1장)

계 1장

1 예수 그리스도의 계시라 이는 하나님이 그에게 주사 반드시 속히 일어날 일들을 그 종들에게 보이시려고 그의 천사를 그 종 요한에게 보내어 알게 하신 것이라 2 요한은 하나님의 말씀과 예수 그리스도의 증거 곧 자기가 본 것을 다 증언하였느니라 3 이 예언의 말씀을 읽는 자와 듣는 자와 그 가운데에 기록한 것을 지키는 자는 복이 있나니 때가 가까움이라 4 요한은 아시아에 있는 일곱 교회에 편지하노니 이제도 계시고 전에도 계셨고 장차 오실 이시며 그의 보좌 앞에 있는 일곱 영과 5 또 충성된 증인으로 죽은 자들 가운데에서 먼저 나시고 땅의 임금들의 머리가 되신 예수 그리스도로 말미암아 은혜와 평강이 너희에게 있기를 원하노라 우리를 사랑하사 그의 피로 우리 죄에서 우리를 해방하시고 6 그의 아버지 하나님을 위하여 우리를 나라와 제사장으로 삼으신 그에게 영광과 능력이 세세토록 있기를 원하노라 아멘 7 볼지어다 그가 구름을 타고 오시리라 각 사람의 눈이 그를 보겠고 그를 찌른 자들도 볼 것이요 땅에 있는 모든 족속이 그로 말미암아 애곡하리니 그러하리라 아멘 8 주 하나님이 이르시되 나는 알파와 오메가라 이제도 있고 전에도 있었고 장차 올 자요 전능한 자라 하시더라 9 나 요한은 너희 형제요 예수의 환난과 나라와 참음에 동참하는 자라 하나님의 말씀과 예수를 증언하였음으로 말미암아 밧모라 하는 섬에 있더니 10 주의 날에 내가 성령에 감동되어 내 뒤에서 나는 나팔 소리 같은 큰 음성을 들으니 11 이르되 네가 보는 것을 두루마리에 써서 에베소, 서머나, 버가모, 두아디라, 사데, 빌라델비아, 라오디게아 등 일곱 교회에 보내라 하시기로 12 몸을 돌이켜 나에게 말한 음성을 알아보려고 돌이킬 때에 일곱 금 촛대를 보았는데 13 촛대 사이에 인자 같은 이가 발에 끌리는 옷을 입고 가슴에 금띠를 띠고 14 그의 머리와 털의 희기가 흰 양털 같고 눈 같으며 그의 눈은 불꽃 같고 15 그의 발은 풀무불에 단련한 빛난 주석 같고 그의 음성은 많은 물소리와 같으며 16 그의 오른손에 일곱 별이 있고 그의 입에서 좌우에 날선 검이 나오고 그 얼굴은 해가 힘 있게 비치는 것 같더라 17 내가 볼 때에 그의 발 앞에 엎드러져 죽은 자 같이 되매 그가 오른손을 내게 얹고 이르시되 두려워하지 말라 나는 처음이요 마지막이니 18 곧 살아 있는 자라 내가 전에 죽었었노라 볼지어다 이제 세세토록 살아 있어 사망과 음부의 열쇠를 가졌노니 19 그러므로 네가 본 것과 지금 있는 일과 장차 될 일을 기록하라 20 네가 본 것은 내 오른손의 일곱 별의 비밀과 또 일곱 금 촛대라 일곱 별은 일곱 교회의 사자요 일곱 촛대는 일곱 교회니라

'요한계시록' 하면 어떤 생각이 드십니까? 어렵다, 비밀의 책이다, 감추어진 책이다, 아마 이런 생각들이 들 것입니다. 그러다보니 요한계시록은 잘 안 읽게 되고, 읽어도 솔직히 이해가 잘 되지 않습니다.

'계시'라는 말은 원래 '열어서 보인다', '감추어진 것을 드러낸다'는 말입니다. '계시(啓示)'의 '계(啓)'는 '열 계'이며 '시(示)'는 '다 가보일 시'입니다. 말 그대로 '열어서 보이는 것' 그것이 '계시'입니다. 영어로는 'revelation'인데 이 말은 'reveal, 드러낸다'는 말에서 온 것입니다. 그러므로 '요한계시록'은 감추어진 책도 아니고, 비밀의 책도 아닙니다. 다른 성경책들 읽는 것 이상으로 읽어야 하고, 특별히 주님께서 오실 날이 다가올수록 더 많이 읽어야 할 책이 요한계시록입니다. 지금이 바로 그런 때가 아닌가 생각됩니다.

이 세상을 한 번 유심히 관찰해 보십시오. 환경파괴, 이상기온, 물 부족 등 여러 가지 이상 징후들이 나타나고 있습니다. 우리나라도 이제 더 이상 물이 넘쳐나는 그런 나라가 아닙니다. 옛날에는 우리나라의 물이 얼마나 좋았습니까. 그런데 지금은 그렇지 못합니다. 요즘은 물을 사서 드시는 분들이 굉장히 많습니다. 그리고 세계적으로 식량부족이 매우 심각해져 가고 있습니다. 이 모든 것이 무엇을 말하는 것일까요? 주님께서 오실 날이 멀지 않았다는 것을 말해주는 것입니다. 그러므로 지금이야말로 요한계시록을 더 많이 읽고, 더 많이 공부해야 할 때입니다.

이 말씀을 읽는 자가 복이 있나니

3절을 보면 이 말씀을 읽는 사람들에게 복이 있다고 말씀하고 있습니다.

"이 예언의 말씀을 읽는 자와 듣는 자와 그 가운데에 기록한 것을 지키는 자는 복이 있나니 때가 가까움이라"(계 1:3).

'이 예언의 말씀'은 '요한계시록'의 말씀을 이야기하는 것입니다. 이 말씀을 읽는 자와 듣는 자, 그리고 그 가운데에 기록한 것을 지키는 자들이 복이 있다고 말씀합니다. 옛날에는 지금의 우리들처럼 성경이 한 사람당 한 권씩 있지 않았습니다. 회당이나 교회에 가면 겨우 두루마리성경이 하나 있을까말까 했습니다. 그 때는 사람들이 어떻게 하나님의 말씀을 들었는가 하면 회당이나 교회의 대표되는 사람이 두루마리성경을 펴서 읽으면 나머지 사람들이 그 말씀을 들었습니다. 그것이 여기서 말하는 '읽는 자'와 '듣는 자'입니다. 그런데 우리는 개별적으로 직접 성경을 읽을 수 있으니 얼마나 좋은 시대에 살고 있는 것입니까.

하나님의 말씀을 '지킨다'는 것은 '말씀을 마음에 새겨둔다', '말씀에 주의 한다', '말씀 앞에 반응을 보인다'는 의미입니다. 그러므로 우리는 요한계시록을 단지 우리의 호기심을 충족시키기 위해 읽어서는 안 되고, 이 말씀을 우리 마음에 새기고, 이 말씀대로 살기 위해서 읽어야 하는 것입니다.

요한계시록의 기록자와 기록배경

요한계시록 1장에는 누가 요한계시록을 기록했는지, 어떤 경위로 기록했는지, 그리고 누구에게 주려고 기록했는지에 대한 내용이 나와 있습니다. 또, 말씀의 수신자들에게 복을 기원하는 내용(4-5a절)과 이 말씀을 기록하도록 은혜 베풀어주신 예수 그리스도께 영광 돌리는 내용(5b-6절), 그리고 요한계시록의 기자가 성령에 이끌리어 환상 중에 본 내용(12-16절)도 나와 있습니다.

본문 1절, 2절, 4절에 보면 요한계시록은 '요한'이 기록했다고 말씀하고 있습니다. 요한이라는 이름은 그 당시 흔한 이름이었는데 여기의 요한은 예수님의 열두 제자 중 한 사람이었던 사도 요한입니다. 그가 이 계시록을 기록했습니다. 그래서 초대교회 시절부터 사람들은 이 책의 이름을 '요한계시록'이라고 부르기 시작했습니다.

그러면 기록자는 사도 요한인데, 원 저자는 누구일까요?

원 저자는 하나님, 예수 그리스도이십니다. 본문 1절을 보면 '예수 그리스도의 계시라'라는 말씀으로 시작하고 있습니다. 기록자는 요한이지만, 원 저자는 예수 그리스도라는 것입니다. 계속 보면 '이는 하나님이 그에게 주사…'라고 말씀하고 있는데 여기의 '그'는 '예수 그리스도'입니다. 하나님이 예수 그리스도에게 주사 '반드시 속히 일어날 일들을 그 종들(믿는 사람들)에게 보이시려고 그의 천사를… 요한에게 보내어 알게 하신 것이라'고 말씀하셨습니다.

그러니까 하나님께서 계시의 말씀을 예수 그리스도께 맡기시고, 예수 그리스도는 천사를 통해서 사도 요한에게 전달하시고, 요한은 자기가 들은 것, 본 것을 글로 기록하여 요한계시록에 나오는 일곱 교회에 보냄으로 모든 믿는 사람들에게 알게 한 것입니다. 그러므로 요한은 하나님께서 보여주신 계시를 기록한 기록자에 불과한 것이고, 원 저자는 예수 그리스도요, 하나님이라는 것을 먼저 이해해야 합니다.

9절부터 11절까지의 말씀에는 요한이 어떤 경위로 이 말씀을 기록하게 되었는가를 설명하고 있습니다.

"나 요한은 너희 형제요, 예수의 환난과 나라와 참음에 동참하는 자라. 하나님의 말씀과 예수를 증언하였음으로 말미암아 밧모라 하는 섬에 있었더니, 주의 날에 내가 성령에 감동되어 내 뒤에서 나는 나팔소리 같은 큰 음성을 들으니, 이르되 네가 보는 것을 두루마리에 써서 에베소, 서머나, 버가모, 두아디라, 사데, 빌라델비아, 라오디게아 등 일곱 교회에 보내라 하시기로"(계 1:9-11).

요한이 하나님께로부터 계시를 받은 곳은 밧모라는 섬이었습니다. 밧모섬은 터키와 그리스 중간에 있는 에개해에 위치하고 있는 작은 섬입니다. 이 섬은 거리상으로는 터키와 가깝지만 그리스에 속해 있습니다. 요한은 복음을 전하다가 유배되어 이 밧모섬에 있게 되었습니다. 9절에 보면 '하나님의 말씀과 예수를 증언하였음으로 말미암아 밧모라 하는 섬에 있었더니' 라고 말씀하고 있습니다. 그 당시 로마의 황제는 도미티안이었는데 이 사람은 황제숭배를 강요하고, 기독교를 박해했던 사람입니다. 사도 요한은 황제숭배를 거부하다가 결국 유배를 당하여 밧모섬에 오게 된 것입니다.

그런데 어느 날, 요한은 그 곳에서 하나님의 계시의 음성을 듣게 됩니다. 10절에 보면 그 날을 '주의 날' 이라고 소개하고 있습니다. '주의 날' 이라고 하면 '주일', '일요일' 을 말하는 것으로 생각되는데, 어떤 학자들은 '주의 날' 을 복잡하게 설명하기도 합니다. 그러나 평범하게 읽어서 이해되는 대로 이것은 '주일', '일요일' 이라고 생각하면 될 것입니다. 사도 요한은 주일날 계시의 음성을 듣고, 계시를 보게 되었는데 10절에 보면 '성령에 감동되어' 라는 표현이 나옵니다. 우리들도 간혹 성령에 감동될 때가 있습니다만은 여기에서는 그런 차원을 이야기하는 것이 아니라, 성령에 완전히 이끌린 것

을 말하는 것입니다. 고린도후서 12장에 보면 사도 바울도 비슷한
경험을 한 것이 기록되어 있습니다. 그러한 상태에 대해서 사도 바
울은 "내가 몸 안에 있었는지 몸 밖에 있었는지 잘 모르겠다"고 이
야기합니다. 그는 셋째 하늘에 올라가서 말할 수 없는 것들을 듣고
보았습니다. 그런데 그것이 자기의 몸이 올라가서 본 것인지, 아니
면 자기 영만 올라가서 본 것인지 자기도 모르겠다는 것입니다. 여
기 나오는 '성령에 감동되었다'는 말이 바로 그런 의미입니다. 성령
에 이끌려 계시의 음성도 듣고, 계시의 모든 내용들을 보게 된 것입
니다.

기록하여 일곱 교회에 보내라

그리고 하나님께서는 요한에게 계시로 보여주신 모든 내용을 기록
하여 아시아에 있는 일곱 교회에 보내라고 하셨습니다. 11절을 보겠
습니다.

"네가 보는 것을 두루마리에 써서 에베소, 서머나, 버가모, 두아디
라, 사데, 빌라델비아, 라오디게아 등 일곱 교회에 보내라"(계 1:11).

이 일곱 교회는 4절에 보면 모두 아시아에 있는 교회들입니다. 여
기 나오는 아시아는 오늘날 우리나라가 속해 있는 아시아가 아니라
당시 로마제국의 한 지역 이름이었습니다. 그리고 일곱 교회는 오늘
날의 터키 서부지역에 실제로 있었던 교회들입니다. 그 교회들에게
써서 보내라는 것입니다.

만왕의 왕, 만주의 주

하나님께서 그에게 보여주신 계시는 12-16절에 나옵니다.

"몸을 돌이켜 나에게 말한 음성을 알아보려고 돌이킬 때에 일곱 금 촛대를 보았는데 촛대 사이에 인자 같은 이가 발에 끌리는 옷을 입고, 가슴에 금띠를 띠고, 그의 머리와 털의 희기가 흰 양털 같고 눈 같으며, 그의 눈은 불꽃 같고, 그의 발은 풀무불에 단련한 빛난 주석 같고, 그의 음성은 많은 물소리와 같으며, 그의 오른손에 일곱 별이 있고, 그의 입에서 좌우에 날선 검이 나오고, 그 얼굴은 해가 힘 있게 비치는 것 같더라"(계 1:12-16).

이 계시는 예수 그리스도에 대한 것입니다. 13절에 보면 '인자 같은 이'를 보았다고 말씀하고 있는데 이 분이 바로 '예수 그리스도'입니다. '인자 같은 이'라는 표현은 다니엘서 7장 13절에 나오는 표현인데 '메시아', '그리스도'를 일컫는 말입니다.

그런데 '예수 그리스도'를 묘사하는 이 말씀들을 쭉 읽어보면 무슨 말씀인지 이해가 잘 안 갑니다. 그것은 상징적으로 기록되어 있기 때문에 그렇습니다. 이 중에 어떤 것은 그것이 무슨 의미인지 설명해주고 있습니다. 예를 들면 '일곱 금 촛대'는 '일곱 교회'라고 밝혀주고 있고, '일곱 별'은 '일곱 교회의 사자'라고 설명해주고 있습니다(20절).

"네가 본 것은 내 오른손의 일곱 별의 비밀과 또 일곱 금 촛대라. 일곱 별은 일곱 교회의 사자요, 일곱 촛대는 일곱 교회니라"(계 1:20).

이렇게 어떤 것은 상징적인 표현이 무엇을 말하는지 설명해 주는데, 또 어떤 것은 전혀 안 해줍니다. 그래서 사람들이 요한계시록을 어렵게 생각하는 것입니다.

12-16절의 말씀 속에 나타난 예수 그리스도의 모습은 '만왕의

왕', '만주의 주'가 되시는 모습입니다. 하나씩 살펴보면 13절에 예수 그리스도께서는 발에 끌리는 옷을 입고, 가슴에 금띠를 띠고 있다고 말씀하고 있습니다. 옛날 이천년 전에 예수님께서 이 땅에 계셨을 때는 이런 복장이 아니었습니다. 그저 지극히 평범한, 어쩌면 평범 이하의 보잘 것 없는 복장을 하고 계셨습니다. 그런데 본문에서는 그렇지가 않습니다. 본문에 나타난 예수 그리스도의 모습은 만왕의 왕의 모습으로 사도 요한에게 나타내 보여주신 것입니다.

14절에는 '그의 머리와 털의 희기가 흰 양털 같고 눈 같으며'라고 되어 있는데 이와 비슷한 표현이 다니엘서 7장 9절에도 나옵니다. 하얀 것은 원래 순결을 상징합니다. 이것은 예수 그리스도의 고결성, 순결성을 상징하는 것입니다. 또 '그의 눈은 불꽃 같고'라고 하였습니다. 불꽃 같은 눈으로 사물을 보고, 사람을 보면 못 보시는 것이 없겠지요. 얼마나 무섭겠습니까. 불꽃 같은 눈으로 사람을 보시고, 사람의 중심까지 다 뚫어 보시며 심판하실 것을 이야기하는 것입니다. '그의 발은 풀무불에 단련한 빛난 주석 같고'(15a절)라고 했는데 이것도 역시 심판과 관련된 표현입니다. 이 발로 예수 그리스도께서는 그의 원수들을 밟으실 것입니다. 요한계시록 19장 15절에 '친히 하나님 곧 전능하신 이의 맹렬한 진노의 포도주 틀을 밟겠고'라고 하셨습니다.

또 '그의 음성은 많은 물소리와 같다'(15b절)고 하셨습니다. 많은 물소리를 들어보신 적이 있습니까? 저는 나이아가라 폭포에 가본 적이 있는데 그 물소리가 정말 대단했습니다. 그런데 예수 그리스도의 음성이 많은 물소리와 같다고 했습니다. 이와 비슷한 표현이 시편 29편 3-4절에도 나와 있는데 이런 표현들은 힘과 위엄을 나타내는 것입니다. 예수 그리스도는 힘이 있고, 위엄이 있으신 분이십니다. 그 음성이 그런 것을 나타내고 있습니다.

'그의 입에서는 좌우에 날선 검이 나오고'(16b절)라고 했는데 이것은 예수님의 입에서 나오는 심판의 말씀을 상징적으로 표현한 것입니다. 히브리서 4장 12절에도 '하나님의 말씀은 살아 있고 활력이 있어 좌우의 날선 어떤 검보다도 예리하다'는 말씀이 있습니다. 그래서 예리한 심판의 말씀이 예수 그리스도의 입으로부터 나오는 것을 '그 입에서 좌우에 날선 검이 나온다'고 표현하고 있는 것입니다. 예수 그리스도께서는 이 말씀의 검으로 모든 대적자들을 멸하실 것입니다.

또 계속 보면 '그 얼굴은 해가 힘 있게 비치는 것 같더라'(16c절)라고 했는데 이것은 예수 그리스도의 영광과 승리를 나타내는 것입니다

이와 같이 예수 그리스도의 모습은 만왕의 왕, 만주의 주의 모습입니다.

요한계시록의 내용

예수님께서는 다시 오십니다. 그리고 예수님께서 다시 오시는 때를 전후하여 많은 일들이 일어나게 되는데 그 내용들을 기록한 책이 바로 요한계시록입니다. 19절을 보겠습니다.

"그러므로 네가 본 것과 지금 있는 일과 장차 될 일을 기록하라"(계 1:19).

이 말씀은 요한계시록 전체를 이해하는데 대단히 중요한 말씀입니다. 뭘 기록하라고 말씀하시는가 하면 첫째는 '본 것', 둘째는 '지금

있는 일', 셋째는 '장차 될 일' 입니다. 이것이 요한계시록 전체의 내용입니다.

'본 것'은 예수 그리스도를 환상 중에 본 것을 이야기하는 것으로 요한계시록 1장의 내용을 말하는 것입니다. '지금 있는 일'은 일곱 교회에 보내는 편지를 이야기하는 것으로 요한계시록 2장과 3장에 기록되어 있습니다. '장차 될 일'은 예수 그리스도의 지상 재림 전후에 있게 될 일인데 그 내용은 요한계시록 4장부터 마지막 22장까지 기록되어 있습니다. 이것이 요한계시록 전체의 내용입니다.

다시 오실 예수 그리스도

요한계시록에서 이런 내용들을 자세하게 살펴보게 될 텐데 1장에서 중요한 것은 예수 그리스도께서 다시 오신다는 것입니다. 그 때 예수 그리스도를 거절했던 사람들이 가슴을 치고 통곡하는 일이 있을 것입니다.

"볼지어다. 그가 구름을 타고 오시리라. 각 사람의 눈이 그를 보겠고, 그를 찌른 자들도 볼 것이요, 땅에 있는 모든 족속이 그로 말미암아 애곡하리니 그러하리라. 아멘"(계 1:7).

예수님께서는 구름을 타고 다시 오십니다. 그 때에는 예수 그리스도를 십자가에 못 박았던 이스라엘 사람들도 모두 보게 될 것입니다. 그들뿐 아니라 이 세상 모든 민족, 모든 나라 사람들이 다시 오시는 예수 그리스도를 보게 될 것입니다. 그 때 예수 그리스도를 안 믿었던 사람들은 얼마나 두렵겠습니까.

'아, 예수가 정말 메시아로구나, 그가 하나님이로구나. 그가 심판주로구나!'

가슴을 치고 통곡하게 될 것입니다. 그러나 그 때는 이미 늦었습니다.

이 예수님께서 우리를 위하여 어떤 일을 하셨을까요?

5b절과 6절을 보면 예수님께서 우리를 위해서 하신 일을 잘 설명하고 있습니다.

"우리를 사랑하사 그의 피로 우리 죄에서 우리를 해방하시고, 그의 아버지 하나님을 위하여 우리를 나라와 제사장으로 삼으신 그에게 영광과 능력이 세세토록 있기를 원하노라. 아멘"(계 1:5b-6).

예수 그리스도께서는 우리를 사랑하셔서 우리의 죄를 위하여 죽으셨고, 죄에서 우리를 해방하셨습니다. 또한 우리를 하나님의 나라와 제사장으로 삼으셨습니다. 우리를 '하나님의 나라로 삼으셨다'는 말은 우리를 '하나님 나라의 백성이 되게 하셨다'는 말씀이고, 우리를 '제사장 삼으셨다'는 것은 '우리로 하여금 하나님께 영적인 예배를 드릴 수 있는 사람이 되게 하셨다', '우리로 하여금 언제라도 하나님께 나아갈 수 있는 사람이 되게 하셨다'는 말씀입니다. 그러니 우리가 얼마나 축복받은 사람입니까. 예수님 때문에 우리가 죄 사함 받고, 죄와 사망의 권세에서 자유케 되고, 하나님 나라의 백성이 되었으니 얼마나 놀라운 일입니까. 이러한 사실들로 인해서 늘 감사하고, 하나님께 영광 돌릴 수 있는 우리가 되어야 할 것입니다.

일곱 금 촛대 사이에 계신 예수 그리스도

그럼 지금은 예수 그리스도께서 어떤 일을 하고 계실까요?

교회들과 함께 계시고, 교회의 목자들을 붙들고 계신다고 말씀하고 있습니다. 12-13a절을 보겠습니다.

"몸을 돌이켜 나에게 말한 음성을 알아보려고 돌이킬 때에 일곱 금 촛대를 보았는데 촛대 사이에 인자 같은 이가 발에 끌리는 옷을 입고"(계 1:12-13a).

이 말씀에 보면 예수님이 '일곱 금 촛대', 즉 '일곱 교회' 사이에 계신다고 말씀합니다. 예수님께서 '일곱 교회 사이에 계신다' 는 것은 '예수님께서 교회와 함께 계신다', '교회들을 돌보고 계신다' 는 말씀입니다. 이 일곱 교회는 그 당시에 실제로 존재했던 교회들을 말하는 것인데, 지금 이 땅에 있는 모든 교회들을 상징하는 것이기도 합니다. 그래서 오늘날에도 예수님께서는 교회들과 함께 하시면서 교회들을 돌봐주시고, 지켜주시며, 보호해 주십니다.

그리고 '그의 오른손에는 일곱 별이 들려 있다'(16a절)고 말씀하고 있는데 이 '일곱 별' 은 '일곱 교회의 사자' 라고 했습니다. '사자(使者)' 라는 말은 '메신저' 라는 말입니다. 이 말은 '천사' 로 이해할 수도 있고, '사람' 으로 이해할 수도 있습니다. 이것이 과연 천사를 이야기하는 것인지, 사람을 이야기하는 것인지, 사람을 이야기한다면 교회의 목자를 이야기하는 것인데 여기에 대해서는 학자들 간에 의견이 분분합니다. 제가 볼 때는 사람을 이야기하는 것 같습니다. 요한계시록 2장 1절에 보면 "에베소 교회의 사자에게 편지하라"라고 말씀하고 있습니다. 요한이 지금 편지를 써서 보내는 대상자가 누구입니까? 일곱 교회인데 그 대표는 당연히 그 교회의 목자, 즉 사람이지요. 그러므로 '사자(使者)' 는 사람으로 이해하는 것이 좋다고 생각합니다.

그런데 그 일곱 별, 즉 일곱 교회의 목자를 누가 붙들고 있습니까? 예수님께서 붙들고 계십니다.

음부의 권세가 이기지 못하리라

그러므로 음부의 권세가 교회를 이길 수 없는 것입니다. 예수님께서 마태복음 16장 18절에서 '음부의 권세가 이기지 못하리라' 고 말씀하셨습니다. 생각하면 참 감사하지 않습니까? 교회를 보면 힘없는 사람들의 모임 같은데 교회의 머리가 예수 그리스도시고, 예수 그리스도께서 지금 이 순간에도 교회를 지키시며 돌보고 계신다는 것입니다. 그러므로 성도들은 교회를 중심으로, 교회 안에서 신앙생활을 해야 합니다. 무교회주의자들은 '교회는 필요 없다', '개인적으로 하나님 잘 믿으면 되지 교회는 무슨 교회냐' 라고 생각하는데 아주 잘못된 생각입니다. 우리 주 예수 그리스도께서 교회를 세우셨고, 지금도 교회를 통해서 축복해 주시며, 교회를 통해서 보양해 주십니다. 그러므로 교회를 중심으로, 교회 안에서 신앙 생활하는 것이 대단히 중요합니다. 그리고 교회에는 하나님께서 세우신 목자가 있습니다. 그 목자에 대해서는 존중하는 마음을 가져야 합니다. 그 목자를 지금 예수님이 붙들고 계시기 때문입니다. 그러므로 설령 교회의 목자가 별 볼일 없어 보인다 할지라도 절대로 무시하거나 우습게 여겨서는 안 됩니다. 항상 교회와 교회에 세운 목자를 귀하게 생각해야 합니다.

예수님은 곧 다시 오십니다. 정확한 날은 우리가 알 수 없지만 세상 돌아가는 것을 볼 때 오실 날이 멀지 않았다는 것을 알 수 있습니다. 옛날에는 없었던 일들이 지금 많이 일어나고 있습니다. 식량도 부족하고, 물도 부족하고, 환경도 파괴되고…. 이런 일들이 계속해서 일어나면 결국 어떻게 되겠습니까? 종말이 오는 것 아니겠습니까. 예수님의 재림으로 이 세상은 끝이 나게 되어 있습니다. 그러므로 우리는 정신을 차리고 신앙생활을 잘 해야 하는 것입니다. 그렇게 하라고 하나님께서 요한을 통해 요한계시록을 기록해 주셨습니다.

혹시 아직 예수님을 믿지 않고 있는 분이 있다면 꼭 예수님을 자신의 주님으로 모셔 들일 수 있기를 바랍니다. 여러분이 지금 예수 그리스도를 만나지 않는다면 언젠가 한 번은 꼭 만나게 될 것입니다. 그 때 예수님을 만나게 되면 그 분은 여러분에게 친절하고 사랑 많은 분으로 다가오지 않습니다. 앞에서 보신 것처럼 불꽃 같은 눈으로 심판하시는 분으로 만나게 되는 것입니다. 그 입의 말씀의 검으로 여러분을 칠 것입니다. 그렇게 되기 전에 예수 그리스도를 자신의 주님으로 모셔 들이고, 천국의 소망을 가지고 살아가시기 바랍니다.

2

처음 사랑을 회복하라

(계 2:1-7)

계 2:1-7

1 에베소 교회의 사자에게 편지하라 오른손에 있는 일곱 별을 붙잡고 일곱 금 촛대 사이를 거니시는 이가 이르시되 2 내가 네 행위와 수고와 네 인내를 알고 또 악한 자들을 용납하지 아니한 것과 자칭 사도라 하되 아닌 자들을 시험하여 그의 거짓된 것을 네가 드러낸 것과 3 또 네가 참고 내 이름을 위하여 견디고 게으르지 아니한 것을 아노라 4 그러나 너를 책망할 것이 있나니 너의 처음 사랑을 버렸느니라 5 그러므로 어디서 떨어졌는지를 생각하고 회개하여 처음 행위를 가지라 만일 그리하지 아니하고 회개하지 아니하면 내가 네게 가서 네 촛대를 그 자리에서 옮기리라 6 오직 네게 이것이 있으니 네가 나골라 당의 행위를 미워하는도다 나도 이것을 미워하노라 7 귀 있는 자는 성령이 교회들에게 하시는 말씀을 들을지어다 이기는 그에게는 내가 하나님의 낙원에 있는 생명나무의 열매를 주어 먹게 하리라

요한계시록 2장과 3장의 말씀은 예수님께서 아시아에 있는 일곱 교회에 하신 말씀입니다. 그러나 일곱 교회만 들으라고 하신 말씀은 아니고, 이 땅에 있는 모든 교회들이 들으라고 하신 말씀입니다. 어떻게 알 수 있는가 하면 본문 7절에서 "귀 있는 자는 성령이 교회들에게 하시는 말씀을 들을지어다"라고 하셨기 때문입니다. 이 점을 유념하면서 일곱 교회에게 주시는 말씀을 살펴보아야 하겠습니다.

본문이 기록될 당시 소아시아 지역에 교회가 일곱 개만 있었던 것은 아니었습니다. 골로새 교회를 비롯하여 많은 교회들이 있었을 것입니다. 그런데 예수님께서는 왜 이 일곱 교회를 특별히 선정하셔서 말씀하셨을까요? 요한계시록에 나오는 일곱 교회를 보면 좋은 교회이든 좋지 못한 교회이든 나름대로 특색이 있었습니다. 이 세상에 있는 모든 교회들을 분석해 보면 결국 이 일곱 교회 중 한 교회와 비슷하다고 볼 수 있습니다. 그러므로 이 일곱 교회는 이 세상에 있는 모든 교회들을 대표하는 교회라고 이해할 수 있습니다.

그런데 어떤 분들은 요한계시록에 나오는 일곱 교회를 시대적으로 구분하여 첫 번째 등장하는 에베소 교회는 1세기 때 교회들을 상징하는 것이고, 마지막 일곱 번째 등장하는 라오디게아 교회는 주님께서 재림하시기 직전에 이 땅 위에 있을 교회들을 상징하는 것이며, 또 중간에 있는 다섯 교회는 그 중간 시기에 차례대로 있게 될 교회들을 상징하는 것이라고 이해하는데 꼭 그렇게 이해할 필요는 없다고 생각합니다. 한 가지 확실한 것은 이 일곱 교회는 실제적으로 소아시아 지역에 존재했던 교회들이고, 동시에 이 땅에 있는 모든 교회들을 상징하는 교회들이라는 것입니다.

문화와 상업의 도시 에베소

첫 번째 교회인 에베소 교회에게 우리 주님께서 뭐라고 말씀하셨는지 살펴보기 전에 먼저 '에베소'라는 도시부터 살펴보겠습니다. 에베소는 본문이 기록될 당시 소아시아 지역에서 가장 큰 도시였습니다. 소아시아 지역은 오늘날의 터키 서부지역인데 이 지역을 '소아시아'라고 하는 것은 오늘날의 아시아(대한민국, 일본, 중국 등이 속해 있는 지역)와 구분하기 위해서이고, '아시아'는 원래 로마제국의 한 지역 이름이었습니다. 그래서 그곳을 '소아시아'라고 하고, 오늘날 우리가 살고 있는 지역은 '아시아'라고 부르는 것입니다. 학자들의 연구에 의하면 에베소의 당시 인구는 작게는 25만 명에서 많게는 50만 명 정도까지 되었을 것으로 보고 있습니다. 고대 도시의 인구가 25만~50만 명이라면 굉장히 큰 도시입니다. 지금도 터키에 가보면 고대 에베소 도시의 흔적을 많이 볼 수 있는데 굉장히 큰 도시였음을 알 수 있습니다. 큰 도서관의 골조가 지금까지 남아 있고, 2만 5천명을 수용할 수 있는 어마어마한 야외극장도 볼 수 있습니다. 그런데 에베소에서 제일 유명한 것은 아데미 신전이었습니다. 이 신전은 사도행전 19장 27절에도 나옵니다. 백과사전에는 보통 '아르테미스 신전'이라고 나오는데 '아데미'와 '아르테미스'는 같은 말입니다. 이 아데미 신전은 '고대 세계의 7대 불가사의' 중 하나입니다. '고대 세계의 7대 불가사의'하면 이집트에 있는 피라미드가 가장 먼저 떠오르는데 어떻게 고대 사람들이 그토록 큰 돌들을 가져다가 그런 건축물을 만들 수 있었는가 하는 점 때문입니다. 그런데 아데미 신전도 7대 불가사의에 들어갑니다. 그 규모가 얼마나 큰가 하면 아테네에 있는 파르테논 신전보다 4배나 더 컸다고 합니다. 그러니 얼마나 웅장한 건물이었겠습니까. 그 건물을 실제로 본 사람들은 아마 입이 떡 벌어졌을 것입니다. 어떻게 인간이 저렇게 멋진 건물을 지을 수 있었는가 하고 말입니다.

에베소는 문화와 상업이 발달했지만 우상을 숭배하는 도시였습니다. 그런데 이곳에 가서 복음을 전한 사람이 있었으니 그가 바로 사도 바울입니다. 사도행전 19장을 읽어 보면 자세한 내용을 알 수 있습니다. 사도 바울이 이 우상의 도시에 가서 예수를 믿으라고 설교를 하고, 전도를 하니 그 성에 큰 소동이 일어났었습니다. 우상을 숭배하는 사람들이 가만히 있을 리 없지요. 사도 바울을 죽이려고 난리였습니다. 그러나 사도 바울의 이러한 사역이 있었기 때문에 소아시아 지역에 복음이 널리 증거되는 계기가 되었습니다. 사도행전 19장 10절에 그런 기록이 나옵니다.

"두 해 동안 이같이 하니 아시아에 사는 자는 유대인이나 헬라인이나 다 주의 말씀을 듣더라"(행 19:10).

사도 바울이 2년 동안 에베소에서 말씀 사역을 했는데 그곳이 큰 도시라 여러 지방에서 수많은 사람들이 오고 가다 보니 결국 소아시아 전 지역에 있는 사람들이 거의 다 예수 그리스도의 이름을 듣게 되었고, 그 중 상당수가 믿게 되었습니다. 이렇게 에베소는 사도 바울이 사역을 했던 곳이고, 디모데전서 1장 3절에 보면 사도 바울의 영적인 아들 디모데도 잠시 사역한 것을 볼 수 있습니다. 또 전해 내려오는 이야기에 의하면 요한계시록을 기록한 사도 요한도 이 곳에서 목회를 했다고 합니다. 사도 요한은 자신을 밧모섬으로 유배 보냈던 도미티안 황제가 죽고 난 뒤 풀려나 다시 에베소로 돌아가서 그곳에서 여생을 보내고 거기서 죽었다고 합니다. 그래서 에베소에 가면 지금도 사도 요한의 묘가 있습니다.

에베소 교회의 세 가지 좋은 특징

그럼 이제 본문에서 예수님께서 에베소 교회에게 뭐라고 말씀하시는지 살펴보겠습니다. 2-3절을 보겠습니다.

"내가 네 행위와 수고와 네 인내를 알고, 또 악한 자들을 용납하지 아니한 것과 자칭 사도라 하되 아닌 자들을 시험하여 그의 거짓된 것을 네가 드러낸 것과 또 네가 참고, 내 이름을 위하여 견디고, 게으르지 아니한 것을 아노라"(계 2:2-3).

이 말씀에 의하면 에베소 교회는 세 가지 좋은 특징을 가진 교회였습니다.

첫째, 에베소 교회는 '주님을 위해서 열심히 일하는 교회' 였습니다. 2절에 '수고' 라는 말이 나오고, 그 앞에 '행위' 라는 말이 나오는데 이것은 '일' 을 이야기하는 것입니다. 주님을 위해서 열심히 일하고, 수고했던 교회가 바로 에베소 교회였습니다.

둘째, 에베소 교회는 '인내할 줄 아는 교회' 였습니다. 2절에 '인내' 라는 말이 나옵니다. '어려움 가운데에도 참아내는 것' 이 '인내' 인데 1세기 때 신앙생활을 한다는 것은 매우 어려운 일이었습니다. 당시 로마 황제들은 대부분 기독교를 핍박하는 사람들이었습니다. 그러한 환난 속에서 교회를 세우고 신앙생활을 한다는 것이 보통 어려운 일이었겠습니까. 그런데 그들은 이 모든 악조건을 잘 견뎌냈습니다. 3절에 보면 '네가 참고 내 이름을 위하여 견디고' 라고 말씀하고 있습니다. 아무리 인내를 잘하고 믿음이 좋아도 시련과 핍박이 계속 되면 사람이 지칠 수 있고, 낙심할 수 있습니다. 그러나 이 교회 성도들은 그렇지 않았습니다. 3절 하반절에 보면 '게으르지 아니했다' 는 표현이 나오는데 이것은 번역이 잘못되었습니다. 이 말은 '낙심하지 아니했다', '지치지 아니했다' 는 말입니다. 시련이 오고 핍박이 와도 그들은 낙심하지 않고 끝까지 주님을 바라보며 신앙생활을 잘했다는 것입니다.

셋째, 에베소 교회는 '교리적으로 순수성을 지킬 줄 아는 교회' 였습니다. 2절 중간에 보면 '악한 자들을 용납하지 아니했다', '자칭 사도라 하되 아닌 자들을 시험하여 그의 거짓된 것을 드러내었다' 는 말씀을 하고 있습니다. 오늘날에도 이단이 많지만 그 당시에도 거짓 선생들, 거짓 교사들, 거짓 사도들이 굉장히 많았습니다. 그런 사람들이 교회에 와서 자기가 사도인 것처럼, 진짜 하나님의 종인 것처럼 행세했지만 에베소 교회 성도들은 성경에 밝고, 영적으로 분별력이 있는 사람들이라 그들을 용납하지 않았다는 것입니다. 6절 말씀에는 '니골라 당의 행위를 미워했다' 는 말씀도 나옵니다.

"오직 네게 이것이 있으니 네가 니골라 당의 행위를 미워하는도다. 나도 이것을 미워하노라"(계 2:6).

이 말씀에는 니골라 당이라는 어떤 그룹의 사람들을 소개하고 있는데 정확하게 이들이 어떤 사람들인지는 모릅니다. 그런데 잘못된 사람들임에는 틀림이 없습니다. 그래서 에베소 교회는 이 사람들을 미워했다고 이야기합니다. 예수님께서 미워하는 사람들을 이 사람들도 미워할 줄 알았습니다. 이들이 교리적으로 얼마나 정확하고 바른 사람들이었는지 알 수 있습니다. 이런 것을 볼 때 에베소 교회는 굉장히 좋은 교회라는 것을 알 수 있습니다. 이런 좋은 점들은 우리도 본받아야 되겠습니다.

에베소 교회의 한 가지 문제

그런데 이 교회에 한 가지 문제가 있었습니다. 4절을 보겠습니다.

"그러나 너를 책망할 것이 있나니 너의 처음 사랑을 버렸느니라"(계 2:4).

다른 건 다 좋은데 한 가지 책망 받을 일은 처음 사랑을 버렸다는 것입니다. 여기서 말하는 '처음 사랑'은 하나님께 대한 사랑일 수도 있고, 사람에 대한 사랑일 수도 있습니다. 또 두 가지를 다 말하는 것일 수도 있습니다. 그런데 제가 볼 때는 사람에 대한 사랑을 이야기하고 있다는 생각이 듭니다. 에베소서를 읽어 보면 에베소 교회는 사랑이 많은 교회였던 것을 알 수 있습니다. 에베소서 1장 15-16절을 보겠습니다.

"이로 말미암아 주 예수 안에서 너희 믿음과 모든 성도를 향한 사랑을 나도 듣고 내가 기도할 때에 기억하며 너희로 말미암아 감사하기를 그치지 아니하고"(엡 1:15-16).

이 말씀 속에 '모든 성도를 향한 사랑'이라는 표현이 나옵니다. 그리고 그 사랑을 생각할 때 사도 바울은 하나님께 감사하지 아니할 수 없다고 말합니다. 에베소 교회는 정말 성도들 간의 사랑이 뜨거운 교회였습니다. 그런데 시간이 지나면서 그 사랑이 식어지기 시작했습니다.

저는 이런 현상이 우리 교회에도 나타나는 것이 아닌가 두려울 때가 있습니다. 우리 교회도 처음 시작했을 때는 정말 사랑이 많았습니다. 지금도 사랑이 있지만 처음에는 정말 뜨겁게 사랑했습니다. 어떤 사람이 교회에 새로 나오면 먼저 달려가 환대하고 사랑을 베풀곤 했습니다. 그런데 5년, 7년 지나다보니 그 사랑이 조금씩 식어져 가는 것이 보입니다. 새로운 분들이 와도 이전처럼 뜨겁게 환대하는 모습이 안 보이고, 많이 무관심해졌습니다. 그러니 40년이 넘은 에베소 교회는 어떠했겠습니까. 40년을 지나는 사이에 그들의 사랑이 그만 식어져 버린 것이지요. 이 교회에서는 사도 바울, 디모데, 사도 요한 등 쟁쟁한 분들이 목회를 했기 때문에 아마 교회는 엄청나게 커지고 발전했을 것입니다. 그러나 결국 이런 목회자들과 1세대 사람들이 떠나가고 새로운 사람들이 자리를 채우면서 사랑이 점점 식어져 버린 것입니다.

에베소 교회와 우리 교회를 향하신 주님의 음성

이런 에베소 교회를 향하여, 그리고 우리들의 교회를 향하여 주님께서 뭐라고 말씀하시는지 주의 깊게 들어보십시오. 5절입니다.

"그러므로 어디서 떨어졌는지를 생각하고 회개하여 처음 행위를 가지라. 만일 그리하지 아니하고 회개하지 아니하면 내가 네게 가서 네 촛대를 그 자리에서 옮기리라"(계 2:5).

주님께서 뭐라고 말씀하십니까? 너희들이 어떻게 그렇게 되었는지 생각해 보고 회개하여 처음에 가졌던 그 사랑을 다시 회복하라고 말씀하고 있습니다. 그리고 만일 그렇게 하지 않으면 촛대를 옮겨 버리겠다고 하십니다. 촛대를 옮긴다는 것은 교회가 생명력을 잃어버리는 것, 쓸모없는 교회가 되는 것을 의미합니다. 교회가 그렇게 된다면 얼마나 큰 비극입니까. 그런 교회는 문 닫는 것이 시간문제이겠지요. 문을 닫을 수밖에 없는 것입니다. 그런데 저는 이 땅의 많은 교회들이 지금 그런 상태가 아닌가 생각합니다. 교회 간판도 걸려 있고, 교회로 존재하고는 있지만 생명력도, 영향력도 없습니다. 그리고 그렇게 존재하다가 50년, 100년을 못 채우고 사라집니다. 오늘날 대부분의 교회가 그렇습니다. 지금 이 땅에 있는 교회들 중에서 100년 뒤에도 계속 성장하고 활발하게 활동할 교회가 몇이나 되겠습니까? 보통 1세기를 못 넘깁니다. 교회들이 그저 몇 년, 몇 십 년 존재하다가 나중에는 온 데 간 데 없이 사라집니다. 역사적으로 유명했던 교회들, 유명한 분들이 목회했던 교회들 중에 지금은 없어진 교회가 상당히 많고, 또 있긴 하지만 그저 이름만 유지하는 교회도 상당히 많습니다. 그것이 왜 그런 줄 아십니까? 본문 말씀에 의하면 처음 사랑을 버렸기 때문에, 더 정확하게 말하면 처음 사랑을 회복하지 않았기 때문에 망하고, 문 닫고, 역사 속으로 사라져 간 것입니다. 그러므로 교회는 끊임없이 새로워져야 합니다. 항상 초심으로 돌아가야 합니다. 그래서 우리 주님께서는 한 번씩 싸인을 보내 주십니다.

"너희들 첫사랑을 회복해야 한다. 다시 옛날로 돌아가야 한다. 초심으로 다시 돌아가야 한다."

이 말씀을 듣고 변화되는 교회는 다시 살아납니다. 그러나 주님께서 그렇게 말씀하시는 데도 깨닫지 못하는 교회는 결국 주님께서 촛대를 옮기시는 것입니다. 결국 문을 닫을 수밖에 없는 것이지요. 교회가 그렇게 되지 않으려면 끊임없이 새로워져야 하고, 항상 초심으로 돌아가야 합니다. 그리고 교회 안에는 사랑이 넘쳐야 합니다. 그렇지 않으면 우리 주님께서 교회의 촛대를 옮겨 버리십니다. 그것으로 그 생명이 끝나는 것입니다. 저는 우리들의 교회가 십 년, 아니면 몇 십 년 있다가 그냥 슬그머니 사라져 버리는 그런 교회가 되기를 원치 않습니다. 시간이 가도 우리들의 교회가 이 땅 위에 남아서 할 일을 하고, 할 말을 하고, 또 믿지 않는 사람들을 주님께로 인도하는 사역을 놀랍게 펼쳐 나가기를 원합니다. 그러려면 처음 사랑을 잃어버리지 말아야 합니다. 그것을 회복해야 하는 것입니다.

교회라고 하면서 사랑이 없는 교회를 교회라고 이야기할 수 있겠습니까? 그런 교회는 교회가 아닙니다. 아무리 자기들 스스로 교회라고 주장을 해도 주님께 대한 사랑이 식어져 버린 교회, 사람들을 사랑할 줄 모르는 교회, 성도 간에 사랑이 없는 교회는 교회가 아닙니다. 사교집단에 불과합니다. 그런 교회는 우리 주님께서 이 땅에 존재케 하실 이유가 없습니다. 그러니까 촛대를 옮겨버리는 것이지요. 주님께서 에베소 교회에게 하시는 말씀을 우리들의 교회에 주시는 말씀으로 잘 받아들일 수 있기를 바랍니다.

주님께 대한 사랑 점검

그리고 우리 주님께 대한 사랑도 한 번 점검해 볼 필요가 있습니다. '처음 사랑을 회복하라'고 하셨는데 이 말씀 속에는 주님께 대한 사랑도 포함되어 있다고 볼 수 있습니다. 에베소서 6장 24절에 보면 사도 바울이 에베소 교회 성도들에게 편지를 쓰면서 제일 마지막으로 한 말이 "우리 주 예수 그리스도를 변함없이 사랑하는 모든 자에게 은혜가 있을지어다"였습니다. 사도 바울은 에베소서에서 성도들이 사랑을 잘해주어서 감사하다는 말씀과 함께 예수님에 대한 사랑이 변하면 안 된다는 말씀을 했습니다. 그런데 결국 시간이 지나면서 에베소 교회는 이런 면에서 많이 약화되어 버렸습니다. 그들은 주님을 위해서 열심히 일했고, 고난도 견뎠으며, 교리적으로도 올바른 교회였습니다. 그러나 그들에게는 사랑이 부족했습니다.

어떻게 이렇게 좋은 교회가 사랑이 부족할 수 있을까요?

주님을 위해서 그렇게 수고하고, 열심히 일하고, 시련도 잘 견딘 교회가 어떻게 사랑이 없을 수 있을까 생각할지 모르지만 그런 것은 사랑 없이도 얼마든지 가능합니다. 주님께 대한 사랑이 없이도 헌신할 수 있고, 봉사할 수 있습니다. 시련도 견딜 수 있습니다. 교리적으로도 올바를 수 있습니다. 얼마든지 다 할 수 있습니다. 고린도전서 13장에 보면 "내 몸을 불사르게 내줄지라도 사랑이 없으면 내게 유익이 없느니라"는 말씀이 있습니다. 왜 이런 말을 하는지 아십니까? 사랑이 없어도 그런 일을 할 수 있기 때문에 이런 말씀을 하시는 것입니다. 내 몸을 불사르게 내줄지라도 사랑이 없으면 아무 것도 아닙니다. 사랑 없이도 영웅적인 행동을 할 수 있습니다. 사랑 없이도 위대한 일을 할 수 있습니다. 사랑 없이도 주님을 위해서 헌신

할 수 있고, 봉사할 수 있고, 얼마든지 다 할 수 있습니다. 그런데 중요한 것은 우리 마음속에 사랑이 있어야 된다는 것입니다. 내가 무슨 일을 하느냐, 그것이 중요한 것이 아니라 내 동기가 과연 사랑인가 하는 것이 중요하다는 것입니다. 기계적으로 하는 것, 습관적으로 하는 것, 어떤 의무감에서 하는 것, 재미로 하는 것, 다 쓸 데 없는 것입니다. 사랑이 동기가 되어야 하는 것입니다. 사랑이 동기가 될 때 우리는 지속적으로 주님을 섬길 수 있습니다. 그러나 다른 것이 동기가 되면 조금 하다가 흐지부지 되어 버립니다. 그리고 별로 즐겁지가 않습니다. 그러나 사랑이 동기가 되면 주님을 위해서 헌신하고 봉사하는 것이 기쁘고, 즐겁고, 행복합니다.

예배의 중요성

그런 의미에서 예배는 굉장히 중요합니다.

예배는 결국 주님께 대한 사랑의 고백이기 때문입니다. 성도들이 교회에 나와서 예배드릴 때 주님을 찬양합니다. 그것이 주님께 사랑을 고백하는 것입니다. 또 물질을 드립니다. 그것도 사랑하기 때문에 그렇게 하는 것입니다. 또 주님의 말씀을 듣습니다. 사랑하기 때문에 하나님께서 나에게 뭐라고 말씀하시는지 관심이 있어서 하나님의 말씀도 듣는 것입니다. 예배는 주님께 대한 사랑의 고백입니다. 그러므로 그리스도인들은 무엇보다도 예배생활을 잘 해야 합니다. 예배 잘 드리는 사람은 다른 것도 다 잘하게 되어 있습니다. 그런데 다른 것은 잘하는 것 같은데 예배 잘 안 드리는 사람은 나중에 보면 다른 것도 다 안 합니다. 주님께 대한 사랑이 동기가 된 예배가 그만큼 중요한 것입니다.

사랑하는 성도 여러분! 여러분은 정말 주님을 사랑하고 계십니까?

그 사랑 변하지 마십시오. 우리가 인간이다 보니 때로는 사랑이 식어지기도 합니다. 그럴 때는 다시 옛날로 돌아가서 '아, 내가 주님을 정말 사랑했었지. 내가 주님으로부터 이렇게 큰 사랑을 받았지!' 하는 생각을 하면서 다시 새로워져야 하는 것입니다. 그것이 반복적으로 일어날 때 개인은 성공적으로 신앙생활을 할 수 있고, 교회는 성공적으로 나아갈 수 있습니다. 시간이 감에 따라 점점 사랑이 식어져 버린다면 우리의 신앙생활은 점점 더 형편없어질 것이고, 교회는 결국 문을 닫게 될 것입니다.

여러분이 하는 모든 일의 동기가 항상 사랑이기를 바랍니다. 다른 것이 동기가 되면 안 됩니다. 의무적으로 한다든지, 그냥 와서 소일거리 삼아 재미로 한다든지, 습관적으로 한다든지, 그러면 안 됩니다. 내가 주님을 위해서 무엇을 할 때는 항상 주님에 대한 사랑이 동기가 되어야 합니다. 사도 바울이 그런 사람이었습니다.

"그리스도의 사랑이 우리를 강권하시는도다"(고후 5:14a).

우리들 마음속에 사랑이 식어져 가고 있다면 그 사랑을 다시 회복합시다.

3

끝까지 신실하라

(계 2:8-11)

계 2:8-11

8 서머나 교회의 사자에게 편지하라 처음이며 마지막이요 죽었다가 살아나신 이가 이르시되 9 내가 네 환난과 궁핍을 알거니와 실상은 네가 부요한 자니라 자칭 유대인이라 하는 자들의 비방도 알거니와 실상은 유대인이 아니요 사탄의 회당이라 10 너는 장차 받을 고난을 두려워하지 말라 볼지어다 마귀가 장차 너희 가운데에서 몇 사람을 옥에 던져 시험을 받게 하리니 너희가 십 일 동안 환난을 받으리라 네가 죽도록 충성하라 그리하면 내가 생명의 관을 네게 주리라 11 귀 있는 자는 성령이 교회들에게 하시는 말씀을 들을지어다 이기는 자는 둘째 사망의 해를 받지 아니하리라

본문 말씀은 예수님께서 '서머나 교회'에게 주신 말씀입니다. 그러나 이 말씀 또한 서머나 교회에게만 주신 것은 아니고, 이 땅의 모든 교회들에게 주시는 말씀입니다. 11절에서 "성령이 교회들에게 하시는 말씀을 들을지어다"라고 말씀하고 있습니다.

영적으로 매우 좋은 서머나 교회

'서머나'라는 도시는 '에베소'로부터 북쪽으로 약 56km 떨어진 곳에 있었습니다. 에베소도 항구도시였는데 이 도시도 항구도시였습니다. 학자들의 연구에 의하면 당시 서머나의 인구는 20만 명 정도 되었다고 합니다. 고대 도시의 인구가 20만 명이라고 하면 굉장히 큰 도시입니다. 이 서머나는 '호머'라는 시인이 출생한 곳으로 유명합니다. 호머는 기원전 8세기 때의 사람인데 그가 쓴 작품으로 대서사시 '일리아드'와 '오디세이'가 있습니다. '일리아드'는 트로이의 목마로 유명한 트로이 전쟁 이야기이고, '오디세이'는 장군 오디세이가 트로이 전쟁이 끝난 후 돌아가는 바닷길에서 겪은 모험 이야기입니다. 오랜 세월동안 많은 사람들에게 읽혀온 이 유명한 작품

을 쓴 호머가 바로 이 서머나 출신입니다.

서머나는 로마에게 충성을 다하는 도시였습니다. 그러다보니 자연스럽게 황제숭배의 중심도시가 되고 말았습니다. 이런 도시에서 신앙생활을 하는 것이 얼마나 어렵겠습니까. 그래서 본문에 보면 '환난', '궁핍', '고난'이라는 단어들이 나옵니다. 하지만 이 교회는 영적으로 매우 좋은 교회였습니다. 요한계시록에 나오는 일곱 교회 중에서 예수님께 책망을 듣지 않은 교회가 둘 있는데 그 중 한 교회가 바로 이 서머나 교회입니다. 또 다른 교회는 빌라델비아 교회입니다. 오늘날의 교회 이름들 중에 '서머나침례교회', '빌라델피아장로교회' 등의 이름을 간혹 볼 수 있는데 이것은 그만큼 서머나 교회, 빌라델비아 교회가 좋은 교회였기 때문입니다.

서머나 교회가 언제, 누구에 의해서 시작되었는지는 정확히 알 수 없지만 아마도 사도 바울의 영향으로 세워지지 않았나 생각됩니다. 사도행전 19장 10절을 보면 사도 바울이 에베소에서 사역할 때 복음이 소아시아 전역으로 증거 되었다고 말씀하고 있는데 아마도 그 영향으로 시작되었을 것입니다.

서머나 교회에 주시는 말씀

그러면 본문에서 우리 주님이 서머나 교회에게 말씀하시는 것은 무엇일까요?

9절과 10절을 보겠습니다.

"내가 네 환난과 궁핍을 알거니와 실상은 네가 부요한 자니라. 자칭 유대인이라 하는 자들의 비방도 알거니와 실상은 유대인이 아니요, 사탄의 회당이라. 너는 장차 받을 고난을 두려워하지 말라. 볼지어다. 마귀가 장차 너희 가운데에서 몇 사람을 옥에 던져 심판을 받게 하리니 너희가 십 일 동안 환난을 받으리라. 네가 죽도록 충성하라. 그리하면 내가 생명의 관을 네게 주리라"(계 2:9-10).

이 말씀 속에 '환난', '궁핍', '고난' 이라는 단어가 나오는 것을 볼 수 있습니다. 서머나 교회는 황제숭배를 하지 않았기 때문에 로마사람들로부터 큰 환난과 고난을 당해야 했습니다. 그런데 말씀을 잘 보면 로마사람들만 그들을 힘들게 한 것이 아니라 유대인들도 그들을 무척 힘들게 한 것을 볼 수 있습니다. 9절 하반절에 '자칭 유대인이라 하는 자들의 비방도 알거니와 실상은 유대인이 아니요, 사탄의 회당이라' 라고 말씀하고 있습니다. 여기 나오는 유대인들은 유대인이기는 하지만 예수님을 안 믿는 유대인들이었습니다. 이런 사람들을 일컬어서 사도 바울은 '표면적 유대인들' 이라고 했습니다(롬 2:28). 이런 사람들이 서머나 교회 성도들을 무척 힘들게 했던 것입니다. 그래서 예수님께서는 그들을 향해서 '사탄의 회당' 이라고 하셨습니다. 이것은 그들의 배후 조종자가 사탄이라는 것입니다. 사탄이 아니라면 멀쩡한 하나님의 교회를 그렇게 어렵고 힘들게 하겠습니까. 그래서 주님께서는 그들을 '사탄의 회당' 이라고 말씀하신 것입니다.

이런 상황에서 서머나 교회 성도들이 신앙생활을 하다 보니 얼마나 어려움이 컸겠습니까. 그들은 물질적으로도 큰 어려움 속에서 살아야 했습니다. 예수를 믿다보니 가정이나 일터에서 쫓겨나기도 하고, 어느 누가 따뜻하게 대해 주는 사람이 없었습니다. 직장을 구할 수도 없었고, 장사를 해도 물건을 팔아주는 사람이 없었습니다. 그러다보니 그들은 경제적으로 늘 어려울 수밖에 없었습니다. 본문에서 말하는 '궁핍'은 상대적인 궁핍이 아닌 절대적인 궁핍을 이야기하는 것입니다. 정말 먹을 것도, 입을 것도 없는 생활을 했다는 것입니다. 서머나 도시가 가난해서가 아니었습니다. 이 도시는 굉장히 부유한 도시로 웬만한 사람들은 다 잘 살았습니다. 그런데 이들은 예수님을 믿는 것 때문에 이렇게 궁핍한 생활을 했던 것입니다.

실상은 네가 부요한 자

이런 서머나 교회을 향해 우리 주님은 "내가 네 환난과 궁핍을 알거니와 실상은 네가 부요한 자니라"(계 2:9a)라고 이야기하고 계십니다. 이 가난한 교회 성도들에게 '네가 진짜 부요한 사람이다'라고 말씀하시는 것입니다. 이것은 물질적인 부요가 아니라 영적인 부요를 말하는 것입니다. 물질적으로는 비록 가난하게 살았지만 영적으로는 그 어느 교회보다도, 그 어느 성도들보다도 더 풍요로운 삶을 살았다는 것입니다. 왜냐하면 주님이 이들과 함께 하셨고, 이들은 주님과 함께 동행하는 삶을 살았기 때문입니다. 비록 물질적으로는 가난했지만 영적으로는 정말 이보다 더 좋을 수 없는 그런 신앙생활을 했습니다.

이 세상에서 제일 가난한 사람이 어떤 사람인지 아십니까? 가진 것이라고는 돈밖에 없는 사람입니다. 반대로 제일 부유한 사람은 어떤 사람일까요? 예수 그리스도를 소유한 사람입니다. 그런데 많은 사람들이 이것을 모릅니다. 믿음이 있는 사람들도 이것을 잊어버리고 사는 경향이 있습니다. 그래서 사람을 평가할 때 주로 외형적인 것을 봅니다. 믿지 않는 사람들이야 당연히 그렇겠지만, 믿는 사람들도 은연중에 그렇게 평가하는 경향이 있습니다. 그래서 돈이 많고, 가진 것이 많으면 '잘 사는 사람이구나!' 라고 생각하고, 돈이 없으면 '못 사는 사람이구나!' 라고 생각합니다. 그런데 돈만 많으면 다 잘 사는 것이고, 돈이 없으면 다 못 사는 것일까요? 돈만 많으면 다 부자이고, 돈이 없으면 다 가난한 것일까요? 꼭 그런 것은 아닙니다. 원래 '부(富)'는 기준이 무엇이냐에 따라서 달라지는 것입니다. 돈을 기준으로 하면 그럴 수 있겠지만 부(富)를 돈만 가지고 측정할 수는 없는 것입니다. 사람에게는 육체도 있지만 영혼도 있습니다. 영혼이 사람의 실체입니다. 우리의 영혼 속에는 지식적인 부분도 있고, 심적인 부분도 있고, 영적인 부분도 있습니다. 그런데 다른 부분은 보지 못하고 육적인 부분, 물질적인 부분만 보고 "부자다", "잘 산다", "행복하겠다"라고 판단할 수는 없습니다.

여러분은 물질만 많이 가진 부자가 되지 마시고, 영과 혼과 몸, 모든 면에서 부요함을 누리는 진정한 부자가 되시기 바랍니다. 사랑도 없고, 인간미도 없고, 친구도 없는데 돈만 많다면 그것이 행복이겠습니까. 예수님을 소유한 사람이 가장 부요하고, 행복한 사람입니다. 그 사실을 알고 기뻐하며 감사할 수 있어야겠습니다. 서머나 교회가 바로 그런 교회였습니다. 가진 것이 없고, 무척 가난했지만 그들에게는 예수님이 계셨습니다. 그리고 예수님을 가진 것이 얼마나 행복한 것인지를 그들은 잘 알고 있었습니다. 그래서 그들은 행복할 수 있었고, 주님께로부터 칭찬 듣는 놀라운 교회가 될 수 있었던 것입니다. 고린도후서 6장 10절에 이런 말씀이 있습니다.

"근심하는 자 같으나 항상 기뻐하고, 가난한 자 같으나 많은 사람을 부요하게 하고, 아무 것도 없는 자 같으나 모든 것을 가진 자로다"(고후 6:10).

예수 믿는 사람들이 보기에는 가난해 보여도 그들이야말로 진짜 부요하다는 것입니다. 겉으로 보면 참 염려거리가 많을 것 같은데 실상은 그들이야말로 정말 기뻐하는 사람들이고, 행복한 사람들이라는 것입니다. 그러니 예수님을 모시고 살아가는 우리가 얼마나 행복하고 부요한 사람들입니까.

우리가 부르는 찬송 중에 '주 예수보다 더 귀한 것은 없네' 라는 찬송이 있습니다. '이 세상의 제물과 바꿀 수 없고, 명예와 바꿀 수 없고, 행복과 바꿀 수 없다' 고 찬송을 부릅니다. 우리가 이런 찬송을 괜히 부를까요? 그것이 정말이기 때문입니다. 돈이 별로 없고, 세상에서 큰 출세를 하지 못했다 할지라도 예수님을 잘 섬기면서 산다면 우리 모두는 정말 부요하고, 행복한 사람으로 이 세상을 살아갈 수 있을 것입니다.

서머나 교회 성도들의 환난과 고난

본문을 보면 주님께서 서머나 교회 성도들의 환난과 고난이 한동안 계속 될 것을 말씀하고 계십니다. 10절을 보겠습니다.

"너는 장차 받을 고난을 두려워하지 말라. 볼지어다. 마귀가 장차 너희 가운데에서 몇 사람을 옥에 던져 시험을 받게 하리니 너희가 십 일 동안 환난을 받으리라"(계 2:10).

서머나 교회 성도들이 '십 일 동안 환난을 받으리라' 고 말씀하고 있습니다. 여기서 말하는 '십 일' 은 문자 그대로 이해할 수도 있고, 상징적인 의미로 이해할 수도 있습니다. 만약에 문자 그대로 이해한다면 그들에게 극심한 환난이 십 일 동안 있을 것이라는 말씀입니다. 또, 이것이 상징적인 표현이라면 그렇게 길지 않은 일정 기간 동안 큰 고난을 당할 것이라는 말씀으로 이해할 수 있습니다. 그 고난의 내용은 그들 중 몇 사람이 옥에 던져지는 시험을 당하게 된다는 것입니다. 그 당시 '옥에 던져진다'고 하는 것은 그저 몇 개월이나 몇 년 감옥에 있다가 풀려나는 것을 의미하는 것이 아닙니다. 그 당시 옥에 들어간다는 것은 거의 죽음으로 이어지는 것이었습니다. 당시 로마사람들은 그리스도인들을 원형극장에서 사자 밥이 되게 하는 등 무참히 죽이는 일이 많았습니다. 그러니 얼마나 두렵고 떨렸겠습니까. 그런데 주님께서는 그들에게 두려워하지 말라고 이야기하고 계십니다. 이제 그들 중 누군가가 감옥에 들어가고, 죽을지도 모르는데 어떻게 두려워하지 않을 수 있을까요? 그것은 주님께서 그들과 함께 해주실 것이기 때문입니다. 설령 감옥에 들어가고, 사자 밥이 된다고 할지라도 그들에게는 부활의 소망이 있기에 두려워하지 말라는 것입니다.

처음이며 마지막, 죽었다가 살아나신 이

8절을 보면 주님께서는 서머나 교회 성도들에게 자신을 소개하고 있습니다.

"서머나 교회의 사자에게 편지하라. 처음이며 마지막이요, 죽었다가 살아나신 이가 이르시되"(계 2:8).

예수님께서 자신을 소개하는 내용을 보면 일곱 교회가 다 다른데 서머나 교회에는 특별히 '나는 처음이며 마지막'이라고 소개하고 있습니다. 원래 이 표현은 '성부 하나님'을 나타내는 표현입니다. 요한계시록 1장 8절에 보면 하나님께서 '나는 알파와 오메가'라고 하셨습니다. '알파'와 '오메가'는 헬라어 알파벳의 첫 번째와 마지막 문자의 이름인데 영어로 말한다면 'A'와 'Z'에 해당되는 문자입니다. 그러므로 '나는 처음이며 마지막'이라는 말과 '나는 알파와 오메가'라는 말은 같은 의미입니다. 이사야 44장 6절에서도 우리 하나님은 '나는 처음이요, 나는 마지막이라'는 말씀을 하셨습니다. 예수님께서 '나는 처음이며 마지막'이라고 말씀하신 것은 '나는 하나님으로서 역사의 주관자이며, 만물의 창조주와 심판주가 되며, 그리고 모든 나라의 흥망성쇠와 모든 개인의 생사화복을 주관하는 자'라는 말씀입니다. 이런 예수님이 서머나 교회 성도들과 함께 하신다면 무엇이 두렵겠습니까. 두려워할 이유가 없는 것이지요.

또 예수님은 자신을 '죽었다가 살아나신 이'라고 소개하고 있습니다. 서머나 교회 성도들이 이 말을 들었을 때 무엇을 떠올렸을까요?

'아, 그렇지. 우리에게도 부활의 소망이 있구나. 우리는 예수님을 믿는 사람들이므로 우리에게도 부활이 있지!'

부활의 소망이 있기에 두려워할 것이 없는 것입니다.

11절 하반절에 이 글을 어떻게 마무리하는지 보겠습니다.

"이기는 자는 둘째 사망의 해를 받지 아니하리라"(계 2:11b).

이것이 주님께서 서머나 교회 성도들에게 하시는 마지막 말씀인데 여기서 말하는 '이기는 자'는 '구원받은 그리스도인들'을 뜻하는 것입니다. '예수 믿는 모든 사람들은 둘째 사망의 해를 받지 아니 한다', 즉 '지옥 불못에 떨어지지 아니 한다'는 말씀입니다. 그러므로 사람들이 진짜 두려워해야 할 것은 죽음이 아니라 둘째 사망인 영원한 불못입니다. 그리고 사람들이 진짜 두려워해야 할 분은 우리의 목숨만 앗아갈 수 있는 사람이 아니라 우리의 영혼까지도 멸할 수 있는 하나님인 것입니다.

"내가 내 친구 너희에게 말하노니 몸을 죽이고, 그 후에는 능히 더 못하는 자들을 두려워하지 말라. 마땅히 두려워할 자를 내가 너희에게 보이리니, 곧 죽인 후에 또한 지옥에 던져 넣는 권세 있는 그를 두려워하라. 내가 참으로 너희에게 이르노니 그를 두려워하라"(눅 12:4-5).

그러므로 그리스도인들은 고난이 오고 죽음이 찾아온다고 할지라도 두려워할 이유가 없습니다. 기독교 역사를 보면 수많은 순교자들이 있었습니다. 그 순교자들이 어떻게 순교의 길을 갈 수 있었을까요? 그들에게는 '주님께서 나와 함께 하신다', '나는 죽는 즉시 천국에서 눈을 뜬다' 는 믿음이 있었기 때문이었습니다. 그래서 그들은 순교의 길을 담담하게 걸어갈 수 있었습니다.

사랑하는 성도 여러분!

우리들의 삶 가운데에도 환난과 고난이 올 수 있습니다. 그러나 두려워하지 맙시다. 주님이 우리와 함께 하십니다. 설령 죽는 일이 있다 할지라고 우리에게는 영원한 천국이 보장되어 있으므로 두려워할 필요가 없습니다. 주님이 나와 함께 하신다는 것, 나에게는 영원한 생명, 영원한 천국이 보장되어 있다는 것을 확신하면서 항상 용기 있게, 담대하게 살아갑시다.

죽도록 충성하라

본문 10절 하반절에서 우리 주님은 '죽도록 충성하라' 는 말씀을 하십니다.

"네가 죽도록 충성하라. 그리하면 내가 생명의 관을 네게 주리라"(계 2:10b).

예수님께서 서머나 교회 성도들에게 주시는 중요한 두 가지 말씀이 '두려워하지 말라', '충성하라' 였습니다. '충성하라' 는 말은 '신실하라' 는 말입니다. 영어성경에 보면 'Be faithful' 이라고 되어 있습니다. 이 말은 '죽을 때까지 신실하라(Be faithful until death)', '죽는 한이 있어도 신실하라(Be faithful even to the point of death)', '끝까지 신실하라' 는 말입니다. 이 말씀을 가만히 묵상해 보면 정말 큰 도전이 됩니다.

지금 주님께서 여러분에게 이렇게 말씀하고 계십니다.

"죽을 때까지 충성하라."

"끝까지 신실하라."

"죽는 그 순간까지 신실하라."

우리가 왜 주님께 신실해야 할까요?

우리 주님은 그럴만한 가치가 있는 분이기 때문에 그렇습니다. 우리 주님께서는 우리를 죽기까지 사랑하셨습니다. 죽기까지 우리를 신실하게 대해 주셨습니다. 그러므로 우리도 주님을 위해 끝까지 신실하게 살아야 하는 것이 당연한 일 아니겠습니까.

사도 바울이 그런 삶을 살았습니다.

"내가 달려갈 길과 주 예수께 받은 사명, 곧 하나님의 은혜의 복음을 증거하는 일을 마치려 함에는 나의 생명조차 조금도 귀한 것으로 여기지 아니하노라"(행 20:24).

이 위대한 고백이 우리 모두의 고백이 될 수 있어야 하겠습니다. 죽을 때까지 우리는 주님께서 우리에게 맡겨주신 사명을 붙들고 살아야 하는 것입니다. 그것이 주님께서 우리에게 원하시는 삶입니다.

요한계시록에 나오는 일곱 교회는 이 땅의 모든 교회들을 대표하는 교회인데 서머나 교회는 한국에 있는 대다수 교회들에게는 해당되지 않는 것 같습니다. 서머나 교회는 환난과 고난 속에서 살았던 교회이지만 우리나라의 대다수 교회들에게는 이런 환난과 고난이 없기 때문입니다.

그런데 지금 이 순간에도 서머나 교회와 비슷한 상황 속에서 신앙생활을 하는 성도들이 있고, 교회가 있음을 알아야 합니다. 지금도 북한에는 지하교회가 있고, 숨어서 예수 믿는 사람들이 있습니다. 이들에게 있어서 예수 믿는 것은 목숨을 내놓는 일입니다. 발각되면 처형당합니다. 이슬람권 나라들도 마찬가지입니다. 예수를 전하거나 믿다가 비참하게 죽었다는 소식을 우리는 간혹 듣습니다. 이런 사람들이 지금 이 지구상에 있다는 것을 우리는 생각할 수 있어야 합니다. 우리는 매주일 아무 염려 없이 편안하게 교회에 나와서 예배드립니다. 그것이 얼마나 감사한 일인지 제대로 느끼면서 더욱 신실하게 신앙생활을 할 수 있어야겠습니다. 예수님께서는 고난 속에 있는 교회들에게도 "신실하라", "충성하라" 이렇게 말씀하셨는데 우리들은 얼마나 더 잘해야 되겠습니까. 편안하고 안락하다고 해서 신앙생활을 대충 해서는 안 됩니다. 하나님께서 우리에게 이렇게 복을 주시고 편안한 가운데 신앙생활 할 수 있도록 해주셨을 때 우리는 더욱 열심히 주님을 섬겨야 할 것입니다.

폴리캅의 믿음

서머나라는 도시는 지금 '이즈미르'라는 이름으로 바뀌어 터키에서 이스탄불, 앙카라와 함께 3대 도시 중 하나가 되었고, 인구가 300만이나 되는 큰 도시로 성장했습니다. 이즈미르에 가면 '폴리캅

기념교회'가 있습니다. 폴리캅이라는 분은 본문을 기록한 사도 요한의 직계 제자로 서머나 교회의 감독(목사)이었습니다. 사도 요한이 본문의 글을 기록하여 서머나 교회에 전달했을 때 폴리캅도 그 말씀을 직접 들었을 것입니다. 그런데 이분이 요한계시록이 기록되고 난 50~60년 뒤에 화형으로 순교를 당하게 됩니다. 그 때 그의 나이가 86세였습니다. 로마 총독이 그를 보았을 때 훌륭한 사람인데다 나이도 많았으므로 웬만하면 살려주려고 했습니다. 그래서 예수를 안 믿겠다고 한 마디만 하면 살려주겠다고 회유하였습니다.

그 때 폴리캅은 이렇게 말했습니다.

"나는 86년 동안 그리스도를 섬겨 왔고, 그분은 한 번도 나를 부당하게 대우하신 적이 없는데 어떻게 내가 나를 구원하신 나의 왕을 모독할 수 있겠는가!"

그 말을 들은 로마 총독이 화형을 시키겠다고 위협하자 그는 또 이렇게 말했습니다.

"당신은 잠시 타오르다가 곧 꺼져버리는 불로 나를 위협하고 있소. 왜냐하면 당신은 장차 임할 심판과 악인을 위해 예비된 영원한 형벌을 알지 못하고 있기 때문이오."

그래서 결국 화형이 결정되었는데 화형을 시키기 전에 사람들은 그를 큰 대못으로 말뚝에 고정시키려고 했습니다. 그 때 그는 이렇게 말했습니다.

"나를 이대로 두시오. 나에게 화형을 견뎌낼 힘을 주실 그분은 당신들이 못 박지 않아도 장작더미 위에서 움직이지 않고도 견딜 수 있는 능력도 주실 것이오."

이렇게 해서 폴리캅은 화형을 당해 죽었습니다.

서머나 교회에게 주시는 말씀을 직접 들었던 그는 말 그대로 죽기까지 충성을 다 했습니다. 죽음의 그 순간까지도 주님을 배반하지 않고 믿음을 지켰습니다. 우리도 "신실하라", "충성하라"고 말씀하시는 우리 주님의 음성을 늘 기억하면서 그렇게 살아갑시다.

4

발람의 교훈을 버리라

(계 2:12-17)

계 2:12-17

12 버가모 교회의 사자에게 편지하라 좌우에 날선 검을 가지신 이가 이르시되 13 네가 어디에 사는지를 내가 아노니 거기는 사탄의 권좌가 있는 데라 네가 내 이름을 굳게 잡아서 내 충성된 증인 안디바가 너희 가운데 곧 사탄이 사는 곳에서 죽임을 당할 때에도 나를 믿는 믿음을 저버리지 아니하였도다 14 그러나 네게 두어 가지 책망할 것이 있나니 거기 네게 발람의 교훈을 지키는 자들이 있도다 발람이 발락을 가르쳐 이스라엘 자손 앞에 걸림돌을 놓아 우상의 제물을 먹게 하였고 또 행음하게 하였느니라 15 이와 같이 네게도 니골라 당의 교훈을 지키는 자들이 있도다 16 그러므로 회개하라 그리하지 아니하면 내가 네게 속히 가서 내 입의 검으로 그들과 싸우리라 17 귀 있는 자는 성령이 교회들에게 하시는 말씀을 들을지어다 이기는 그에게는 내가 감추었던 만나를 주고 또 흰 돌을 줄 터인데 그 돌 위에 새 이름을 기록한 것이 있나니 받는 자 밖에는 그 이름을 알 사람이 없느니라

가파른 산 위의 도시 버가모

본문 말씀은 예수님께서 '버가모 교회'에게 주시는 말씀입니다. '버가모'라는 도시는 앞서 살펴본 '서머나' 도시에서 북쪽으로 약 100km 떨어진 곳에 있습니다. '에베소'나 '서머나'는 에게해 해안에 위치한 도시인 반면, '버가모'는 바닷가로부터 약 24km 떨어진 해발 300m의 가파른 산 위에 세워진 도시였습니다. 해발 300m 위에 세워졌다고 하면 별것 아니라고 생각할 수 있는데 우리 교회에서 멀지 않은 아차산의 높이가 300m가 안 됩니다. 아차산에 올라가려면 등산 잘하는 사람은 별로 힘들지 않겠지만 보통 사람은 상당히 힘듭니다. 그런데 이 버가모 도시는 아차산보다도 조금 더 높은 곳에 있었다는 것입니다.

버가모에는 그 당시 세계에서 두 번째로 큰 도서관이 있었던 것으로 유명합니다. 당시 세계에서 제일 큰 도서관은 이집트의 알렉산드

리아에 있었습니다. 알렉산드리아의 도서관에는 장서가 50만권 있었고, 버가모의 도서관에는 20만권이 있었다고 합니다. 오늘날에는 이보다 더 큰 도서관들이 많이 있지만 그 당시에 50만권, 20만권의 장서를 보유하고 있었다는 것은 굉장한 것입니다. 이렇게 도서관이 있고, 많은 책들이 있다 보니 이 도시에서는 자연히 종이 만드는 산업이 발달했습니다. 당시에는 오늘날과 같은 종이가 없었고, 파피루스나 양피지(가죽종이)가 그 당시의 종이였습니다. 그런데 버가모에서 나오는 양피지는 세계적으로 유명했다고 합니다. 원래는 버가모에서도 파피루스를 많이 썼는데 파피루스는 이집트의 나일강 주변에서 많이 생산되었습니다. 그런데 버가모 도서관이 잘되고 책들이 많이 나오니까 그것을 시기하여 알렉산드리아에서 파피루스 수출금지령을 내렸다고 합니다. 그러다 보니 파피루스가 없어 양피지(가죽종이)에다 글을 써서 책을 만든 것입니다.

우상숭배가 심한 도시

또 이 버가모는 우상숭배가 굉장히 심한 도시였습니다. 13절을 보겠습니다.

"네가 어디에 사는지를 내가 아노니 거기는 사탄의 권좌가 있는 데라"(계 2:13a).

버가모를 '사탄의 권좌'가 있는 곳이라고 말하고 있습니다. 왜 이렇게 말하는가 하면 그 당시 버가모에는 제우스신을 비롯하여 그리스신화에 나오는 여러 신들의 신전이 있었습니다. 지금은 이곳을 '버가마'라고 부르고 있는데 이 지역을 여행하다 보면 많은 신전 터를 볼 수 있습니다. 또, 이 도시는 의학이 매우 발달했습니다. 버가모 사람들이 섬겼던 신 중 '아스클레피오스'라는 신이 있었는데 이 신은 의술의 신, 치료의 신입니다. 그래서 당시 버가모에는 '아스클레피온'이라는 유명한 병원이 있었습니다. 그 당시 의술의 신 아스클레피오스를 상징하는 동물이 뱀이었기 때문에 오늘날에도 의학이나 의술을 상징하는 마크를 보면 지팡이 같은 것에 뱀이 감고 올라가는 그림을 볼 수 있습니다.

또한 버가모는 로마황제를 숭배하는 사상도 아주 강한 도시였습니다. 그곳에 사는 사람들은 한 번씩 로마황제에게 분향을 해야 했는데 분향을 할 때는 "로마황제가 나의 주님이십니다", "가이사가 나의 주님이십니다"라는 고백을 해야 했습니다. 우리나라도 일제치하 때 일본 사람들이 우리나라 사람들에게 신사참배를 강요했습니다. 그 당시 그것을 거부하면 잡아 가두기도 하고, 박해하기도 했는데 크리스천 중에 신사참배를 거부하다가 순교당한 주기철 목사님 같은 분도 계십니다. 버가모 교회 성도들이 그런 우상숭배를 하는 도시에서 살았으니 얼마나 어려움이 많았겠습니까. 그럼에도 불구하고 그들은 신앙생활을 참 잘했습니다.

믿음을 저버리지 않은 버가모 성도들

13절에 보면 그 도시가 사탄이 사는 곳이고, 사탄의 권좌가 있는 곳임에도 불구하고 버가모 교회 성도들은 믿음을 저버리지 않았고, 예수 그리스도의 이름을 굳게 붙잡았다고 이야기하고 있습니다. 참 대단하지 않습니까?

"네가 어디에 사는지를 내가 아노니 거기는 사탄의 권좌가 있는 데라. 네가 내 이름을 굳게 잡아서 내 충성된 증인 안디바가 너희 가운데 곧 사탄이 사는 곳에서 죽임을 당할 때에도 나를 믿는 믿음을 저버리지 아니하였도다"(계 2:13).

그러다보니 성도들 중에 순교를 당한 사람도 나왔습니다. 안디바라고 하는 사람이 우상숭배를 거부하다가 시범케이스로 순교를 당한 것 같습니다. 전해 내려오는 이야기에 의하면 안디바를 큰 솥에 던져 넣은 후 서서히 열을 가하여 죽였다고 합니다. 매우 잔인하게 죽인 것이지요. 이런 상황에서 신앙생활을 한다는 것이 얼마나 가슴 졸이는 일이었겠습니까. '자칫 잘못하다가는 나도 안디바처럼 저렇게 죽겠구나!' 생각하면 굉장히 두려웠겠지요. 그런데도 그들은 신앙생활을 잘했습니다. 우리 교회도 버가모 교회 같이 믿음을 굳게 지키는 교회가 되었으면 좋겠습니다. 그리고 성도 한 분, 한 분이 이 교회의 성도들처럼 믿음을 포기하지 않고 끝까지 주님의 이름을 붙들면서 살아가야 하겠습니다.

지금 우리나라는 신앙의 자유가 있기 때문에 매우 편안한 가운데 신앙생활을 할 수 있지만, 어떤 분들은 가정에서 큰 핍박 가운데 믿음생활을 하시는 분들도 계실지 모르겠습니다. 믿음 때문에 남편으로부터, 부모님으로부터 핍박당하는 분들이 계시다면 절대로 예수 그리스도에 대한 믿음을 저버리지 마시기 바랍니다. 예수님의 이름을 끝까지 붙들고 승리하는 여러분이 되시기 바랍니다.

버가모 교회에 대한 책망

버가모 교회는 상당히 좋은 교회였음에도 불구하고 우리 주님으로부터 책망 받은 것이 있었습니다. 14절, 15절에 나옵니다.

"그러나 네게 두어 가지 책망할 것이 있나니 거기 네게 발람의 교훈을 지키는 자들이 있도다"(계 2:14a).

"이와 같이 네게도 니골라 당의 교훈을 지키는 자들이 있도다"(계 2:15).

버가모 교회 성도들 중에 어떤 사람들이 있었는가 하면 '발람의 교훈'을 지키는 사람들과 '니골라당의 교훈'을 지키는 사람들이 있었습니다. 버가모 교회 온 성도들이 발람의 교훈을 지키고, 니골라당의 교훈을 지켰다는 말씀이 아니고, 일부 사람들 중에 그런 사람들이 있었다는 것입니다. 이것은 교회로서는 책망 받을 일입니다. 대다수 사람들은 잘했지만 그 중에 어떤 사람들이 이상한 믿음을 가지고, 이상한 행동을 하였기 때문에 교회로서는 책망 받아야 하는 것이지요. 그래서 주님이 이 교회를 책망하시는 것입니다.

니골라당의 교훈

그렇다면 본문에서 이야기하고 있는 '발람의 교훈', '니골라당의 교훈'이 무엇일까요? '니골라당'에 대해서는 예수님께서 에베소 교회에게 말씀하실 때 이미 한 번 나온 적이 있습니다. 요한계시록 2장 6절입니다.

"오직 네게 이것이 있으니 네가 니골라당의 행위를 미워하는도다. 나도 이것을 미워하노라"(계 2:6).

에베소 교회 성도들은 니골라당의 행위를 미워했다고 이야기하고 있습니다. 그런데 버가모 교회 성도들 중 어떤 사람들은 니골라당의 교훈을 따랐다는 것입니다. 이것이 그들의 문제였습니다. 니골라당이 무엇인지 우리가 정확하게 알 수는 없습니다. 사도행전 6장에 보면 일곱 집사를 세우는 이야기가 나오는데 그 일곱 집사 중 한 사람이 니골라였습니다. 안디옥사람 니골라, 원래는 이방인이었는데 유대교로 개종한 사람입니다. 어떤 성경학자들은 니골라당의 원조가 사도행전 6장에 나오는 니골라가 아닐까 생각하는데 물론 정확한 것은 알 수가 없습니다. 니골라당이 도대체 뭐하는 사람들의 무리인지 잘 알 수는 없지만 대략 추측해 보면 방종하고 방탕한 삶을 살았던 사람들의 무리가 아닌가 생각해 볼 수 있습니다. '예수 안에는 자유가 있다, 우리는 이미 죄 사함 받았다, 우리는 어떻게 살아도 천국에 갈 수 있다, 그러니 마음껏 즐기고 살자.' 아마도 이런 사상을 가지고 살지 않았을까 생각됩니다.

엉터리 선지자 발람

'발람의 교훈'이라는 표현에 나오는 '발람'은 민수기 22-24장에 나오는 인물입니다. 그런데 내용을 살펴보면 발람은 선지자인데 제대로 된 선지자가 아니었습니다.

"하나님이 발람에게 이르시되 너는 그들과 함께 가지도 말고, 그 백성을 저주하지도 말라. 그들은 복을 받은 자들이니라. 발람이 아침에 일어나서 발락의 귀족들에게 이르되 너희는 너희의 땅으로 돌아가라. 여호와께서 내가 너희와 함께 가기를 허락하지 아니 하시느니라"(민 22:12-13).

이 말씀이 어떤 상황인가 하면 발락이라고 하는 모압 왕이 있었습니다. 그런데 그가 수많은 이스라엘 백성들을 보더니 겁을 집어 먹었습니다. 그래서 '어떻게 하면 저 이스라엘 백성들을 멸망시킬 수 있을까?' 생각하다가 '옳지. 발람이라는 선지자가 있는데 그 선지자가 와서 저들을 저주하면 저들이 망하겠구나!' 하는 생각이 들어 발람 선지자를 초청하였습니다. 그런데 하나님께서 발람에게 "저들을 저주해서는 안 된다. 저들은 축복받은 사람들이다"라고 말씀하시면서 "너는 그 사람들을 따라가면 안 된다"라고 하였습니다. 그리고 발람도 그 하나님의 뜻에 순종하였습니다. 여기까지는 전혀 문제가 없습니다. 그런데 발람이 오지를 않자 발락 왕은 더 높은 사람들과 더 많은 금은보화를 준비하여 발람에게 보냈습니다. 그 때도 발람은 갈 수가 없다고 이야기하였습니다.

"발람이 발락의 신하들에게 대답하여 이르되 발락이 그 집에 가득한 은금을 내게 줄지라도 내가 능히 여호와 내 하나님의 말씀을 어겨 덜하거나 더하지 못하겠노라"(민 22:18).

그런데 속으로는 발람이 가고 싶었습니다. 재물에 대한 탐심이 있었기 때문입니다. 그래서 발락에게 가려고 집을 나서는데 하나님의 사자가 그의 길을 막고 섭니다. 발람의 눈에는 안 보이고 발람이 타고 있던 나귀의 눈에만 보였습니다. 나귀가 겁을 먹고 앞으로 가지를 못하고 벽 쪽으로 가서 발람의 몸을 밀쳤습니다. 그때 발람이 나귀를 때립니다. 잠시 뒤에 하나님께서 발람의 눈을 열어 주셔서 하나님의 사자를 보게 해주셨습니다. 하나님의 사자를 눈으로 보고 나서 발람이 이렇게 말합니다.

"내가 범죄하였나이다. 당신이 나를 막으려고 길에 서신 줄을 내가 알지 못하였나이다. 당신이 이를 기뻐하지 아니하시면 나는 돌아가겠나이다"(민 22:34).

그런데 결국 발람은 발락에게 가고 맙니다. 그리고 그에게 이렇게 말합니다.

"내가 오기는 하였으나 무엇을 말할 능력이 있으리이까. 하나님이 내 입에 주시는 말씀 그것을 말할 뿐이니이다"(민 22:38).

지금까지 발람이 한 말을 들어보면 상당히 그럴듯해 보이지만 이 사람은 엉터리입니다. 이 사람은 결국 돈 때문에 발락의 요구에 응해주었습니다. 그러니까 발람은 하나님의 뜻대로 하는 것처럼 하면서 실제로는 자기가 원하는 대로 다 하는 사람이었던 것입니다. 그런 사람이 발람입니다. 그래서 발람 선지자는 성경에서 엉터리 선지자, 거짓 선지자를 대표하는 인물이 되고 말았습니다.

악한 꾀로 이스라엘을 범죄케 함

그러면 요한계시록 본문에서는 발람에 대해서 어떤 이야기를 하는지 보도록 하겠습니다. 14절입니다.

"발람이 발락을 가르쳐 이스라엘 자손 앞에 걸림돌을 놓아 우상의 제물을 먹게 하였고 또 행음하게 하였느니라"(계 2:14b).

앞에서 민수기의 말씀을 몇 구절 보았는데 거기에는 우상숭배를 하게 했다든가, 행음하게 했다든가 하는 것은 없었습니다. 그 말씀은 민수기 25장 1-3절에 나옵니다.

"이스라엘이 싯딤에 머물러 있더니 그 백성이 모압 여자들과 음행하기를 시작하니라. 그 여자들이 자기 신들에게 제사할 때에 이스라엘 백성을 청하매 백성이 먹고, 그들의 신들에게 절하므로 이스라엘이 바알브올에게 가담한지라. 여호와께서 이스라엘에게 진노하시니라"(민 25:1-3).

이 말씀에 보면 이스라엘 남자들이 모압 여자들과 음행을 했다고 말씀하고 있습니다. 그리고 결국 그 여자들의 꼬임에 넘어가 우상숭배도 했다고 말씀합니다. 그런데 이 설명 속에 '발람이 시켰다'는 말씀은 나타나 있지 않습니다. 그러나 요한계시록 말씀에 의하면 이 것이 결국 발람의 영향이라는 것입니다. 민수기 31장 16절을 보면 더 확실하게 알 수 있습니다.

"보라 이들이 발람의 꾀를 따라 이스라엘 자손을 브올의 사건에서 여호와 앞에 범죄하게 하여 여호와의 회중 가운데에 염병이 일어나 게 하였느니라"(민 31:16).

이 말씀에 보면 여호와 앞에 범죄하게 된 것이 발람의 꾀를 따랐기 때문이라고 이야기하고 있습니다. 발람은 발락 왕으로부터 돈을 받 고 왔으므로 그가 원하는 것을 해주어야 했는데 이스라엘을 저주하 는 것은 하나님께서 못하게 하시니까 그 대신 이스라엘 백성들을 어 떻게 하면 멸망시킬 수 있는지 그것을 가르쳐 준 것입니다. 그것이 바로 그들과 함께 음행하고, 우상숭배를 하면 된다는 것이었습니다. 그러니 발람이 얼마나 나쁜 사람입니까.

발람의 교훈을 버리라

'발람의 교훈'에 대해서는 베드로후서 2장을 보면 더 자세히 배울 수 있습니다.

"그들이 바른 길을 떠나 미혹되어 브올의 아들 발람의 길을 따르는 도다"(벧후 2:15a).

여기에는 '발람의 길'이라는 표현이 나오는데 '발람의 길'이나 '발람의 교훈'은 결국 같은 표현입니다. 이 말씀에 보면 그들이 바 른 길을 떠나 미혹되어 발람의 길을 따른다고 했는데 여기 '그들'은 베드로후서 2장 전체의 문맥을 놓고 보면 그 당시의 거짓 선지자들, 거짓 선생들을 이야기하는 것입니다.

이 사람들이 '발람의 교훈'을 따라서 어떤 삶을 살았는지는 베드로후서 2장에 보면 잘 나타나 있습니다. '호색'(벧후 2:2), '탐심'(벧후 2:3), '육체를 따라 더러운 정욕 가운데서 행하며'(벧후 2:10), '즐기고 노는 것을 기쁘게 여기는 자들'(벧후 2:13), '음심'(벧후 2:14), '음란'(벧후 2:18), 이런 표현들이 나오는데 '발람의 교훈'을 따르면 결국 이렇게 된다는 것입니다.

'발람의 교훈'을 사람이 따르게 되면 믿는다고 하면서도 할 짓, 못할 짓 다하는 사람이 됩니다. 도대체 믿는 사람인지, 믿지 않는 사람인지 구분이 안 갈 정도로 똑같은 생활을 하게 됩니다. 오늘날 교회 다니는 사람들 중에도 이런 사람들이 많습니다. 주일에는 성경책 들고 교회에 나오지만 세상에 나가면 할 짓, 못할 짓 다 하면서 삽니다. 술 마시는 것은 기본이고, 필요하면 점쟁이도 찾아가고, 제사도 지내고, 음란한 짓도 하고, 돈이라면 사족을 못 쓰고, 수단 방법 가리지 않고 모으려고 하고, 방종하고. 쾌락 좋아하고……. 이 세상 사람들하고 똑같은 모습으로 살아갑니다.

우리나라에 교회가 얼마나 많이 있습니까. 그리고 예수 믿는 사람들의 비율이 얼마나 높습니까. 그런데 왜 이 사회가 변화되지 않을까요? 왜 좀 더 도덕적으로, 윤리적으로 나아지는 모습이 보이지 않을까요? 왜 그런지 아십니까? 교회 안에 '발람의 교훈'을 따르는 자들이 많기 때문입니다. 교회는 다닙니다. 성경책 끼고 왔다 갔다 합니다. 그런데 세상에 나가면 똑같습니다. 술, 담배, 우상숭배, 못된 짓, 음행, 다 합니다. 그러니까 이 나라가 나아지지 않는 것입니다. 왜 예수 믿는 사람들이 욕을 먹는 줄 아십니까? 제대로 신앙생활을 하는 사람들도 있지만, 이렇게 생활하는 사람들도 많다는 것입니다.

믿지 않는 사람들이 이런 명목상의 그리스도인들을 보면 욕할 수밖에 없는 것이지요. 그래서 욕을 먹는 것입니다. 다른 사람들 생각할 것 없이 '혹시 내가 그런 사람이 아닌가?' 우리 자신들을 깊이 돌아보아야 할 것입니다. 혹시 내 삶 가운데 그런 모습이 있다면 회개해야 합니다.

심판하시는 하나님

본문 말씀을 통해서 우리 주님이 하시는 말씀이 바로 이것입니다.

"너희들, 발람의 길을 가는 자들아, 회개하라."

바로 이 말씀이 요한계시록 2장 16절의 말씀입니다.

"그러므로 회개하라. 그리하지 아니하면 내가 네게 속히 가서 내 입의 검으로 그들과 싸우리라"(계 2:16).

잘못된 길을 가는 사람들, 음행하고 우상숭배하는 사람들, 남을 속이는 사람들, 그런 사람들은 회개하라고 말씀하고 있습니다. 그리고 그렇게 하지 아니하면 '속히 가서 내 입의 검으로 그들과 싸우리라', 즉 '그들을 심판하리라' 말씀하십니다. 혹시 내 삶 가운데 이런 모습이 있다면 정말 주님 앞에 회개해야 합니다. 회개하지 않으면 하나님께서 심판하십니다.

발람의 꼬임에 넘어가서 음행했던 이스라엘 백성들, 우상숭배했던 이스라엘 백성들이 어떻게 된 줄 아십니까? 민수기 25장 9절에 보면 하나님께서 염병을 보내셔서 이스라엘 백성 2만 4천명을 죽이셨습니다. 우상숭배했던 사람들, 음행했던 사람들을 하나님께서 다 죽이셨습니다. 그리고 이스라엘 백성들을 잘못된 길로 인도했던 거짓 선지자 발람은 민수기 31장 8절에 보면 칼에 의해서 죽임을 당하고 말았습니다.

오늘날에는 하나님께서 어떤 방법으로 심판을 하실지 알 수 없습니다. 그러나 본문의 예수님 말씀을 우리는 마음속 깊이 새겨야 합니다. 회개하지 아니하면 내 입에서 나오는 검으로 너희들을 망하게 하겠다, 심판하시겠다는 말씀을 우리 마음속 깊이 새길 수 있기를 바랍니다.

감추었던 만나와 흰 돌

사랑하는 성도 여러분, 우리들은 하나님의 자녀들입니다. 하나님의 자녀들은 이 세상과 구별된 삶을 살아야 합니다. 이 세상은 우상숭배하고, 음행하고, 쾌락을 추구하고, 돈을 추구하지만 우리는 그렇게 살아서는 안 됩니다. 우리들은 하나님의 자녀들이기 때문에 그렇습니다. 하나님은 오늘도 우리들에게 이렇게 말씀하십니다.

"내가 거룩하니 너희도 거룩할지어다"(벧전 1:16).

"너희가 전에는 어둠이더니 이제는 빛이라. 빛의 자녀들처럼 행하라"(엡 5:8).

"주 앞에서 점도 없고, 흠도 없이, 모든 평강 가운데서 나타나기를 힘쓰라"(벧후 3:14b).

이 말씀들을 우리 마음속에 깊이 새기고 우리 자신들을 돌아보면서 하나님 앞에 바로 설 수 있기를 바랍니다. 하나님의 자녀이면 자녀답게 살아야 하는 것입니다. 하나님의 자녀답게 산다는 것은 세상과 구별된 삶, 성별된 삶을 사는 것을 의미합니다. 그러면 어떻게 되는지 요한계시록 2장 17절을 봅시다.

"귀 있는 자는 성령이 교회들에게 하시는 말씀을 들을지어다. 이기는 그에게는 내가 감추었던 만나를 주고, 또 흰 돌을 줄 터인데, 그 돌 위에 새 이름을 기록한 것이 있나니 받는 자 밖에는 그 이름을 알 사람이 없느니라"(계 2:17).

우리가 믿음을 잘 지키고 신앙생활을 잘하면 두 가지를 주시겠다고 말씀하고 있는데 '감추었던 만나'와 '흰 돌'이 그것입니다. '감추었던 만나'는 상징적인 표현인데 천국에서 영생을 누리며 사는 것, 아니면 천국잔치, 즉 하나님의 어린 양의 혼인잔치(계 19장)에 참여하는 것을 상징한다고 볼 수 있습니다. 그리고 '흰 돌'은 천국 또는 천국잔치에 들어갈 수 있는 특권, 입장권, 이런 것을 상징하는 표현이라고 볼 수 있습니다. 본문이 기록될 당시에는 잔치에 오게 될 사람들에게는 흰 돌에다가 글씨를 써서 그것을 초대권처럼 주었다고 합니다. 오늘날에는 종이로 만든 초대장이 있지만 그 당시에는 그런 것이 없으니까 흰 돌에다 표시해서 그것을 주면 초대권 역할을 하는 것입니다. 그래서 여기서 말하는 '흰 돌'은 하나님의 나라에 들어갈 수 있는 특권, 자격증, 이런 것을 이야기하는 것입니다. 그리고 그 돌 위에 '새 이름이 기록되어져 있다'고 했는데 이것은 우리가 장차 천국에 들어갈 때 받게 될 새 이름이라고 생각됩니다. 지금은 우리가 이 세상에서 얻은 이름으로 살아가고 있지요. 그러나 우리가 새로운 몸으로 천국에 들어갈 때에는 하나님께서 우리에게 새로운 고유의 이름을 주신다고 생각합니다. 그 이름을 이 돌 위에 새겨 주시겠다는 말씀입니다.

이런 것을 생각할 때 우리는 정말 구별된 삶, 성별된 삶을 살아야 겠습니다. 본문 말씀에 자신을 비추어 보면서 정말 내 삶에는 '발람의 교훈'을 따라 사는 것이 없는지 돌아보면서 회개할 것이 있으면 회개하고, 이제부터라도 주님께서 기뻐하시는 새로운 삶을 살아갈 수 있기를 바랍니다.

"그런즉 사랑하는 자들아, 이 약속을 가진 우리는 하나님을 두려워하는 가운데서 거룩함을 온전히 이루어 육과 영의 온갖 더러운 것에서 자신을 깨끗하게 하자"(고후 7:1).

5
사람의 뜻과 마음을 살피시는 분

(계 2:18-29)

계 2:18-29

18 두아디라 교회의 사자에게 편지하라 그 눈이 불꽃 같고 그 발이 빛난 주석과 같은 하나님의 아들이 이르시되 19 내가 네 사업과 사랑과 믿음과 섬김과 인내를 아노니 네 나중 행위가 처음 것보다 많도다 20 그러나 네게 책망할 일이 있노라 자칭 선지자라 하는 여자 이세벨을 네가 용납함이니 그가 내 종들을 가르쳐 꾀어 행음하게 하고 우상의 제물을 먹게 하는도다 21 또 내가 그에게 회개할 기회를 주었으되 자기의 음행을 회개하고자 하지 아니하는도다 22 볼지어다 내가 그를 침상에 던질 터이요 또 그와 더불어 간음하는 자들도 만일 그의 행위를 회개하지 아니하면 큰 환난 가운데에 던지고 23 또 내가 사망으로 그의 자녀를 죽이리니 모든 교회가 나는 사람의 뜻과 마음을 살피는 자인 줄 알지라 내가 너희 각 사람의 행위대로 갚아 주리라 24 두아디라에 남아 있어 이 교훈을 받지 아니하고 소위 사탄의 깊은 것을 알지 못하는 너희에게 말하노니 다른 짐으로 너희에게 지울 것은 없노라 25 다만 너희에게 있는 것을 내가 올 때까지 굳게 잡으라 26 이기는 자와 끝까지 내 일을 지키는 그에게 만국을 다스리는 권세를 주리니 27 그가 철장을 가지고 그들을 다스려 질그릇 깨뜨리는 것과 같이 하리라 나도 내 아버지께 받은 것이 그러하니라 28 내가 또 그에게 새벽 별을 주리라 29 귀 있는 자는 성령이 교회들에게 하시는 말씀을 들을지어다

본문에서 살펴볼 교회는 '두아디라 교회' 인데 '두아디라' 는 앞장에서 살펴보았던 버가모로부터 동남쪽으로 약 60km 떨어진 곳에 위치해 있었습니다. 이 도시는 오늘날에는 '악히사르' 라는 이름으로 불리어지고 있습니다. 본문이 기록될 당시 이 도시는 작은 도시였지만 상업적으로는 매우 발달한 곳이었습니다. 특별히 옷감 만드는 산업과 염색 산업이 발달했고, 이렇게 산업이 발달하다 보니 상인들의 조합조직이 잘 되어 있었습니다.

훌륭한 점이 많은 두아디라 교회

성경을 보면 두아디라 출신 성도 한 사람이 나오는데 사도행전 16

장에 나오는 루디아라는 여인입니다. 사도 바울이 빌립보 지역에 갔을 때 루디아가 예수 그리스도를 영접했습니다. 그리고 아주 믿음 좋은 사람이 되었는데 그녀의 직업이 자색 옷감장사였습니다. 이런 것을 감안해 볼 때 어쩌면 두아디라 교회는 루디아의 영향으로 세워진 교회가 아닐까 생각해 볼 수 있습니다. 루디아가 옷감장사이다 보니 자기의 고향에 자주 왕래했을 것이고, 자기가 만난 예수님을 고향 사람들에게 이야기하다보니 자연스럽게 교회가 시작되었을 수 있습니다. 그렇지 않다면 두아디라로부터 멀지 않은 곳에 에베소가 있었는데 그곳에서 사도 바울이 사역을 했으므로 사도 바울의 영향으로 교회가 시작되었을 수도 있습니다.

두아디라 교회는 주님을 위해서 여러 가지 사업을 벌이는 교회였습니다. 구제사업, 선교사업, 전도사업 등 주님을 위한 사업을 열심히 하고, 사랑과 믿음과 섬김, 그리고 인내가 많은 교회였습니다. 그러니 상당히 좋은 교회이지요. 19절을 보겠습니다.

"내가 네 사업과 사랑과 믿음과 섬김과 인내를 아노니 네 나중 행위가 처음 것보다 많도다"(계 2:19).

이 교회의 훌륭한 점은 그들의 사업과 사랑과 믿음과 섬김과 인내가 날이 갈수록 더 좋아졌다는 것입니다. 앞에서 살펴본 에베소 교회는 처음에는 열심도 있고, 사랑도 많았는데 나중에는 그 사랑이 식어져서 주님께로부터 책망을 받았습니다. 그런데 두아디라 교회는 그렇지 않았다는 것입니다. 시간이 가도 사랑과 믿음과 섬김과 인내가 점점 더 좋아졌으니 굉장히 좋은 교회인 것을 알 수 있습니다. 이런 두아디라 교회를 우리 교회도 본받아야겠습니다. 시간이 갈수록 믿음과 사랑이 식어지는 것이 아니라 점점 더 뜨거워지고 좋아껴야 할 것입니다.

두아디라 교회의 잘못

그런데 두아디라 교회의 결정적인 잘못이 한 가지 있었습니다. 그것은 이 교회가 잘못된 가르침을 받아들였다는 것입니다. 20절입니다.

"그러나 네게 책망할 일이 있노라. 자칭 선지자라 하는 여자 이세벨을 네가 용납함이니 그가 내 종들을 가르쳐 꾀어 행음하게 하고 우상의 제물을 먹게 하는도다"(계 2:20).

이 말씀에 보면 '이세벨'이라는 한 여자가 나옵니다. 이 여자는 아주 나쁜 여자인데 이 여자를 용납하여 교회 안으로 들어오게 했습니다. '이세벨'이라는 이름이 이 여자의 본명인지, 아니면 구약성경에 나오는 악한 여자 '이세벨'을 빗대어 말하는 것인지 그것은 알 수 없지만 이 여자는 굉장히 악한 여자임에 틀림없습니다. 왜냐하면 두아디라 교회에 들어와서 사람들을 꾀어 음행하게 만들고, 우상숭배하도록 만들었기 때문입니다. 구약성경에 나오는 이세벨도 그랬습니다. 아합 왕에게 시집온 후 이스라엘 백성들에게 자기가 섬기는 바알신을 섬기도록 하고, 하나님의 사람들을 핍박하였습니다. 본문에 나오는 이 여자도 성도들로 하여금 음행하게 만들고, 우상숭배하도록 한 점에서 비슷합니다.

그런데 이해가 잘 안 되는 점이 있습니다. 두아디라 교회는 믿음도 있고, 사랑도 있고, 인내도 잘하는 교회인데 어떻게 한 여자의 말에 그렇게 쉽게 넘어갈 수 있는가 하는 것입니다. 이것은 당시 상황을 알면 이해할 수 있습니다. 두아디라 지역은 상업이 발달하여 상인들의 동업조합, 동종조합 등 여러 가지 조합들이 많이 있었는데 이 조합원들이 한 번씩 모임을 가질 때마다 자기들이 믿는 신에게 제사를 드리곤 하였습니다. 그리고 제사가 끝나면 음식을 나누어 먹고, 술도 마시고, 음행도 했습니다.

　이런 상황 속에서 신앙생활을 하고 믿음을 지킨다는 것이 얼마나 어려운 일이었겠습니까. 그러던 차에 이 여자가 두아디라 교회에 들어온 것입니다. 그리고 자기가 선지자라고 말하면서 사람들에게 제사 지내는 것, 음행하는 것에 대해 너무 부담을 갖지 말라고 이야기한 것입니다. 하나님께서 자기에게 말씀하셨는데 믿는 사람이라도 그런 행동을 해도 괜찮으니까 아무 부담 갖지 말고, 살기 위해서는 적당히 타협도 해야 하는 것 아니냐고 이야기한 것입니다. 그런 이야기를 들었을 때 믿음이 올바로 서 있는 사람들은 흔들림이 없겠지만, 믿음이 없는 사람들과 먹고 살기 위해 어떻게 해야 할지 갈등을 느끼고 있던 사람들에게는 이 여자의 말이 반갑게 들렸을 것입니다. 양심으로는 아닌 것 같은데 선지자라고 하는 여자가 하나님의 이름을 들먹이며 괜찮다고 하니까 많은 사람들이 이 여자의 꼬임에 넘어간 것입니다. 우리도 일제시대 때 일본 사람들이 우리나라 사람들에게 신사참배를 강요했었습니다. 그 때 많은 그리스도인들이 거부했었지만 일부 목사들, 신학자들 중에는 이러한 상황에서 신사참배에 동참하는 것은 죄가 아니니 너무 부담 갖지 말고 그냥 자연스럽게 하라고 가르친 분들이 있었습니다. 신사참배를 한다든지, 본문에서처럼 우상숭배를 하고 음행을 하는 것은 분명히 죄입니다. 바로 그것이 두아디라 교회의 아주 큰 잘못이었습니다.

심판하시는 하나님

그래서 하나님께서는 이 여인 이세벨과 그 일에 동참한 사람들을 심판하시겠다고 말씀하셨습니다. 22-23절입니다.

"볼지어다. 내가 그를 침상에 던질 터이요, 또 그와 더불어 간음하는 자들도 만일 그의 행위를 회개하지 아니하면 큰 환난 가운데에 던지고, 또 내가 사망으로 그의 자녀를 죽이리니, 모든 교회가 나는 사람의 뜻과 마음을 살피는 자인 줄 알지라. 내가 너희 각 사람의 행위대로 갚아 주리라"(계 2:22-23).

주님께서 이 여인을 '침상에 던지겠다'고 말씀하고 있는데 여기서 '침상'은 '병상'을 이야기하는 것입니다. '병들게 하여 침상에 눕혀 버리겠다'는 뜻입니다. 그리고 이 여인과 함께 죄를 짓고도 회개할 줄 모르는 두아디라 교회의 악한 성도들에 대해서는 '환난 가운데 던지겠다'고 말씀하고 있습니다. 구체적으로 어떤 환난인지 알 수 없지만 그들에게 심각한 어려움을 겪도록 하겠다는 말씀입니다. 또, 그의 자녀를 죽이겠다고 말씀하고 있습니다. 그의 자녀는 이세벨의 자녀를 이야기하는 것인지 아니면 이 여인을 따르는 사람들의 자녀를 이야기하는 것인지 확실히 알 수 없지만 후자라고 생각됩니다.

하나님께서 이 사람들을 이토록 엄하게 다루시는 이유가 무엇일까요? 23절을 보면 그 이유를 알 수 있습니다.

"모든 교회가 나는 사람의 뜻과 마음을 살피는 자인 줄 알지라"(계 2:23b).

하나님께서 이 사람들을 가혹하게 다스리시는 것은 다른 교회들과 다른 사람들에게 경종을 울리기 위해서 본보기를 보이시는 것입니다. 생각해 보면 우리 하나님은 얼마나 무서운 분이십니까. 우리는 죄를 범할 때 하나님이 얼마나 무서운 분인지 기억할 필요가 있습니다. 사람의 눈은 피할 수 있습니다. 그러나 불꽃 같은 눈으로 지켜보시는 우리 주님의 눈은 절대로 피할 수 없습니다. 하나님께서 우리의 행위를 안 보시는 것 같아도 다 보고 계십니다. 본문 18절에 '그 눈이 불꽃 같다'고 했는데 괜히 이런 표현을 쓰는 것이 아닙니다. 그 불꽃 같은 눈으로 오늘날 우리의 삶도 지켜보고 계신다는 것입니다. 그러므로 우리가 하나님 앞에서 얼마나 잘 살아야 하는지 늘 생각해야 하는 것입니다.

만약에 잘못하면 어떻게 하시는지 23절 끝부분에 보면 "내가 너희 각 사람의 행위대로 갚아 주리라"고 말씀하고 계십니다. 우리가 하는 그대로 하나님께서 갚아 주신다는 것입니다. 두렵지 않습니까? 굉장히 무섭지요. 그러므로 우리는 하나님 앞에서 항상 바르게 살도록 노력하고, 잘못했을 때는 빨리 회개하고 바른 길로 돌아와야 하는 것입니다. 이 세상에 살면서 죄 안 짓고 살 수 있는 사람은 사실 한 사람도 없습니다. 누구라도 실수할 수 있고, 넘어질 수 있으며, 범죄할 수 있습니다. 그러나 범죄했을 때는 "아, 하나님! 제가 또 넘어졌습니다. 제가 또 실수했습니다. 제가 또 잘못을 저질렀습니다. 제가 또 죄를 지었습니다. 하나님 저를 불쌍히 여겨주십시오. 용서해 주십시오." 이렇게 회개할 줄 알아야 하는 것입니다.

본문에 나오는 이 여인의 문제가 무엇이었는가 하면 하나님께서 회개할 기회를 주셨음에도 불구하고 회개하지 않은 것입니다. 21절을 보겠습니다.

"또 내가 그에게 회개할 기회를 주었으되 자기의 음행을 회개하고자 하지 아니 하는도다"(계 2:21).

하나님께서 말씀을 통해서, 성령을 통해서, 하나님의 사람들을 통해서 이 여자의 잘못을 지적해 주시고 회개할 기회를 주셨지만 이 여자는 회개할 줄 몰랐습니다. 그래서 하나님께서 진노하셔서 "내가 너를 침상에 던지겠다, 내가 너에게 병을 주겠다"고 말씀하시는 것입니다.

쓰임받는 사람과 버림받는 사람의 차이

하나님께 쓰임받는 사람과 버림받는 사람의 차이가 무엇인지 아십니까? 사람마다 조금씩 차이가 있기는 하지만 사실 죄 안 짓고 살아가는 사람은 없습니다. 그런데 어떤 사람은 죄를 지었어도 하나님께 쓰임받는 사람이 있고, 어떤 사람은 죄를 지으면 거기서 그냥 끝나 버리는 사람이 있습니다. 그 차이가 무엇인가 하면 회개하느냐, 회개하지 않느냐의 차이입니다.

성경에 보면 다윗은 위대한 하나님의 사람이었습니다. 그 다윗이 간음죄와 살인죄라는 심각한 죄를 범했습니다. 하지만 다윗은 그런 죄를 범하고도 나중에 하나님의 귀한 사람으로 계속 쓰임을 받았습니다. 다윗의 바로 앞에 사울 왕이 있었습니다. 사울 왕도 하나님께 범죄했습니다. 그런데 그는 범죄하고 거기서 끝이었습니다. 하나님께 버림받았습니다. 다윗과 사울, 이 두 사람의 차이가 무엇일까요? 다윗은 죄를 범한 후 바로 회개할 줄 알았고, 사울은 회개할 줄 몰랐습니다. 이것이 다윗과 사울의 차이입니다.

또, 베드로와 가룟 유다가 있습니다. 두 사람 다 예수님을 배반했습니다. 그런데 베드로는 회복되어 하나님께 위대하게 쓰임 받은 반면 가룟 유다는 그것으로 끝이었습니다. 이 두 사람의 차이도 역시 회개했느냐, 회개하지 않았느냐의 차이였습니다. 그러므로 우리는 혹시 실수하거나 잘못하여 죄를 짓게 되면 바로 하나님 앞에 회개할 줄 아는 사람이 되어야 하는 것입니다. 우리 하나님은 자비로우시고, 긍휼이 많으시기 때문에 회개하면 우리의 모든 죄를 다 용서해 주십니다. 그러나 회개할 기회를 주심에도 불구하고 회개하지 않고 끝까지 버티면 결국 하나님의 심판을 받을 수밖에 없습니다.

"자기의 죄를 숨기는 자는 형통하지 못하나 죄를 자복하고 버리는 자는 불쌍히 여김을 받으리라"(잠 28:13).

참 귀한 말씀이지요. 자기의 죄를 숨기는 사람은 형통하지 못합니다. 그러나 죄를 자복하고 버리는 사람은 하나님께서 불쌍히 여겨 주십니다. 가급적이면 죄를 안 짓고 살아야 하지만 부득불 죄를 범했다면 바로 하나님 앞에 무릎 꿇을 수 있는 우리가 됩시다.

믿음을 지키는 사람들

본문을 계속 보면 두아디라 교회 안에는 불의와 타협하지 않은 사람들도 있었습니다. 24-25절을 보겠습니다.

"두아디라에 남아 있어 이 교훈을 받지 아니하고 소위 사탄의 깊은 것을 알지 못하는 너희에게 말하노니 다른 짐으로 너희에게 지울 것은 없노라. 다만 너희에게 있는 것을 내가 올 때까지 굳게 잡으라"(계 2:24-25).

이 말씀에 보면 참 귀한 사람들이 나옵니다. '이 교훈을 받지 아니한 사람들'입니다. 여기서 말하는 '교훈'은 '이세벨의 잘못된 가르침'을 이야기하는 것입니다. 그리고 '사탄의 깊은 것을 알지 못한다'는 표현이 있는데 이것은 '사탄에게 물들지 아니했다'는 말입니다. 그러니 얼마나 귀한 사람들입니까. 우리도 이 세상에서 이런 사람들이 되어야 할 것입니다. 이 세상에 얼마나 죄가 많습니까. 우리를 유혹하는 것들이 얼마나 많습니까. 또, 사탄은 우는 사자와 같이 삼킬 자를 찾기 위해 얼마나 열심히 돌아다니고 있습니까. 이런 상황 속에서 믿음을 지키고, 깨끗한 삶을 살아간다는 것이 결코 쉽지 않지만 그래도 우리는 두아디라 교회의 믿음을 지킨 소수의 사람들처럼 믿음을 지키는 사람들이 되어야 하겠습니다.

사도 바울은 빌립보서 1장 10-11절에서 이런 말씀을 하셨습니다.

"너희로 지극히 선한 것을 분별하며 또 진실하여 허물없이 그리스도의 날까지 이르고 예수 그리스도로 말미암아 의의 열매가 가득하여 하나님의 영광과 찬송이 되기를 원하노라"(빌 1:10-11).

예수님으로 말미암아 의의 열매가 가득하여 하나님의 영광과 찬송이 될 수 있는 삶, 그런 삶을 우리 모두가 살아갑시다.

이기는 자에게 주시는 약속

그런 삶을 사는 사람들에게 하나님께서 두 가지 약속을 해주고 계십니다. 26-28절입니다.

"이기는 자와 끝까지 내 일을 지키는 그에게 만국을 다스리는 권세를 주리니 그가 철장을 가지고 그들을 다스려 질그릇 깨뜨리는 것과 같이 하리라. 나도 내 아버지께 받은 것이 그러하니라. 내가 또 그에게 새벽 별을 주리라"(계 2:26-28).

첫째, '만국을 다스리는 권세'를 주시겠다고 하십니다. 이것은 참 그리스도인들, 신실한 그리스도인들에게 주시는 약속입니다. 만국을 다스리는 권세를 주시면 '철장을 가지고 만국을 다스리고 또 사람들을 질그릇 깨뜨리는 것처럼 깨뜨릴 것'이라고 말씀하고 있습니다. 언제 우리가 이 일을 하게 될까요? 예수님께서 이 땅에 재림하실 때입니다. 요한계시록 19장 14-15a절을 보겠습니다.

"하늘에 있는 군대들이 희고 깨끗한 세마포 옷을 입고 백마를 타고 그를 따르더라. 그의 입에서 예리한 검이 나오니 그것으로 만국을 치겠고 친히 그들을 철장으로 다스리며"(계 19:14-15a).

이 말씀에도 '철장으로 다스린다'는 말이 나오는데 예수 그리스도께서 지상으로 재림하실 때 일어날 일입니다. 또, '하늘에 있는 군대들이 우리 주님을 따른다'고 했는데 이 군대들 속에는 구원받은 저와 여러분이 포함될 것입니다. 주님께서 먼저 공중에 재림하시면 이 땅에 있는 모든 구원받은 그리스도인들은 공중으로 들림 받습니다. 그리고 7년 동안 공중에 있다가 다시 이 땅으로 내려옵니다. 그러므로 이 군대들 속에는 저와 여러분이 다 포함되는 것입니다. 그렇게 해서 예수님과 함께 만국을 다스리고, 철장으로 사람을 치겠다고 말씀하고 있습니다. '철장'이라고 하는 것은 '쇠 지팡이'를 말하는 것입니다. 지금은 우리가 믿지 않는 사람들로부터 조롱도 당하고, 핍박도 당하며, 때로 어떤 분들은 죽임도 당하지만 주님과 함께 다시 이 땅에 올 때에는 우리가 철장권세를 가지고 온다는 것을 기억하시기 바랍니다. 얼마나 신나는 일입니까. 그때는 우리가 완전히 왕입니다. 예수님 덕분에 우리가 완전히 호강하는 것입니다. 그때는 우리가 이 천하를 다스리게 될 것입니다

둘째, '새벽 별'을 주시겠다고 말씀하고 있습니다. 이 말씀의 의미가 무엇일까요? 요한계시록 22장 16절을 보면 예수님께서는 자기 자신을 '광명한 새벽 별'이라고 소개하고 있습니다. 그러므로 이 말

은 예수님 자신을 우리에게 주시겠다는 말씀입니다. 사실 우리 믿는 사람들에게 예수님 자신만큼 좋은 선물이 어디 있겠습니까. 하나님께서 우리에게 많은 선물을 주셨지만 최고의 선물은 뭐니뭐니해도 예수님 자신입니다. 예수님께서 자신을 우리에게 주시면 우리는 어떻게 될까요? 우리 주님과 함께 왕 노릇하고, 천국에서 영원히 함께 사는 것이지요. 얼마나 좋습니까. 그런 축복을 우리에게 주시겠다는 것입니다. 이런 것이 우리가 가지고 있는 소망입니다.

사랑하는 성도 여러분! 이 세상을 볼 때 우리 주님께서 오실 날이 그리 멀지 않은 것 같습니다. 얼마 전에 미얀마에 큰 재앙이 있었고, 중국에도 지진의 큰 재앙이 있었습니다. 수만 명의 사람들이 목숨을 잃었습니다. 왜 이런 일들이 자꾸 일어난다고 생각하십니까? 옛날에는 이런 큰 재앙들이 많지 않았습니다. 그런데 최근 들어 이런 재앙들이 자꾸만 일어나고 있습니다. 이것이 무엇을 뜻하는 것인가 하면 7년 대환난이 시작될 날이 얼마 남지 않았다, 주님께서 오실 날이 얼마 남지 않았다는 말입니다. 주님께서 오실 날이 임박할수록 이 세상은 점점 더 악해지고, 죄의 유혹은 점점 더 강해질 것입니다. 마귀 사탄의 역사도 점점 더 강해질 것입니다. 이런 상황에서 신앙 생활 하는 것이 쉽지 않을 것입니다. 그래도 우리는 믿음을 지키고, 우리 주님께서 기뻐하시는 삶을 살 수 있어야 합니다. 그것이 이 본문의 말씀이 우리에게 주는 교훈입니다.

6

교회여 일어나라

(계 3:1-6)

계 3:1-6

1 사데 교회의 사자에게 편지하라 하나님의 일곱 영과 일곱 별을 가지신 이가 이르시되 내가 네 행위를 아노니 네가 살았다 하는 이름은 가졌으나 죽은 자로다 2 너는 일깨어 그 남은 바 죽게 된 것을 굳건하게 하라 내 하나님 앞에 네 행위의 온전한 것을 찾지 못하였노니 3 그러므로 네가 어떻게 받았으며 어떻게 들었는지 생각하고 지켜 회개하라 만일 일깨지 아니하면 내가 도둑 같이 이르리니 어느 때에 네게 이를는지 네가 알지 못하리라 4 그러나 사데에 그 옷을 더럽히지 아니한 자 몇 명이 네게 있어 흰 옷을 입고 나와 함께 다니리니 그들은 합당한 자인 연고라 5 이기는 자는 이와 같이 흰 옷을 입을 것이요 네가 그 이름을 생명책에서 결코 지우지 아니하고 그 이름을 내 아버지 앞과 그의 천사들 앞에서 시인하리라 6 귀 있는 자는 성령이 교회들에게 하시는 말씀을 들을지어다

본문 말씀은 예수님께서 '사데 교회'에게 주시는 말씀입니다. '사데'는 오늘날에는 '사트'라고 불리어지고 있는데 앞에서 살펴본 '두아디라'로부터는 남쪽으로 약 50km 떨어진 곳에 있습니다.

요한계시록에 나와 있는 일곱 교회의 도시들은 모두 오늘날의 터키 서부지역에 위치하고 있는데 넓은 지역에 방대하게 퍼져 있는 것이 아니라 지도를 놓고 보면 터키 서부지역에 다 몰려 있습니다. 일곱 도시의 위치를 간단히 설명하면 지리적으로 제일 북쪽에 있는 도시가 버가모입니다. 지도상으로 보면 일곱 도시의 위치가 산 모양 (∧) 또는 A자 형태를 이루고 있는데 왼쪽 제일 아래 지점이 에베소, 그 위가 서머나, 제일 위가 버가모, 그리고 남동쪽으로 내려오면서 두아디라, 사데, 빌라델비아, 라오디게아 순으로 위치하고 있습니다. 그런데 요한계시록에서 소개하는 순서도 이와 같습니다.

산업이 발달한 도시 사데

본문에 나오는 '사데'라는 도시는 상업도시였습니다. 이 지역은 특별히 금은보석 산업과 모직옷감 산업이 매우 발달했습니다. 이러한 산업의 발달로 '사데'는 매우 잘 사는 도시였습니다. 인류 역사상 최초로 금화를 사용한 도시가 바로 이 '사데'입니다. 그러나 도덕적으로는 부패하고 타락했습니다. 사람은 원래 돈 많고, 시간 많으면 타락할 가능성이 높습니다. 사람의 죄성이 사람으로 하여금 가만히 두지 않기 때문입니다.

이 도시에는 '아데미 신전'이라고 하는 아주 큰 신전이 있었습니다. '아데미 신전'은 사도행전 19장에도 나오는데 사도행전 19장의 아데미 신전은 에베소 도시에 있었던 것이고, 이 사데에도 '아데미 신전'이 있었습니다. 지금도 이 지역을 방문하면 아데미 신전의 터와 수많은 기둥들을 볼 수 있습니다. 이 신전이 얼마나 큰가 하면 그 터의 가로, 세로의 길이가 100m, 50m가 됩니다. 이 정도의 크기라면 오늘날에도 굉장히 큰 규모입니다. 그 당시에 이렇게 큰 신전이 있었으니 이 도시의 우상숭배가 어느 정도였는지 짐작할 수 있을 것입니다.

살았다 하는 이름은 가졌으나

그런데 이곳에 교회가 있었습니다. 바로 사데 교회인데 이 교회는 별로 좋은 교회가 못 되었습니다. 그것을 어떻게 알 수 있는가 하면 본문 말씀에 주님께서 칭찬하시는 말씀이 한 마디도 안 나옵니다. 앞 장에서 살펴본 네 교회는 책망도 하셨지만 책망하시기 전에 항상 한 가지라도 칭찬을 해주셨습니다. 그런데 이 사데 교회는 아무런 칭찬의 말씀이 안 나옵니다. 이 사데 교회 말고 또 칭찬 듣지 못한 교회가 있는데 그 교회는 제일 마지막에 나오는 라오디게아 교회입니다. 이 교회도 아무런 칭찬의 말을 듣지 못했습니다. 그러니까 요한계시록의 일곱 교회 중에서 제일 부족한 두 교회가 바로 사데 교회와 라오디게아 교회입니다. 반대로 제일 좋은 교회는 책망을 한 마디도 듣지 않은 서머나 교회와 다음 장에서 살펴볼 빌라델비아 교회입니다.

사데 교회는 한 마디로 살았다 하는 이름은 가졌으나 실상은 죽은 교회였습니다. 우리 주님께서 그렇게 말씀하셨습니다. 1절입니다.

"사데 교회의 사자에게 편지하라. 하나님의 일곱 영과 일곱 별을 가지신 이가 이르시되 내가 네 행위를 아노니 네가 살았다 하는 이름은 가졌으나 죽은 자로다"(계 3:1).

심각한 문제이지요? 교회는 생명력이 넘쳐야 하는데 이 교회는 그렇지 못했다는 것입니다. 그런데 오늘날의 많은 교회들이 이 사데 교회와 비슷하다는 생각이 듭니다. 교회이기 때문에 사람들도 모이고 예배도 드립니다. 그런데 예배에 생명력이 없습니다. 여러 가지 프로그램도 있지만 역동성이 없고, 성도들의 삶은 무기력하기 짝이 없습니다. 사데 교회와 전혀 다를 바 없는 교회들이 매우 많은 것을 보게 됩니다. 교회들이 왜 이렇게 된 것일까요? 영적으로 잠이 들었기 때문입니다. 사람이 죽어갈 때 보통 잠들면서 죽는 경우가 많습니다. 교회들도 잠이 들어서 그런 것입니다.

교회여 일어나라

그래서 주님께서 뭐라고 하시는가 하면 "일어나라", "깨어나라"

하시는 것입니다. 2절을 보겠습니다.

"너는 일깨어 그 남은 바 죽게 된 것을 굳건하게 하라"(계 3:2a).

'일깨어'라는 말을 영어성경에서 보면 'wake up'으로 되어 있습니다. '일어나라', '잠에서 깨어나라'는 것이지요. 그리고 '그 남은 바 죽게 된 것을 굳건하게 하라'고 하시는데, 무엇인가 남아있는 것으로 봐서는 아직까지 이 교회가 완전히 죽지는 않은 것을 알 수 있습니다. 아직 살 가능성이 있는 것이 참 다행입니다. 죽어가는 교회가 다시 살아나려면 먼저 영적인 잠에서 깨어나야 합니다. 그리고 남아 있는 열정, 남아 있는 믿음을 되살려야 합니다. 그래야 죽지 않고 다시 살아날 수 있습니다.

주님께서는 교회가 다시 살아나기 위해서 해야 할 세 가지를 3절에서 세 가지 명령어로 말씀하고 계십니다.

"그러므로 네가 어떻게 받았으며 어떻게 들었는지 생각하고, 지켜, 회개하라"(계 3:3a).

첫 번째는 '생각하라', 두 번째는 '지키라', 세 번째는 '회개하라'입니다. '생각하라'는 말은 '기억하라'는 말인데 하나님 말씀을 어떻게 받고, 들었는지 그것을 생각하고 기억하라는 말씀입니다. '지키라'는 말은 하나님 말씀을 마음속에 새기고, 그 말씀에 순종하려는 자세를 가지라는 것입니다. 또, '회개하라'는 말은 지금까지 잘못 살아온 삶에서 돌이켜 이제부터는 바른 삶을 살아가라는 말씀입니다.

이렇게 할 때 교회는 영적인 잠에서 깨어나 생명력이 넘치는 교회, 성령께서 강하게 역사하시는 교회가 될 것입니다.

하나님의 일곱 영을 가지신 이

교회는 성령의 역사가 대단히 중요합니다. 그 성령을 누가 주관하시는지 잘 볼 필요가 있습니다. 1절을 보면 '하나님의 일곱 영'을 우리 주님께서 가지고 있다고 말씀하고 있습니다.

"사데 교회의 사자에게 편지하라. 하나님의 일곱 영과 일곱 별을 가지신 이가 이르시되"(계 3:1a).

'하나님의 일곱 영'은 '성령'을 나타내는 표현입니다. 성령은 '한 분'인데 '일곱 영'이라고 표현한 것은 '7'이라는 숫자가 완전 수, 충만 수로 우리 성령님의 완전하심, 충만하심을 상징적으로 나타내기 위함입니다. 그런데 여기서 중요한 것은 '하나님의 일곱 영' 즉 '성령'을 붙들고 계시는 분이 예수님이라는 것입니다. 그래서 교회가 잠들면 예수님께서는 성령님으로 하여금 역사를 하지 못하도록 하십니다. 성령님께서 교회 안에서 역사하지 않으면 그 교회는 더이상 가망이 없습니다. 죽어가는 것입니다. 그것은 '촛대를 옮긴다'는 말과 똑같은 것입니다. 교회로서 '촛대가 옮겨진다' 또는 '성령의 역사가 멈춘다'는 것은 정말 큰 비극이 아닐 수 없습니다. 그러므로 그런 일이 일어나지 않도록 우리 주님께서 더 이상 졸지 말고 잠에서 깨라고 말씀하시는 것입니다. 우리 주님의 이 말씀을 오늘 우리 교회에 주시는 말씀으로 받을 수 있기를 바랍니다. 이 말씀은 이천년 전의 사데 교회에게만 주시는 말씀이 아닙니다. 요한계시록 2장, 3장을 통해서 주님께서 계속 반복하시는 말씀이 "귀 있는 자는 성령이 교회들에게 하시는 말씀을 들을지어다"라는 말씀입니다. 그러므로 이 말씀은 우리 교회에 하시는 말씀으로 받아야 하는 것입니다.

우리들의 교회가 무기력한 교회, 생명력 잃은 교회, 이 세상에 아무런 영향도 못 끼치는 교회가 되어서는 안 되겠습니다. 그렇게 되지 않으려면 깨어 있어야 하고, 잠들지 말아야 합니다. 잠을 자다가도 벌떡 일어나야 합니다.

"또한 너희가 이 시기를 알거니와 자다가 깰 때가 벌써 되었으니 이는 이제 우리의 구원이 처음 믿을 때보다 가까웠음이라. 밤이 깊고 낮이 가까웠으니 그러므로 우리가 어둠의 일을 벗고 빛의 갑옷을 입자. 낮에와 같이 단정히 행하고 방탕하거나 술 취하지 말며 음란하거나 호색하지 말며 다투거나 시기하지 말고 오직 주 예수 그리스도로 옷 입고 정욕을 위하여 육신의 일을 도모하지 말라"(롬 13:11-14).

'영적으로 잠 잔다' 는 것은 '육신의 일을 도모하는 것' 을 의미합니다. 영적인 일에는 관심이 없고 '어떻게 하면 좀 더 잘 먹고 잘 살 수 있을까', '어떻게 하면 좀 더 즐길 수 있을까' 를 생각하면서 육신의 정욕대로 사는 것이 영적으로 잠자는 것입니다. 혹시 여러분 중에 지금 영적으로 잠자는 분이 계신다면 오늘 일어날 수 있기를 바랍니다. 주님께서 지금 여러분을 이 말씀으로 흔들어 깨우고 계십니다. 주님께서 흔들어 깨우시는데도 불구하고 계속 잠을 잔다면 우리 주님께서 가만히 계시지 않으실 것입니다. 3절을 보십시오.

"만일 일깨지 아니하면 내가 도둑 같이 이르리니 어느 때에 네게 이를는지 네가 알지 못하리라"(계 3:3b).

흔들어 깨우는데도 안 일어나면 '도둑같이 이르겠다' 고 말씀하고 있습니다. 여기서 '도둑같이 이른다' 는 말씀은 재림에 대한 말씀이 아닙니다. '와서 심판하시겠다' 는 말씀입니다. "너희들이 계속 그렇게 잠만 자고 있으면 너희들이 모르는 때에 와서 내가 너희들을 손 보겠다." 그런 말씀입니다. 그러므로 주님의 심판을 당하지 않으려 면 잠에서 깨어야 하는 것입니다.

"잠자는 자여 깨어서 죽은 자들 가운데서 일어나라. 그리스도께서 너에게 비추이시리라"(엡 5:14).

소수의 신실한 사람들

그런데 본문을 계속 보면 사데 교회 안에 잠들지 아니하고 신실하 게 믿음생활을 잘하는 사람들이 있었던 것을 볼 수 있습니다. 4절입 니다.

"그러나 사데에 그 옷을 더럽히지 아니한 자 몇 명이 네게 있어 흰 옷을 입고 나와 함께 다니리니 그들은 합당한 자인 연고라"(계 3:4).

많은 수는 아닌데 소수의 사람들이 '옷을 더럽히지 아니했다' 고 말씀하고 있습니다. '옷을 더럽히지 아니했다' 는 것은 '세속에 물들 지 아니했다', '깨끗한 삶을 살았다', '구별된 삶을 살았다' 는 말씀 입니다. 죽어가는 사데 교회 안에도 정말 귀한 사람들이 있었던 것 을 보게 됩니다.

이런 사람들에 대해서 우리 주님께서는 '흰옷을 입고 주님과 함께 다닐 수 있는 축복을 주시겠다' 고 약속하고 있습니다. 이것은 이들 뿐 아니라 이 세상에 있는 모든 신실한 그리스도인들에게도 동일하 게 주시는 약속입니다. 5절을 보겠습니다.

"이기는 자는 이와 같이 흰 옷을 입을 것이요, 내가 그 이름을 생명 책에서 결코 지우지 아니하고, 그 이름을 내 아버지 앞과 그의 천사 들 앞에서 시인하리라"(계 3:5).

이 말씀 속에 이기는 자들에게, 즉 신실한 그리스도인들에게 주시는 3가지 약속이 나와 있습니다.

흰 옷을 입음

첫째, '흰 옷을 입게 해 주시겠다'고 약속하고 계십니다. 지금 우리들은 각기 다른 색상의 옷을 입고 있습니다. 그러나 우리가 천국에 가서 주님 앞에 서게 되면 주님께서 우리 모두에게 '흰 옷'을 입혀 주실 것입니다. 그런데 왜 하필 '흰 옷'일까요? 그것은 흰색이 순결과 의를 상징하기 때문입니다. 우리 주님께서 변화산 위에서 영광스럽게 변화되었을 때에도 그 옷이 빛나는 하얀색이었습니다. 우리도 천국에 가면 그런 옷을 입고 살게 될 것입니다. 요한계시록에는 '흰 옷'에 대해서 여러 차례 말씀하고 있는데 요한계시록 19장 14절에 보면 우리 주님께서 지상으로 재림하실 때 주님의 뒤를 따르는 하늘의 군대가 "희고 깨끗한 세마포 옷을 입고 백마를 타고 그를 따르더라"라고 기록되어 있습니다. 또 요한계시록 19장 8절에는 "그에게 빛나고 깨끗한 세마포 옷을 입도록 허락하셨으니 이 세마포 옷은 성도들의 옳은 행실이로다"라는 말씀도 있습니다. 그러니까 이 '흰 옷'은 실제로도 하얀색이고, 동시에 의를 나타내는 상징적인 표현이기도 합니다.

그 이름을 생명책에서 지우지 아니함

둘째, '이름을 생명책에서 지우지 않겠다'고 약속하고 계십니다. 하나님께서 가지고 계신 책이 '생명책'인데 이 생명책에는 천국에 들어갈 사람들의 이름이 기록되어 있습니다. 그래서 하나님께서 사람들을 심판하실 때 생명책을 보시면서 거기에 이름이 기록되어 있는 사람은 천국으로, 이름이 없는 사람은 영원한 불못으로 보내는 것입니다.

"누구든지 생명책에 기록되지 못한 자는 불 못에 던져지더라"(계 20:15).

그런데 우리가 이 생명책에 대해서 잘못 알고 있는 부분이 있는 것 같습니다. 일반적으로 우리는 사람이 구원받을 때 그 이름이 생명책에 기록된다고 생각합니다. 그런데 성경을 잘 보면 그게 아닌 것 같습니다. 출애굽기 32장을 보겠습니다.

"그러나 이제 그들의 죄를 사하시옵소서. 그렇지 아니하시오면 원하건대 주께서 기록하신 책에서 내 이름을 지워 버려 주옵소서. 여호와께서 모세에게 이르시되 누구든지 내게 범죄하면 내가 내 책에서 그를 지워 버리리라"(출 32:32–33).

이 말씀에 '주께서 기록하신 책' 이라는 표현이 나오는데 이 책이 생명책을 이야기 한다고 생각합니다. 그런데 이 책에서 '이름을 지워 버린다' 는 표현이 나옵니다. 우리가 알기로는 생명책에 이름이 한 번 올라가면 안 지워지는 것으로 알고 있습니다. 그런데 성경은 지워질 수 있는 가능성에 대해서 말씀하고 있습니다.

"그들을 생명책에서 지우사 의인들과 함께 기록되지 말게 하소서"(시 69:28).

이 말씀에도 생명책에서 이름을 지우는 것을 이야기하고 있습니다. 우리가 알고 있는 것과는 차이가 있습니다, 그래서 성경을 잘 보아야 하는 것입니다.

그럼 이게 도대체 어떻게 된다는 것일까요? 이것은 이렇게 이해할 수 있을 것 같습니다. 이 땅의 모든 사람들은 태어날 때, 즉 생명을 얻는 그 순간에 하늘의 생명책에 이름이 기록됩니다. 그러나 예수님을 알지 못하고, 구원 없이 죽으면 생명이 끝나는 그 순간에 그 이름이 생명책에서 지워집니다.

생명책은 말 그대로 생명이 있는 사람들의 이름만 기록하고 있는 책입니다. 구원 받은 사람은 죽어도 천국에서 영원히 살기 때문에 생명이 있지만 예수님을 안 믿고 죽는 사람은 죽음으로서 사실상 생명이 끝납니다. 지옥에서 영원히 살기는 하지만 그것은 생명이라고 말할 수 없습니다. 영원한 사망만이 그들에게 계속 되기 때문입니다. 그러므로 생명책의 이름은 구원받을 때 기록되는 것이 아니라, 끝내 생명을 얻지 못하고 죽는 사람들의 이름이 지워지는 것으로 이해하는 것이 바른 이해가 아닌가 생각합니다.

중요한 것은 예수님을 통해서 구원받고 영생을 얻은 사람들의 이름은 생명책에서 지워지지 않는다는 사실입니다. 만약 영생을 얻은 사람들의 이름이 거기서 지워진다면 그것은 '영생'이라고 말할 수 없겠지요. 그러므로 구원받은 우리의 이름도 지워질 수 없는 것입니다. 그 사실을 생각하면 얼마나 감사합니까. 우리 예수님께서 요한복음 10장 28절에서 이렇게 말씀하셨습니다.

"내가 그들에게 영생을 주노니 영원히 멸망하지 아니할 것이요, 또 그들을 내 손에서 빼앗을 자가 없느니라"(요 10:28).

한 번 얻은 구원은 절대로 잃어버리지 않습니다.

누가복음 10장 17절에 보면 예수님의 제자들이 귀신을 쫓아내고 돌아와서 귀신을 쫓아낸 그 사실로 인해 매우 기뻐했습니다. 그때 우리 주님은 귀신을 쫓아낸 것 가지고 기뻐하지 말고, 너희 이름이 하늘에 기록된 것으로 인하여 기뻐하라고 말씀하셨습니다. 우리의 이름이 하늘에 기록된 그 사실로 인하여 늘 기뻐하고 감사하며 살아갑시다.

이름을 하나님과 천사들 앞에서 시인

셋째, '우리의 이름을 하나님과 천사들 앞에서 시인해 주시겠다'고 약속하고 계십니다. 우리는 주님의 이름을 부끄러워해서는 안 됩니다. 주님께서는 우리의 이름을 하나님 앞에서, 천사들 앞에서 시인하시겠다고 하셨는데 우리가 주님의 이름을 부끄러워한다면 도리가 아니겠지요. 그런데 이 사데 교회 성도들은 주님의 이름을 부끄러워했습니다. 그래서 전도도 하지 않았고, 전도를 안 하다 보니 핍박도 받지 않았습니다. 결국 이 교회는 잠자는 교회, 죽어가는 교회가 되고 말았습니다.

사랑하는 성도 여러분, 우리들의 교회는 정말 생명력이 넘쳐나는 교회, 성령이 강하게 역사하는 교회가 되어야 하겠습니다. 그렇게 되려면 주님의 이름을 끊임없이 고백하고, 증거하고, 나타내야 합니다. 그렇게 할 때 하나님께서 우리들의 교회를 놀랍게 축복해 주시고 부흥하도록 도와주실 것입니다. 교회가 이 땅에 존재하는 목적이 주님의 이름을 드러내고, 하나님께 영광 돌리고, 복음 전하기 위함입니다. 그것 때문에 하나님께서 이 땅에 교회를 세워주셨습니다. 우리들의 교회가 정말 생명력이 넘쳐나는 살아있는 교회가 되어서 하나님께 큰 영광을 돌립시다.

7
칭찬 듣는 교회

(계 3:7-13)

계 3:7-13

7 빌라델비아 교회의 사자에게 편지하라 거룩하고 진실하사 다윗의 열쇠를 가지신 이 곧 열면 닫을 사람이 없고 닫으면 열 사람이 없는 그가 이르시되 8 볼지어다 내가 네 앞에 열린 문을 두었으되 능히 닫을 사람이 없으리라 내가 네 행위를 아노니 네가 작은 능력을 가지고서도 내 말을 지키며 내 이름을 배반하지 아니하였도다 9 보라 사탄의 회당 곧 자칭 유대인이라 하나 그렇지 아니하고 거짓말 하는 자들 중에서 몇을 네게 주어 그들로 와서 네 발 앞에 절하게 하고 내가 너를 사랑하는 줄을 알게 하리라 10 네가 나의 인내의 말씀을 지켰은즉 내가 또한 너를 지켜 시험의 때를 면하게 하리니 이는 장차 온 세상에 임하여 땅에 거하는 자들을 시험할 때라 11 내가 속히 오리니 네가 가진 것을 굳게 잡아 아무도 네 면류관을 빼앗지 못하게 하라 12 이기는 자는 내 하나님 성전에 기둥이 되게 하리니 그가 결코 다시 나가지 아니하리라 내가 하나님의 이름과 하나님의 성 곧 하늘에서 내 하나님께로부터 내려오는 새 예루살렘의 이름과 나의 새 이름을 그이 위에 기록하리라 13 귀 있는 자는 성령이 교회들에게 하시는 말씀을 들을지어다

　

사람은 칭찬을 들으면 기분이 참 좋습니다. 아이들도 칭찬 들으면 좋아하고, 아이들뿐만 아니라 어른도 칭찬 듣는 것을 좋아합니다. 특별히 남자들은 자기 아내에게 칭찬 듣는 것을 좋아하고, 여자들은 자기 남편에게 칭찬 듣는 것을 좋아합니다. 그러므로 우리는 가급적이면 칭찬을 많이 하면서 살아야 하겠습니다. 그런데 칭찬 중에서 제일 좋은 칭찬은 누구로부터 오는 것일까요? 그것은 남편도, 아내도, 회사 사장님도, 대통령도 아닌 우리 주님께로부터 오는 칭찬입니다. 주님께로부터 칭찬 듣는 것보다 더 좋은 칭찬은 없습니다.

칭찬 들은 빌라델비아 교회

지금 우리는 요한계시록에 나오는 일곱 교회에 대해서 알아보고 있습니다. 그런데 이 교회들을 쭉 살펴보면 어떤 교회는 주님께로부

터 칭찬을, 또 어떤 교회는 주님께로부터 책망을, 또 어떤 교회는 칭찬과 책망을 동시에 들은 것을 볼 수 있습니다. 본문에는 빌라델비아 교회가 나오는데 이 교회는 주님께로부터 칭찬만 들었던 교회입니다. 이 교회처럼 칭찬만 들었던 교회가 하나 더 있는데 바로 서머나 교회입니다. 서머나 교회와 빌라델비아 교회는 책망은 듣지 않고 오직 칭찬만 들었던 교회입니다. 그러므로 이 두 교회가 일곱 교회 중에서 제일 좋은 교회라고 할 수 있습니다.

빌라델비아 교회는 그렇게 큰 교회가 아니었습니다. 8절을 보면 '네가 작은 능력을 가지고서도'라는 표현이 나옵니다. 표준새번역 성경에는 '네가 힘은 적으나'라고 되어 있습니다. 그렇다면 이 교회는 틀림없이 힘도 적고, 능력도 적은 작은 교회였습니다. 재력이 있고 사람들이 많이 모이는 교회라면 우리 주님께서 이렇게 표현하지 아니하셨을 것입니다. 그래서 어쩌면 이 교회는 성도가 몇 십 명, 많아야 100~200명 또는 200~300명 정도 나오는 교회였을지 모릅니다. 그런데 중요한 것은 이 빌라델비아 교회가 주님께로부터 칭찬을 들었다는 것입니다. 오늘날 많은 교회들이 어떻게 하면 더 사람들을 모을 수 있을까, 어떻게 하면 더 크고 멋진 예배당을 지을 수 있을까, 이런 것에 굉장히 민감하고 신경을 많이 씁니다. 그러나 우리 주님은 그런 것에 관심이 없으십니다. 사람이 몇 명 모이느냐, 재정이 어떠하냐 하는 것은 사람들의 관심사는 될 수 있을지 몰라도 주님은 그런 것에 관심이 없으십니다. 이 말씀을 묵상하면 매우 위로가 됩니다. 사실 우리 교회도 그렇게 큰 교회라고 할 수는 없습니다. 우리나라에만 하더라도 수천 명, 수만 명 모이는 교회가 얼마나 많습니까. 그런 큰 교회를 보면 괜히 기가 죽을 때가 있는데 이 빌라델비아 교회를 보니 그럴 필요가 없습니다. 이 교회는 결코 큰 교회가 아니었습니다. 어쩌면 요한계시록에 나오는 일곱 교회 중에서 가장 작고 재력도 제일 약한 교회였을지 모릅니다. 그런데도 하나님께서는 이 빌라델비아 교회를 칭찬해 주셨습니다. 그 이유가 무엇인지 그리고 이 교회에 어떤 축복과 약속의 말씀을 해주셨는지 보도록 하겠습니다.

예수님의 말씀을 잘 지킨 교회

먼저 칭찬하시는 말씀부터 보겠습니다. 8절 하반절입니다.

"내가 네 행위를 아노니 네가 작은 능력을 가지고서도 내 말을 지키며 내 이름을 배반하지 아니하였도다"(계 3:8b).

주님께서 이 교회에 대하여 '내 말을 지켰다' 고 말씀하십니다. 이 말씀의 의미는 예수님의 말씀을 항상 마음에 품고, 그 말씀대로 행동하며 살아갔다는 것입니다. 오늘날 많은 그리스도인들의 문제가 무엇인줄 아십니까? 하나님의 말씀은 많이 알고 있습니다. 목사님의 설교도 앉아서 다 파악하고 있습니다. 그런데 문제는 실천이 없다는 것입니다. 그냥 머리로 듣고 그것으로 끝입니다. 마음에 새기는 것도 없고, '말씀대로 살아야지!' 결심하고 노력하는 것도 없고, 한 번 듣고 흘려버리는 식으로 많은 그리스도인들이 살아가고 있는데 빌라델비아 교회 성도들은 그렇지 않았다는 것입니다. 하나님 말씀을 들으면 그 말씀을 마음에 새기고 그 말씀대로 살아가려고 노력했다는 것입니다.

예수님을 배반하지 않은 교회

또한 '예수님의 이름을 배반하지 아니했다'고 말씀하고 있습니다. 어떻게 하는 것이 예수님의 이름을 배반하지 않는 것일까요? 어디 가서 "나는 예수님을 모른다"고 말하지는 않더라도 예수님을 믿으면서도 겉으로는 안 믿는 척하고, 하나님 말씀을 뻔히 알면서도 그 말씀대로 살려고 노력하지 않는 것이 결국 직간접적으로 우리 주님을 부인하는 삶입니다. 그런데 이 빌라델비아 교회는 그렇게 하지 않았습니다. 그래서 훌륭한 교회이고, 좋은 교회입니다. 그리고 그렇기 때문에 주님께로부터 칭찬을 들었습니다. 사랑하는 성도 여러분! 우리도 빌라델비아 교회 성도들을 본받을 수 있기를 바랍니다.

인내할 줄 알았던 교회

10절에는 "네가 나의 인내의 말씀을 지켰은즉"이라는 표현이 나옵니다. 여기서 '인내의 말씀을 지켰다'는 것은 '인내하라는 주님의 말씀을 지켰다'는 의미입니다. 어려운 환경 속에서 인내하는 것, 핍박이 많은 상황 속에서 인내하는 것은 여간 어려운 일이 아닙니다. 그런데도 이 빌라델비아 교회는 어려운 상황 속에서도 신앙을 잘 지켜 나갔습니다.

결국 빌라델비아 교회는 세 가지를 잘했기 때문에 주님께로부터 칭찬을 들었습니다. 첫째, 예수님 말씀을 잘 지켰습니다. 둘째, 예수님을 배반하지 않았습니다. 셋째, 인내할 줄 알았습니다.

사랑하는 성도 여러분! 우리의 교회가 이런 교회가 되기를 소원합니다. 우리 한 사람, 한 사람이 이러한 삶을 살아갈 수 있기를 바랍니다. 어떤 교회가 좋은 교회입니까? 사람들이 많이 모이는 교회,

건물이 좋은 교회, 이런 저런 일 때문에 신문에 자주 나오는 교회가 좋은 교회입니까? 정말 좋은 교회는 빌라델비아 교회처럼 주님 말씀 잘 지키고, 주님 부인하지 않으며, 인내하는 교회입니다. 그런 교회가 좋은 교회이고, 좋은 성도들입니다. 이런 교회, 이런 성도가 되기 위해 노력하고 힘쓰는 우리 모두가 되었으면 좋겠습니다.

주님께서 주시는 축복과 약속의 말씀

그럼 이제 이 좋은 교회에게 주님께서 어떤 축복과 약속의 말씀을 하시는지 살펴봅시다. 8절입니다.

"볼지어다 내가 네 앞에 열린 문을 두었으되 능히 닫을 사람이 없으리라"(계 3:8a).

'열린 문을 두었다' 는 말씀이 무슨 뜻일까요? 이 말씀을 이해하려면 7절 말씀을 볼 필요가 있습니다.

"빌라델비아 교회의 사자에게 편지하라. 거룩하고 진실하사 다윗의 열쇠를 가지신 이 곧 열면 닫을 사람이 없고 닫으면 열 사람이 없는 그가 이르시되"(계 3:7).

이 말씀을 보면 예수님께서는 자기 자신에 대해서 '다윗의 열쇠를 가지신 이' 그래서 '열면 닫을 사람이 없고 닫으면 열 사람이 없는 그' 라고 소개하고 있습니다. 이 표현은 구약성경 이사야서에도 나오는 표현입니다.

"내가 또 다윗의 집의 열쇠를 그의 어깨에 두리니 그가 열면 닫을 자가 없겠고 닫으면 열 자가 없으리라"(사 22:22).

요한계시록 본문에 기록된 말씀과 같은 내용입니다. 이사야서에 기록된 이 말씀은 하나님께서 엘리야김이라는 사람에게 '다윗의 집의 열쇠'를 주시겠다는 말씀입니다. 그에게 특별한 어떤 권한을 주시겠다는 말씀이지요.

그런데 요한계시록 본문에서는 이 표현이 예수님께 쓰이고 있습니다. 예수님께 이런 표현이 쓰이면 '예수님은 절대 주권을 가지신 분'이라는 의미가 됩니다. 마태복음 28장 18절에 보면 예수님은 '하늘과 땅의 모든 권세를 가지신 분'으로 기록되어 있고, 요한계시록 1장 18절에는 '사망과 음부의 열쇠를 가지신 분'이라고 기록되어 있습니다. 그러므로 우리 주님께서 문을 열면 닫을 자가 없고, 닫으면 열 자가 없는 것은 너무나 당연한 일입니다.

그런데 주님께서 빌라델비아 교회 성도들에게 '내가 네 앞에 열린 문을 두겠다'고 말씀하고 있습니다. 이 말씀의 의미는 빌라델비아 교회에게 전도의 문을 열어 주시고, 천국 문을 열어 주시겠다는 것입니다. 마태복음 16장 19절에 보면 '천국 열쇠'에 대한 말씀이 있고, 골로새서 4장 3절에는 '전도의 문'이 활짝 열리기 위해서 사도바울이 기도하는 장면이 나옵니다. 그러므로 '열린 문을 두었다'는 것은 '전도의 문을 열어놓고, 천국의 문을 열어놓았다'는 말씀입니다. 교회로서 이 보다 더 큰 축복의 문이 어디에 있겠습니까.

그런데 주님께서는 어떤 교회에게 이런 축복을 주실까요? 아무 교회에게나 이런 축복을 주시지는 않습니다. 그럴만한 자격이 있어야 되는데 바로 신실한 교회, 구령의 열정이 있는 교회, 영혼들을 사랑하는 교회, 하나님 말씀대로 살아가는 교회, 빌라델피아 교회 같은 교회에 이런 축복을 주시는 것입니다. 우리 교회도 이런 교회가 되어서 구령의 문, 천국의 문, 축복의 문이 활짝 열릴 수 있기를 바랍니다. 교회뿐만 아니라 여러분들 삶에도 이런 축복의 문이 열릴 수 있기를 간절히 바랍니다.

내가 너를 사랑하는 줄 알게 하리라

9절에도 축복과 약속의 말씀은 계속됩니다.

"보라 사탄의 회당 곧 자칭 유대인이라 하나 그렇지 아니하고 거짓 말하는 자들 중에서 몇을 네게 주어 그들로 와서 네 발 앞에 절하게 하고 내가 너를 사랑하는 줄을 알게 하리라"(계 3:9).

이 말씀에 나오는 유대인들은 혈통적으로는 유대인이 맞지만 믿음 적으로는 참 유대인이라고 할 수 없는 사람들입니다. 로마서 2장 28-29a절을 보면 "표면적 유대인이 유대인이 아니요, 이면적 유대 인 즉 참 유대인이 진짜 유대인"이라는 말씀이 나옵니다. 예수 그리 스도를 제대로 볼 줄 아는 믿음이 있는 사람이 참 유대인이라는 말 씀이지요. 그런데 여기에 나오는 어떤 유대인들은 예수님을 안 믿는 유대인들입니다. 이 사람들이 빌라델피아 교회 성도들을 매우 힘들 게 했던 것 같습니다. 서머나 교회도 이런 사람들 때문에 아주 힘들 어했던 것이 요한계시록 2장 9절에 나와 있습니다. 그런데 예수님 께서 "이들 중 몇 사람을 네게 주어 너희들 앞에 절하게 하겠다"고 말씀하십니다. 그리고 "네가 너희를 사랑하는 줄을 알게 하겠다" 이 런 말씀도 하십니다. 이것이 도대체 무슨 말씀일까요? 이 말씀을 제 대로 이해하기 위해서는 예수님께서 하신 말씀을 잘 이해해야 하는 데 원어성경을 보면 '~중에서 몇 (사람)'이라는 표현이 없습니다. "유대인이라 하나 그렇지 아니하고 거짓말하는 자들이라. 보라 내 가 그들을 네게 주어…" 이렇게 되어 있습니다. 의미가 달라지지요? 우리 성경을 그대로 이해하면 '그들 중에 몇 사람을 네게 주겠다'는 것이고, 다시 고쳐서 읽은 말씀으로 이해하면 '그들 전부를 주겠다'는 말씀입니다. 그러므로 이 말씀의 정확한 의미는 그들 중 몇 사람만 굴복시켜 주시겠다는 말씀이 아니라 그들 전부로 하여금 자신들의 잘못을 깨닫고 굴복시켜 주시겠다는 말씀으로 이해할 수 있습니다.

지금은 유대인들 대부분이 예수님을 믿지 않습니다. 그러나 언젠가는 그들도 알게 될 것입니다. '우리가 틀렸고 예수 믿는 그들이 맞았구나!' 하는 그 사실을 말이지요. 그 때는 그들이 예수님 앞에 나와서 무릎을 꿇게 될 것이고, 믿는 사람들 앞에 나와서 무릎을 꿇게 될 것입니다. 그런 일이 일어나면 유대인들로부터 핍박받은 그리스도인들은 얼마나 큰 위로를 받겠습니까. 유대인들뿐 아니라 이방인들에게 핍박받은 사람들도 마찬가지입니다. 지금은 전도하면 핍박도 당하고, 모욕도 당하지만 나중에 그들이 자신들의 잘못을 알게 될 때 우리는 위로를 받게 될 것입니다. 이것이 빌라델비아 교회에게 그리고 예수 믿는 모든 사람들에게 주시는 주님의 약속입니다.

시험의 때를 면하게 하리라

또 10절에서 '너를 지켜 시험의 때를 면하게 해주겠다' 는 약속을 하고 있습니다.

"네가 나의 인내의 말씀을 지켰은즉 내가 또한 너를 지켜 시험의 때를 면하게 하리니 이는 장차 온 세상에 임하여 땅에 거하는 자들을 시험할 때라"(계 3:10).

이 '시험의 때' 라는 것은 '장차 온 세상에 임하여 땅에 거하는 자들을 시험할 때' 를 말하는 것입니다. 이 말씀은 일차적으로는 빌라델비아 교회 성도들에게 주시는 말씀이지만 크게 보면 이 땅에 있는 모든 교회와 성도들, 특별히 예수님께서 다시 오실 그 때에 살아가게 될 교회와 성도들에게 주시는 말씀입니다. 그래서 이 말씀은 결국 구원받은 성도들을 7년 대환난에서 면제시켜 주시겠다는 말씀입니다. 많은 신학자들이 그렇게 이해하고 있고, 저도 그렇게 이해하고 있습니다. 성경을 보면 7년 대환난이라는 환난기간이 나옵니다. 그 환난기간은 인류역사상 전무후무한 환난의 기간이 될 것입니다. 마태복음 24장에서는 그 환난기간에 대해서 이렇게 이야기하고 있습니다.

"이는 그 때에 큰 환난이 있겠음이라. 창세로부터 지금까지 이런 환난이 없었고 후에도 없으리라"(마 24:21).

지금도 이 땅에서는 여러 가지 재앙들이 일어나고 있습니다. 대지진으로 수만 명이 죽는 등 여러 가지 재난과 재앙이 끊임없이 일어납니다. 그런데 이 7년 대환난은 인류 역사상 전무후무한 가장 무서운 환난이 될 것입니다. 여기에 대한 자세한 내용은 요한계시록 6장부터 19장에 기록되어 있는데 앞으로 배우게 될 것입니다.

그런데 참 감사한 것은 구원받은 그리스도인들은 7년 대환난에 안 들어간다는 것입니다. 본문에서 '시험의 때를 면하게 해주신다'고 말씀하고 있습니다. 주님께서 공중에 재림하시면 우리 믿는 사람들은 공중으로 들림 받게 됩니다. 그리고 이 땅에서는 무서운 7년 대환난이 시작됩니다. 공중으로 들림 받는 그 내용은 데살로니가전서 4장에 나와 있습니다.

"우리가 예수께서 죽으셨다가 다시 살아나심을 믿을진대 이와 같이 예수 안에서 자는 자들도 하나님이 그와 함께 데리고 오시리라.

우리가 주의 말씀으로 너희에게 이것을 말하노니 주께서 강림하실 때까지 우리 살아남아 있는 자도 자는 자보다 결코 앞서지 못하리라. 주께서 호령과 천사장의 소리와 하나님의 나팔소리로 친히 하늘로부터 강림하시리니 그리스도 안에서 죽은 자들이 먼저 일어나고, 그 후에 우리 살아남은 자들도 그들과 함께 구름 속으로 끌어 올려 공중에서 주를 영접하게 하시리니 그리하여 우리가 항상 주와 함께 있으리라"(살전 4:14-17).

이 말씀이 주님께서 공중에 재림하실 때 교회가 들림 받는 사건을 기록하고 있는 장면입니다. 이 땅에서는 7년 대환난이 일어나지만 구원받은 우리는 그 전에 공중으로 들림 받게 됩니다. 이 사건을 '휴거'라고 합니다. 그러니 얼마나 감사한 일입니까. 만약에 우리가 대환난의 시련을 통과해야 한다면 끔찍한 일이지요. 우리가 중국에서 일어난 지진과 미얀마에서 일어난 재앙 속에 있었다고 한 번 생각해 보십시오. 얼마나 끔찍한 일입니까. 7년 대환난에 비하면 그런 재앙은 아무 것도 아닌데 7년 대환난 속에 들어가지 않도록 해주신다니 얼마나 감사한 일입니까. 이것이 주님께서 교회에게 주시는 축복입니다.

성전에 기둥이 되게 하리라

또 어떤 축복의 말씀을 하시는가 하면 12절에서 '하나님 성전에 기둥이 되게 하리라' 하는 말씀을 해주고 계십니다.

"이기는 자는 내 하나님 성전에 기둥이 되게 하리니 그가 결코 다시 나가지 아니하리라. 내가 하나님의 이름과 하나님의 성 곧 하늘에서 내 하나님께로부터 내려오는 새 예루살렘의 이름과 나의 새 이름을 그이 위에 기록하리라"(계 3:12).

여기서 말하는 '하나님 성전'은 '새 예루살렘 성', 즉 '천국'을 말하는 것입니다. 우리가 장차 들어갈 천국은 천국 자체가 성전이나 마찬가지입니다. 왜냐하면 그곳에 하나님이 계시기 때문입니다. 그러므로 천국에는 따로 성전이 있을 필요가 없습니다.

"성 안에서 내가 성전을 보지 못하였으니 이는 주 하나님 곧 전능하신 이와 및 어린 양이 그 성전이심이라"(계 21:22).

본문 12절의 '하나님 성전에 기둥이 되게 하리라'는 말씀의 의미는 우리가 천국에 가면 기둥과 같은 존재가 되게 해주시겠다는 말씀입니다. 구원받아서 천국 가게 될 사람들은 이 세상에서 아무리 별볼일 없는 사람이라고 해도 천국에서는 다 기둥과 같은 사람들입니다. 꼭 필요한 사람들이고, 주님께서 귀하게 여겨 주실 것이기 때문입니다.

다시 나가지 아니 하리라

그 다음을 계속 보면 '다시 나가지 아니하리라'는 말씀이 나옵니다. 천국에서 다시 나가는 일이 없을 것이라는 말씀인데 이것은 주님과 이별 없이 영원히 함께 살게 될 것이라는 말씀입니다. 그런데 여기 나오는 표현이 조금 독특합니다. 천국 가면 안 나가는 것이 당연한 것인데 왜 주님께서 이런 표현을 쓰셨을까요? 빌라델비아 지역은 지진이 매우 많이 일어났던 곳입니다. 이 본문이 기록되기 몇십 년 전에도 큰 지진이 일어나 그 주변에 있던 십여 개의 도시가 완전히 무너진 일이 있었습니다. 그래서 이 지역 사람들은 지진의 움직임이 조금만 있어도 건물 밖으로 뛰어 나가곤 했습니다. 그러나 천국에 가면 그럴 일이 없습니다. 그곳은 안전한 곳이어서 밖으로 나갈 일 없이 주님과 함께 영원히 살게 되는 것입니다.

또 계속 보면 '하나님의 이름과 새 예루살렘의 이름과 예수님의 새 이름을 그이 위에 기록하리라' 말씀하고 있습니다. 이름을 기록해 주신다니 얼마나 든든하겠습니까. 절대로 잃어버릴 일이 없겠지요. 이름을 새겨 놓고 있으니 잃어버리려고 해도 잃어버릴 수 없는 것입니다. 그러므로 주님과 영원히 함께 살게 되는 것입니다. 이것이 신실하게 주님을 섬기는 성도들과 교회들에게 주시는 주님의 약속입니다.

빌라델비아 교회는 결코 큰 교회가 아니었습니다. 유명한 교회도 아니었고, 힘 있는 사람들이 모인 교회도 아니었습니다. 누가 알아주는 교회도 아니었습니다. 그러나 이 교회는 주님께로부터 칭찬받는 교회였습니다. 우리 교회도 이런 교회가 될 수 있기를 바랍니다. 한 사람, 한 사람이 칭찬 듣는 삶을 살고, 주님 말씀 잘 지키고, 주님 부인하지 않으며, 인내하면서 살아갈 때 그런 교회가 될 것입니다.

8

열정을 회복하라

(계 3:14-22)

계 3:14-22

14 라오디게아 교회의 사자에게 편지하라 아멘이시요 충성되고 참된 증인이시요 하나님의 창조의 근본이신 이가 이르시되 15 내가 네 행위를 아노니 네가 차지도 아니하고 뜨겁지도 아니하도다 네가 차든지 뜨겁든지 하기를 원하노라 16 네가 이같이 미지근하여 뜨겁지도 아니하고 차지도 아니하니 내 입에서 너를 토하여 버리리라 17 네가 말하기를 나는 부자라 부요하여 부족한 것이 없다 하나 네 곤고한 것과 가련한 것과 가난한 것과 눈 먼 것과 벌거벗은 것을 알지 못하는도다 18 내가 너를 권하노니 내게서 불로 연단한 금을 사서 부요하게 하고 흰 옷을 사서 입어 벌거벗은 수치를 보이지 않게 하고 안약을 사서 눈에 발라 보게 하라 19 무릇 내가 사랑하는 자를 책망하여 징계하노니 그러므로 네가 열심을 내라 회개하라 20 볼지어다 내가 문 밖에 서서 두드리노니 누구든지 내 음성을 듣고 문을 열면 내가 그에게로 들어가 그와 더불어 먹고 그는 나와 더불어 먹으리라 21 이기는 그에게는 내가 내 보좌에 함께 앉게 하여 주기를 내가 이기고 아버지 보좌에 함께 앉은 것과 같이 하리라 22 귀 있는 자는 성령이 교회들에게 하시는 말씀을 들을지어다

　　본문은 예수님께서 라오디게아 교회에게 주시는 말씀으로 일곱 교회에게 주시는 마지막 말씀이기도 합니다.

　　라오디게아는 에베소로부터 동쪽으로 약 150km 떨어진 곳에 위치하고 있었습니다. 150km라고 하면 대략 서울에서부터 대전까지의 거리입니다. 요한계시록에 나오는 일곱 교회 중에서 제일 먼저 나오는 교회가 에베소 교회인데 에베소는 지도상으로 제일 서쪽 아랫부분에 있습니다. 그리고 성경에 나오는 순서대로 북쪽으로 올라가면 서머나가 나오고, 그 다음에 버가모가 나옵니다. 그리고 거기서부터 다시 동남쪽으로 내려가면 두아디라, 사데, 빌라델비아, 그리고 마지막으로 라오디게아가 나옵니다.

부유한 도시 라오디게아

라오디게아는 경제적으로 매우 부유한 도시였습니다. 본문에도 나타나 있는데 그들은 "나에게는 부족한 것이 없다", "나는 부유하다" 이렇게 말할 정도로 이 도시 사람들은 굉장히 잘 살았습니다. 이 지역은 양모 산업과 금융업이 매우 발달했다고 합니다. 이 도시에 라오디게아 교회가 있었는데 이 교회가 언제부터 있었고, 또 누구에 의해서 시작되었는지는 정확하게 알 수 없습니다. 추측하기로는 사도 바울의 영향이 상당히 큰 교회였다고 생각됩니다. 골로새서를 보면 그러한 것을 알 수 있습니다.

"내가 너희와 라오디게아에 있는 자들과 무릇 내 육신의 얼굴을 보지 못한 자들을 위하여 얼마나 힘쓰는지를 너희가 알기를 원하노니"(골 2:1).

이 말씀은 사도 바울이 골로새 교회 성도들에게 한 것인데 라오디게아 교회 성도들 이야기도 하면서 그가 그들을 위해서도 많이 힘쓰고 수고하는 것을 이야기하고 있습니다. 사도 바울이 이 교회에 대해서 무척 애착을 가지고 있었고, 많은 정성을 기울이고 있었다는 것을 알 수 있습니다. 라오디게아와 골로새는 지리적으로 매우 가깝습니다.

골로새서 4장 13절에는 "그가 너희와 라오디게아에 있는 자들과 히에라볼리에 있는 자들을 위하여 많이 수고하는 것을 내가 증언하노라"(골 4:13) 하는 말씀이 있습니다. 여기의 '그'는 '에바브라'입니다. 사도 바울 뿐 아니라 에바브라도 라오디게아 교회를 위해 참 많이 수고한 것을 알 수 있습니다.

골로새서 4장 15절의 말씀을 보겠습니다.

"라오디게아에 있는 형제들과 눔바와 그 여자의 집에 있는 교회에 문안하고"(골 4:15).

이 말씀을 잘 보면 라오디게아 교회가 초기에 '눔바'라는 여자의 집에서 모였던 것을 알 수 있습니다. 골로새서가 기록될 당시만 하더라도 라오디게아 교회는 아주 좋은 교회였고, 훌륭한 교회였습니다. 그런데 세월이 30년 정도 흐르면서, 요한계시록이 기록될 즈음에는 이 교회가 형편없는 교회로 전락하고 말았다는 것입니다. 그래서 요한계시록 2장과 3장을 읽어보면 일곱 교회 중에서 제일 못한 교회가 라오디게아 교회와 사데 교회입니다. 사데 교회는 우리가 이미 살펴본 대로 '살았다 하는 이름은 가졌으나 실상은 죽은 교회'라는 말을 들어야 했습니다. 그런데 라오디게아 교회도 사데 교회 못지 않게 형편없는 교회였습니다.

차지도 않고 뜨겁지도 않은 라오디게아 교회

라오디게아 교회에 주님께서 어떤 말씀을 하시는지, 그리고 우리에게 주시는 교훈은 무엇인지 본문을 보면서 살펴봅시다.

15-16절입니다.

"내가 네 행위를 아노니 네가 차지도 아니하고 뜨겁지도 아니하도다. 네가 차든지 뜨겁든지 하기를 원하노라. 네가 이같이 미지근하여 뜨겁지도 아니하고, 차지도 아니하니 내 입에서 너를 토하여 버리리라"(계 3:15-16).

이 말씀에 의하면 라오디게아 교회는 차지도 않고 뜨겁지도 않은 교회였습니다. 차지도 않고 뜨겁지도 않으니 어떻다는 것입니까? 미지근하다는 것이지요. 미지근한 커피 좋아하십니까? 커피는 뜨겁든지 차든지 해야 합니다. 미지근한 커피는 아무도 좋아하지 않습니다. 그런데 이 라오디게아 교회가 마치 미지근한 커피와 같은 교회였습니다.

오늘날 많은 교회와 성도들이 이 라오디게아교회와 비슷하지 않은가 생각합니다. 예수를 믿는다고 하는데 그들의 생활을 보면 이것은 믿는 것도 아니고, 그렇다고 안 믿는 것도 아닙니다. 시간이 있으면 교회 나오고, 시간이 없으면 안 나옵니다. 신앙생활이 아니라 문화생활을 하는 것 같고, 취미생활을 하는 것 같습니다. 그것도 열심히 하면 좋겠는데 이건 그것도 아니고, 참 희한하게 예수를 믿습니다. 그런데도 누가 "당신의 종교가 무엇입니까?"라고 물으면 대답은 꼭 "기독교"라고 합니다. 생활을 보면 도무지 믿는 사람의 모습이 아닌 사람들이 말이지요.

그것이 그런 사람들의 나름대로의 취향인지는 모르겠지만 우리 주님의 취향은 절대로 아닙니다. 우리 주님은 믿으려면 확실하게 믿는 것을 좋아하십니다. 열심히, 열정적으로 믿는 것을 좋아하시지 그냥 대충, 믿는 것도 아니고 안 믿는 것도 아닌 그런 식으로 신앙생활하는 것은 절대로 좋아하시지 않습니다. 그리고 그렇게 믿는 사람들은 꼭 부패하고 타락하게 되어 있는 것을 알아야 합니다. 음식을 한 번 보십시오. 뜨거운 음식은 부패하지 않습니다. 또 냉장고 안에 들어가 있는 음식도 부패하지 않습니다. 그런데 차가운 것도 아니고, 뜨거운 것도 아니고 그냥 미지근한 상태로 있으면 부패하기 딱 좋습니다. 사람도 그렇습니다. 미지근한 사람들이 꼭 부패하고 타락합니다. 우리가 생활하다보면 본의 아니게 실수도 하고, 죄도 짓는데 언제 주로 그러는 줄 아십니까? 주님을 향한 뜨거운 열정이 있을 때에는 죄를 안 짓습니다. 그러나 열정이 식어 미지근한 상태가 될 때 사람은 실수하게 되어 있고, 죄 짓게 되어 있습니다. 라오디게아 교회의 문제가 바로 그런 것이었습니다.

자신들의 문제를 알지 못하는 교회

그런데 라오디게아 교회 성도뿐 아니라 오늘날 많은 그리스도인들의 더 큰 문제가 무엇인가 하면 자기들이 문제를 가지고 있음에도 불구하고 그 문제가 무엇인지를 모른다는 것입니다. 17절을 보겠습니다.

"네가 말하기를 나는 부자라 부요하여 부족한 것이 없다 하나 네 곤고한 것과 가련한 것과 가난한 것과 눈 먼 것과 벌거벗은 것을 알지 못하는도다"(계 3:17).

이 말씀을 보면 이 사람들은 지금 심각한 문제를 가지고 있습니다. 우리 주님이 보시기에 이 사람들은 문제가 많은 사람들인데 본인들은 문제가 있는 것을 모릅니다. '뭐 우리가 어때서! 우리는 지금 이렇게 부유하고 잘살고 있고, 신앙생활도 이 정도면 잘하는 거지. 우리가 도대체 무슨 문제야!' 이 사람들은 이렇게 생각하고 있는 것입니다. 이것이 바로 심각한 문제입니다. 차라리 '내 신앙이 이래서는 안 되겠다. 내게 열정이 필요하다'라고 생각한다면 그 사람은 가능성이 있습니다. 그런데 이 교회는 문제가 뭔지도 모릅니다. 바로 이것이 그들의 더 큰 문제였습니다.

사람이 걸리는 병 중에서 제일 무서운 것 중 하나가 암입니다. 저는 목회를 하면서 암으로 죽는 분들을 참 많이 보았습니다. 그런데 암이 왜 무서운가 하면 암은 몸 안에 있으면서도 그것이 표가 잘 안

난다는 것입니다. 그래서 암 환자들이 자기 몸 안에 암이 있는데도, 그리고 서서히 죽어감에도 불구하고 그걸 깨닫지 못하는 것입니다. 나중에 병원에 가보면 이미 때가 늦었습니다. 온몸에 암세포가 다 퍼져 버린 것이지요. 그래서 암이 무섭다는 것입니다. 그런데 이 라오디게아 교회가 바로 그런 상태였습니다. 몸 안에 지금 암세포가 막 퍼져가고 있고, 서서히 죽어가고 있는데도 그들은 그것을 깨닫지 못했습니다. '뭐가 문제냐. 우리는 괜찮다!' 그렇게 생각한 것입니다.

수년 전에 나온 책 중에 'Frog in the Kettle(솥단지 속의 개구리)' 이라는 책이 있습니다. '조지 바나' 라는 분이 쓴 책인데 교회와 관련된 책입니다. 제목이 '솥단지 속의 개구리' 인데 왜 이런 제목을 붙였는가 하면 오늘날의 교회가 그렇고, 오늘날의 그리스도인들이 그렇다는 것입니다. 큰 솥단지 안에 물을 가득 채운 후 거기에 개구리를 넣으면 개구리는 좋아서 수영을 하고 다닙니다. 그런데 그 밑에다 불을 살살 때면 개구리는 온도가 올라가는 줄도 모르고 있다가 결국에는 그 안에서 익어버립니다. 오늘날의 많은 교회와 많은 그리스도인들이 그렇다는 것입니다.

물질적인 풍요로 말미암은 병

라오디게아 교회는 자기들이 부자이므로 부족한 것이 없다고 생각했습니다. 그런데 우리 주님은 그들이야말로 정말 가난한 사람들이고, 정말 가련한 인생들이라고 말씀하고 있습니다. 그들은 스스로 입었다고 생각했습니다. 그러나 주님의 눈에는 그들이 벌거벗고 있었습니다. 그들은 스스로 본다고 생각했습니다. 그러나 주님은 그들이 못 보는 사람들이라고 말씀하고 있습니다. 이것이 얼마나 비극입니까. 라오디게아 교회가 이렇게 된 것은 그들이 물질적으로 너무 부요했기 때문입니다. 물질적으로 부요한 것이 잘못된 것은 아닙니다. 그런데 물질적으로 너무 풍요롭고, 핍박도 없고, 아무런 어려움도 없다 보니 그것이 그들에게는 영적인 병이 되고 말았습니다. 오늘날 현대인들이 가지고 있는 병 중에도 너무 잘 먹어서, 너무 편해서, 그리고 운동을 안 해서 생기는 병들이 있습니다. 이 교회가 바로 그런 병에 걸린 것입니다.

오늘날 한국 교회를 염려하는 분들이 많이 계십니다. 그런데 한국 교회의 문제도 사실은 한국 교회가 너무 부요하다는 것입니다. 한국의 크리스천들이 물질적으로 잘 살다 보니 자기도 모르는 사이에 믿음이 식어지기 시작했습니다. 그러면서 서서히 죽어가기 시작했습니다. 그러므로 물질적으로 풍요롭고, 어려움이 없는 것이 반드시 좋은 것만은 아니라는 것을 잊지 마시기 바랍니다. 물질적으로 풍요롭다 보면 자신도 모르는 사이에 영적으로 병들 수 있습니다. 물질적으로 풍요로운 것 자체가 나쁜 것은 아닙니다. 그러나 물질이 많다 보면 주님을 의지하는 마음이 줄어들기 시작하고, 쾌락을 생각하게 되고, 그러다 보면 자신도 모르게 후퇴하고, 퇴보하며, 부패하게 되고, 그러면서 썩고 망하게 되는 것입니다. 우리 한국 교회가 수(數)적으로는 엄청나게 부흥했고, 큰 교회도 많지만, 물론 그 중에 빌라델비아 교회 같은 정말 신실하고 좋은 교회도 있지만 대다수 한국 교회를 볼 때에는 라오디게아 교회 같은 상태가 아닌가 하는 생각이 듭니다. 어떻게 보면 우리 한국 교회는 등치만 큰, 힘 빠진 삼손 같습니다. 삼손이 힘이 빠지면 무슨 소용이 있겠습니까. 아무리

등치가 크고, 많이 모이고, 좋은 건물을 가지고 있다 해도 병들고 능력을 상실해 버리면 그것은 아무 소용이 없습니다.

유럽이나 영국 같은 곳에 가보면 큰 교회당 안에 그저 수십 명의 노인들만 모여 예배드리는 교회가 상당히 많습니다. 예배당이 매우 커서 수천 명이 들어갈 수 있는 그런 규모이고, 한 때는 정말 많은 성도들이 모였던 곳입니다. 그런데 세월이 가면서 믿음이 식어져 버리고 서서히 부패하여 사람들이 떠나고, 그러다 보니 지금은 텅텅 비어버린 것입니다. 일부 교회들은 팔려서 현재 극장으로, 모스크로, 술집으로, 박물관으로 사용되고 있습니다. 앞으로 우리 한국 교회가 그렇게 되지 않으려면, 또 무엇보다도 우리 교회가 그렇게 되지 않으려면 주님께서 라오디게아 교회에게 하시는 말씀을 잘 들어야 할 것입니다.

불로 연단한 금을 사서 부요하게 하라

그럼 이제 우리는 어떻게 해야 될까요? 18절 말씀을 보겠습니다.

"내가 너를 권하노니 내게서 불로 연단한 금을 사서 부요하게 하고, 흰 옷을 사서 입어 벌거벗은 수치를 보이지 않게 하고, 안약을 사서 눈에 발라 보게 하라"(계 3:18).

이 말씀에 보면 우리 주님께서 서서히 죽어가고 있는 이 교회를 향해서 3가지 권면을 해주고 계십니다.

첫째, '불로 연단한 금을 사서 부요하게 하라'고 말씀하십니다. '불로 연단한 금'은 무엇을 이야기하는 것일까요? 이것은 '참된 믿음', '견고한 신앙'을 말하는 것입니다. '불로 연단한 금을 사라'는 것은 '참된 믿음을 가지라', '견고한 믿음을 가지라', '참된 신앙을 회복하라' 는 말씀입니다. 그리고 그렇게 하는 것이 '참된 부요' 라고 우리 주님은 말씀하십니다.

여러분! 재물만 많이 있고, 돈만 많이 가지고 있는 것이 부요가 아닙니다. 예수 그리스도 안에 있는 믿음이 참된 부요인줄 믿으시기 바랍니다. 주님께서 마태복음 16장 26절에서 "사람이 만일 온 천하를 얻고도 제 목숨을 잃으면 무엇이 유익하리오" 하셨습니다. 아무리 돈이 많고, 재물이 많아도 그 재물이 우리의 생명을 지켜주지 못한다면 그것이 무슨 소용이 있겠습니까. 그런데 우리에게 영원한 생명을 가져다 준 것이 있습니다. 그것이 바로 믿음입니다. 예수님을 믿는 그 믿음이 우리에게 생명을 주었습니다. 영원한 생명을 주었습니다. 참된 생명은 믿음이라고 하는 것을 잊지 마시기 바랍니다. 그리고 여러분의 자녀들에게도 재물만 물려주려고 하지 마시고, 참된 믿음, 참된 신앙을 물려줄 수 있기를 바랍니다.

흰옷을 사서 입어 벌거벗은 수치를 보이지 않게 하라

둘째, '흰옷을 사서 입어 벌거벗은 수치를 보이지 않게 하라' 는 말씀을 하십니다. 여기서 '흰옷' 이라고 하는 것은 '그리스도인으로서 가져야 할 의로운 행실', '그리스도인으로서 살아야 할 본이 되는 삶' 을 이야기하는 것입니다.

라오디게아 지역은 옷감 산업, 특별히 양모 산업이 아주 발달했습니다. 그래서 그들은 돈이 많았고, 좋은 옷을 입고 생활할 수 있었습니다. 그리고 그러한 사실에 대해서 자부심이 있었습니다. 그런데 그들이 아무리 좋은 양모 옷을 걸치고, 아무리 좋은 비단옷을 입고 다녀도 주님이 보시기에는 벌거벗고 다니는 것에 불과했다는 것입니다. 중요한 것은 내가 얼마나 좋은 옷을 입고 사는가, 얼마나 호화롭게 살아가는가, 외모가 얼마나 아름다운가 하는 것이 아닙니다. 내 행실이 하나님 보시기에 얼마나 바른가, 얼마나 의로운 생활을 하고 있는가 하는 것이 중요합니다.

사랑하는 여러분! 지금 여러분의 생활은 어떻습니까? 여러분의 행실은 어떻습니까? 우리 자신을 깊이 돌아볼 수 있기를 바랍니다. 죄의 옷을 다 벗어 버리고 정말 주님께서 기뻐하시는 의의 옷을 입고 살아갈 수 있기를 바랍니다.

"또한 너희가 이 시기를 알거니와 자다가 깰 때가 벌써 되었으니 이는 이제 우리의 구원이 처음 믿을 때보다 가까웠음이라. 밤이 깊고 낮이 가까웠으니 그러므로 우리가 어둠의 일을 벗고 빛의 갑옷을 입자. 낮에와 같이 단정히 행하고 방탕하거나 술 취하지 말며, 음란하거나 호색하지 말며, 다투거나 시기하지 말고, 오직 주 예수 그리스도로 옷 입고 정욕을 위하여 육신의 일을 도모하지 말라"(롬 13:11-14).

안약을 사서 눈에 발라 보게 하라

셋째, '안약을 사서 눈에 발라 보게 하라' 는 말씀을 하십니다. 이 말씀은 영적으로 눈 감고 살지 말고, 눈을 뜨고 살라는 말씀입니다.

어떻게 하면 우리가 영적으로 눈을 뜨고 살 수 있을까요? 일단 영적으로 민감해야 합니다. 그리고 영적으로 민감하려면 말씀생활, 기도생활을 잘해야 합니다. 말씀생활, 기도생활을 잘하지 않는 사람 중에 영적으로 밝은 사람이 없습니다. 영적으로 밝으려면 말씀을 잘 알아야 하고, 기도생활을 잘해야 하는 것입니다. 거리를 다니다 보면 시각장애인들을 볼 때가 있습니다. 흰 지팡이로 더듬거리며 다니는 모습을 보면 참 안됐다는 생각이 듭니다. 사람이 앞을 보고 살아야 하는데 앞을 못 보니 얼마나 답답하겠습니까. 그런데 육적인 시각장애인들보다 더 불쌍한 사람들이 영적인 시각장애인들입니다. 본다고 하지만 보지 못하는 사람들, 자기의 문제가 뭔지도 모르는 사람들, 그런 사람들이 정말 불쌍한 사람들입니다.

여러분들은 어떻습니까? 구원은 받았지만 여전히 영적으로는 캄캄함 속에서 살아가고 있지는 않습니까? 영적인 눈을 뜰 수 있기를 바랍니다. 영적인 눈이 뜨여야 이 시대가 어떤 시대인지 눈에 보이고, 내 문제가 무엇인지 눈에 보이는 것입니다. 영적인 눈을 뜨고, 영적으로 똑똑한 상태로 살아갈 수 있기를 바랍니다.

열심을 내라, 회개하라

계속 해서 19절 말씀을 보겠습니다.

"무릇 내가 사랑하는 자를 책망하여 징계하노니 그러므로 네가 열심을 내라. 회개하라"(계 3:19).

라오디게아 교회는 우리 주님의 취향에 안 맞는 차지도 않고 뜨겁지도 않고, 미지근한, 정말 맛없는 교회인데도 불구하고 주님은 여전히 이 교회를 사랑하시는 것을 볼 수 있습니다. 19절을 읽으면 그런 것이 느껴집니다. "무릇 내가 사랑하는 자를 책망하여 징계하노니." 지금 징계하고 책망하는 말씀을 하시는 것도 사실은 사랑하기 때문에 그런 것입니다. 우리 주님은 얼마나 사랑이 많은 분인지 모릅니다. 우리 같으면 벌써 토해버리고, 내팽개쳐 버릴 텐데 주님은 여전히 이 교회를 사랑하고 계십니다. 그래서 책망을 하시는데 뭐라고 하시는가 하면 "열심을 내라"는 것입니다. "회개하라"는 것입니다. "열정을 회복하라"는 것입니다.

여러분! 이 말씀을 하나님께서 우리 한국 교회와 특별히 우리들의 교회에게 주시는 말씀으로 받을 수 있기를 바랍니다. 우리 자신을 돌아보면서 혹시 내 믿음이 식어져 있다면 다시 열심을 내고, 식어진 우리의 마음에 다시 한 번 불을 붙일 수 있기를 바랍니다. 주님을 향한 열정을 다시 한 번 일깨울 수 있기를 바랍니다. 이 말씀을 듣고 자신의 삶을 고치고 바꾸는 사람은 희망이 있습니다. 그렇게 하는 교회는 희망이 있습니다. 그러나 이러한 말씀을 듣고도 그냥 흘려버리는 사람은 희망이 없습니다. 저는 우리 한국 교회가 유럽 교회와 같이 되지 않기를 바랍니다. 한국의 큰 교회들이 나중에 텅텅 빈다고 한 번 생각해 보십시오. 비극 아닙니까? 그러므로 우리 한국 교회와 우리들의 교회가 주님께서 하시는 이 말씀을 잘 새겨듣고 영적으로 각성하여 깨어날 수 있어야겠습니다.

문을 열면 나와 더불어 먹으리라

20절 말씀으로 갑니다.

"볼지어다. 내가 문 밖에 서서 두드리노니 누구든지 내 음성을 듣고 문을 열면 내가 그에게로 들어가 그와 더불어 먹고 그는 나와 더불어 먹으리라"(계 3:20).

이 말씀은 여러분들이 잘 아는 유명한 말씀입니다. 이 말씀은 주로 믿지 않는 사람들을 전도할 때 많이 사용됩니다. 그런데 문맥을 잘 보면 이 말씀은 믿지 않는 사람들에게 하시는 말씀이 아니라 믿는 사람들에게 하시는 말씀입니다.

그리스도인들 중에는 두 종류의 그리스도인들이 있습니다. 그리스도와 관계를 맺고 난 뒤에 그리스도와 교제가 있는 그리스도인들이 있고, 교제가 없는 그리스도인들이 있습니다. 그리스도인들은 구원 받았을 때 이미 예수님과 관계가 형성된 사람들입니다. 그러면 계속해서 교제가 있어야 하는데 어떤 그리스도인들은 교제가 없습니다. 이런 그리스도인들은 육적인 그리스도인으로 살아가게 됩니다. 구원 받았다고 하지만 자기 편한 대로, 자기 생각대로 살아가는 것이지요. 이런 그리스도인들에게 주님께서 하시는 말씀이 20절 말씀입니다.

"볼지어다. 내가 문 밖에 서서 두드리노니 누구든지 내 음성을 듣고 문을 열면 내가 그에게로 들어가 그와 더불어 먹고 그는 나와 더불어 먹으리라."

사랑하는 성도 여러분! 여러분들 삶속에는 주님과의 교제가 있습니까? 주님과의 교제 없이 그냥 여러분 마음대로 살아가고 있다면 예수님을 다시 한 번 초대하셔서 여러분 삶의 가장 좋은 자리에 주님을 모시기 바랍니다. 구원 받은 성도는 주님과 늘 동행하고, 교제하는 삶을 살아야 합니다.

교회에도 그런 교회가 있습니다. 사람들은 많이 모이는데 그 모임 가운데 예수님이 안 계십니다. 예수님은 문 밖에 계시고 자기네들끼리만 잘 지낸다면 그것은 심각한 문제가 아닐 수 없습니다. 그런 교회는 교회라고 말하기도 어렵습니다. 예수님의 이름을 빙자한 사교집단이라고 할 수 있겠지요. 여러분! 우리들의 교회는 절대로 그런 교회가 되어서는 안 되겠습니다. 우리들의 모임에는 항상 예수 그리스도가 중심이 되어야 합니다. 우리의 대화에도 항상 예수님이 주제가 되어야 할 것입니다. 예수님을 제쳐두고 세상 이야기하고, 세상적인 교제만 하는 것은 교회가 아닙니다. 주님의 이름을 빙자해서 모이는 사교집단에 불과할 뿐입니다. 그러므로 우리 교회는 그런 교회가 되지 말고, 항상 주님이 중심이 되는 교회, 정말 주님이 기뻐하는 교회가 될 수 있기를 소원합니다.

아멘이신 분

이제 마지막으로 예수님은 어떤 분이신가, 그리고 신실하게 신앙생활을 하는 사람들에게 어떤 약속을 해 주셨는가를 살펴보겠습니다. 14절입니다.

"라오디게아 교회의 사자에게 편지하라. 아멘이시요, 충성되고 참된 증인이시요, 하나님의 창조의 근본이신 이가 이르시되"(계 3:14).

요한계시록에 나와 있는 일곱 교회에게 주시는 편지를 살펴보면 예수님께서는 항상 독특한 말로 먼저 자신을 소개하고, 그 다음에 그 교회에게 필요한 말씀을 하셨습니다. 그런데 이 라오디게아 교회에게는 예수님께서 어떤 말씀으로 자신을 소개하셨는가 하면 '아멘이시요'라는 말로 소개하셨습니다. 이것은 예수님께서 자신을 '아멘이신 분'이라고 소개하는 것입니다. '아멘'은 '그렇습니다', '옳습니다', '참입니다'라는 뜻입니다. 그러므로 '예수님이 아멘이시다'하는 말은 '예수님은 참되신 분이다', '신뢰할 수 있는 분이다'하는 의미입니다. 이런 예수님이 지금 이 본문의 말씀을 하고 계신다면 우리는 어떻게 해야 되겠습니까? 무조건 "아멘!"하고 들어야 되겠지요. 그것이 우리가 보여야 할 반응입니다.

충성되고 참된 증인

그 다음으로 우리 주님은 자신을 '충성되고 참된 증인' 이라고 말씀합니다. 여기서 '충성되다' 는 말은 '신실하다' 는 말입니다. 우리 주님은 정말 신실하시고, 참되신 분이십니다.

하나님의 창조의 근본이신 이

그리고 '하나님의 창조의 근본이신 이' 라고 말씀합니다. 여기의 '근본' 은 '근원' 이라는 말로 '창조의 근원이 되시는 분이 예수님이시다', 즉 '창조주가 되시는 분이 예수님이시다' 는 말입니다. NIV 영어성경을 보면 '근본' 을 'ruler' 즉 '통치자, 주권자' 로 의역을 해 놓았는데 그것도 가능한 번역이라고 생각합니다. 이 세상을 누가 창조하셨는가 하면 물론 성부 하나님께서 창조하셨지만 예수님이 창조하셨다고 말해도 전혀 틀린 것이 아닙니다. 그런데 그 예수님께서 지금 우리에게 "열정을 회복하라", "회개하라", "열심을 내라", "마음 문을 열라", "나와 교제하자" 말씀하십니다. 그러면 우리는 당연히 들어야겠지요? 주님의 말씀을 듣고 정말 열심을 내고, 열정을 회복하고, 그리고 다시 주님과의 교제를 회복하는 우리가 됩시다.

신실한 그리스도인들에게 주시는 약속

21절은 주님의 말씀대로 살아가는 신실한 그리스도인들에게 주시는 약속입니다.

"이기는 그에게는 내가 내 보좌에 함께 앉게 하여 주기를 내가 이기고 아버지 보좌에 함께 앉은 것과 같이 하리라"(계 3:21).

이 말씀에서 주님은 주님의 보좌에 우리를 앉게 해주시겠다고 말씀하고 있습니다. 이보다 더 큰 영광이 어디에 있겠습니까. 이 약속은 주님께서 이 땅에 오실 때 이루어 주실 것입니다.

마태복음 19장 28절에서 예수님은 "내가 진실로 너희에게 이르노니 세상이 새롭게 되어 인자가 자기 영광의 보좌에 앉을 때에 나를 따르는 너희도 열두 보좌에 앉아 이스라엘 열두 지파를 심판하리라"고 말씀하셨습니다. 주님께서 다시 오시면 우리 주님께서 보좌에 앉으십니다. 그 때 우리도 보좌에 앉게 될 것입니다. 디모데후서 2장 12절에서는 "참으면 또한 함께 왕 노릇 할 것이요"라고 말씀하셨습니다.

사랑하는 성도 여러분! 그 날은 우리 모두에게 정말 영광스러운 날이 될 것입니다. 그 영광을 바라보면서 끝까지 신실하게 믿음생활을 잘하는 우리 모두가 됩시다.

9
하늘 보좌 광경

(계 4장)

계 4장

1 이 일 후에 내가 보니 하늘에 열린 문이 있는데 내가 들은 바 처음에 내게 말하던 나팔 소리 같은 그 음성이 이르되 이리로 올라오라 이 후에 마땅히 일어날 일들을 내가 네게 보이리라 하시더라 2 내가 곧 성령에 감동되었더니 보라 하늘에 보좌를 베풀었고 그 보좌 위에 앉으신 이가 있는데 3 앉으신 이의 모양이 벽옥과 홍보석 같고 또 무지개가 있어 보좌에 둘렸는데 그 모양이 녹보석 같더라 4 또 보좌에 둘려 이십사 보좌들이 있고 그 보좌들 위에 이십사 장로들이 흰 옷을 입고 머리에 금관을 쓰고 앉았더라 5 보좌로부터 번개와 음성과 우렛소리가 나고 보좌 앞에 켠 등불 일곱이 있으니 이는 하나님의 일곱 영이라 6 보좌 앞에 수정과 같은 유리 바다가 있고 보좌 가운데와 보좌 주위에 네 생물이 있는데 앞뒤에 눈들이 가득하더라 7 그 첫째 생물은 사자 같고 그 둘째 생물은 송아지 같고 그 셋째 생물은 얼굴이 사람 같고 그 넷째 생물은 날아가는 독수리 같은데 8 네 생물은 각각 여섯 날개를 가졌고 그 안과 주위에는 눈들이 가득하더라 그들이 밤낮 쉬지 않고 이르기를 거룩하다 거룩하다 거룩하다 주 하나님 곧 전능하신 이여 전에도 계셨고 이제도 계시고 장차 오실 이시라 하고 9 그 생물들이 보좌에 앉으사 세세토록 살아 계시는 이에게 영광과 존귀와 감사를 돌릴 때에 10 이십사 장로들이 보좌에 앉으신 이 앞에 엎드려 세세토록 살아 계시는 이에게 경배하고 자기의 관을 보좌 앞에 드리며 이르되 11 우리 주 하나님이여 영광과 존귀와 권능을 받으시는 것이 합당하오니 주께서 만물을 지으신지라 만물이 주의 뜻대로 있었고 또 지으심을 받았나이다 하더라

장차 될 일에 대한 기록

요한계시록을 이해하는데 있어서 요한계시록 1장 19절은 대단히 중요합니다.

"그러므로 네가 본 것과 지금 있는 일과 장차 될 일을 기록하라" (계 1:19).

이 말씀대로 요한계시록의 내용은 요한이 '본 것'과 '지금 있는 일'과 그리고 '장차 될 일'을 기록해 놓은 것입니다. '네가 본 것', 즉 사도 요한이 본 것은 요한계시록 1장에 기록된 내용으로 요한이

환상 중에 예수 그리스도의 모습을 본 것입니다(12-16절). 예수 그리스도는 일곱 금 촛대 사이에 계셨는데 눈은 불꽃 같고, 입에서는 좌우에 날선 검이 나오고, 얼굴은 해가 힘 있게 비치는 것 같았다고 기록되어 있습니다. '지금 있는 일'은 요한계시록 2장과 3장에 기록된 내용으로 일곱 교회에게 주시는 말씀입니다. 이것은 지금의 교회 시대에 있는 일들이라고 볼 수 있습니다. 그리고 '장차 될 일'은 요한계시록 4장 이후에 기록된 내용으로 말 그대로 '장차 될 일'을 기록하고 있습니다.

하늘에서 일어날 일

4장을 보면 '이 일 후에 내가 보니'(1절)라는 말로 시작하고 있습니다. 여기서 말하는 '이 일'은 예수님께서 일곱 교회에게 말씀하신 것을 이야기하는 것입니다. "일곱 교회에게 하시는 말씀이 있고 난 뒤에 내가 보았다" 하는 말씀이지요. 사도 요한이 무엇을 보았을까요?

1절 말씀을 보겠습니다.

"이 일 후에 내가 보니 하늘에 열린 문이 있는데 내가 들은 바 처음에 내게 말하던 나팔 소리 같은 그 음성이 이르되 이리로 올라오라. 이 후에 마땅히 일어날 일들을 내가 네게 보이리라 하시더라"(계 4:1).

사도 요한은 '하늘에 열린 문'이 있는 것을 보았습니다. 그리고 하늘로부터 '이리로 올라오라'는 소리를 들었습니다. 그런데 그 음성이 '나팔소리 같은 그 음성'이라고 이야기하고 있습니다. 그 음성은 요한계시록 1장 10절에서 나왔던 음성입니다.

"주의 날에 내가 성령에 감동되어 내 뒤에서 나는 나팔 소리 같은 큰 음성을 들으니"(계 1:10).

이것은 예수 그리스도의 모습을 계시(환상)로 보여 주셨을 때의 일입니다. 그리고 4장에 와서 다시 그 음성이 '이리로 올라오라'고 하면서 하시는 말씀이 '이후에 일어날 일들을 너에게 보여 주겠다' 하십니다. 그래서 사도 요한은 성령에 이끌리어 하늘로 올라가게 되고 거기서 놀라운 광경을 보게 됩니다. 2절에 보면 '성령에 감동되었다'라는 표현이 나오는데 이것은 '성령에 이끌렸다'는 말씀입니다. 성령에 이끌려서 순식간에 그 영이 하늘로 올라가 놀라운 광경을 보게 되는데 그 내용이 요한계시록 4장과 5장의 내용입니다. 그러므로 본문의 상황이 일어나고 있는 장소는 '하늘(공중)'입니다. 요한의 몸은 밧모 섬에 그대로 있었지만 영이 하늘에 올라가서 본 것을 본문에 기록해 놓고 있는 것입니다.

7년 대환난 직전의 공중의 모습

그럼 본문의 상황이 실제로 일어나는 시기는 언제일까요? 그 시기는 7년 대환난 직전입니다. 그것을 어떻게 알 수 있는가 하면 요한계시록 5장에 보면 '일곱 인'에 대한 이야기가 나오고, 6장부터는 '일곱 인의 재앙'이 이 땅에 쏟아지는 것을 볼 수 있는데, 일곱 인의 재앙은 7년 대환난 중에 쏟아지게 됩니다. 그러니까 4장과 5장의 내용은 결국 다 공중에서 있게 될 일들인데 7년 대환난 직전, 즉 일곱 인의 재앙이 임하기 직전에 있게 될 공중의 모습이라는 것을 알 수 있습니다. 하나님께서는 7년 대환난 직전의 공중의 모습이 어떠할 것인가를 요한을 통해서 미리 보여주시는 것입니다.

7년 대환난 직전에 일어날 한 가지 큰 사건

그런데 7년 대환난이 이 땅에서 시작되기 전에 먼저 한 가지 큰 사건이 일어납니다. 그것은 성도들이 공중으로 들림 받는 사건입니다. 성도들이 공중으로 들림 받아 올라가고 나면 이 땅에서는 7년 대환난이 있게 됩니다. 어떤 분들은 구원받은 성도들도 그 환난에 들어간다고 생각하는데 저는 그렇게 생각하지 않습니다. 구원받은 성도들은 7년 대환난에서 면제됩니다. 7년 대환난이 있기 전에 먼저 공중으로 올라갑니다. 그 근거의 말씀이 요한계시록 3장 10절입니다.

"네가 나의 인내의 말씀을 지켰은즉 내가 또한 너를 지켜 시험의 때를 면하게 하리니 이는 장차 온 세상에 임하여 땅에 거하는 자들을 시험할 때라"(계 3:10).

'장차 온 세상에 임하여 땅에 거하는 자들을 시험할 때'가 7년 대환난의 때를 이야기하는 것입니다. 그런데 '시험의 때를 면하게 하리니'라고 말씀하고 있습니다. 그러므로 구원받은 성도들은 7년 대환난이 시작되기 전에 공중으로 들림 받는 것을 알 수 있습니다. 본문 1절에도 마치 휴거 장면을 연상케 하는 표현이 나옵니다.

"나팔소리 같은 그 음성이 이르되 이리로 올라오라"(계 4:1).

휴거가 일어날 때도 하나님의 나팔소리가 울려 퍼지게 됩니다. 그리고 '이리로 올라오라'는 하나님의 말씀이 있겠지요. 그래서 이런 표현들을 볼 때 이것이 휴거 장면을 이야기하는 말씀이라는 생각이 들고, 요한계시록 4장과 5장의 광경은 바로 우리가 공중에 올라가서 보게 될 광경이라는 것입니다.

휴거 장면에 대해서는 데살로니가전서 4장 16절-17절에 나와 있습니다.

"주께서 호령과 천사장의 소리와 하나님의 나팔 소리로 친히 하늘로부터 강림하시리니 그리스도 안에서 죽은 자들이 먼저 일어나고, 그 후에 우리 살아 남은 자들도 그들과 함께 구름 속으로 끌어 올려 공중에서 주를 영접하게 하시리니, 그리하여 우리가 항상 주와 함께 있으리라"(살전 4:16-17).

주님께서 공중으로 재림하시고, 나팔소리가 울려 퍼지고, 그리고 성도들이 공중으로 끌어 올려간다고 말씀하고 있습니다. 이것이 휴거 사건을 이야기하는 것입니다.

고린도전서 15장 51-52절도 보겠습니다.

"보라 내가 너희에게 비밀을 말하노니 우리가 다 잠 잘 것이 아니요, 마지막 나팔에 순식간에 홀연히 다 변화되리니, 나팔 소리가 나매 죽은 자들이 썩지 아니할 것으로 다시 살아나고, 우리도 변화되리라"(고전 15:51-52).

여기도 보면 나팔소리가 울려 퍼지고, 순식간에 우리의 몸이 변화되어 올라갈 것을 이야기하고 있습니다. 본문 요한계시록 4장 1절에서는 나팔소리 같은 그 음성이 '이리로 올라오라'고 했는데 휴거 상황과 너무 비슷합니다. 그리고 5장과 6장의 내용을 보면 이것은 틀림없이 7년 대환난 직전의 일이라는 것을 알 수 있습니다.

보좌와 보좌에 앉은 이의 모습

구원받은 저와 여러분은 언젠가는 다 공중으로 들림 받을 터인데 공중으로 올라갔을 때 공중에서 무엇을 보게 될지 궁금하지 않습니까? 지금부터 요한과 함께 미래로 여행을 떠나 보겠습니다.

본문을 보면 요한이 공중에서 제일 먼저 보게 된 것은 '보좌'와

'보좌에 앉으신 이' 의 모습이었습니다. 2-3절을 보겠습니다.

"내가 곧 성령에 감동되었더니 보라 하늘에 보좌를 베풀었고, 그 보좌 위에 앉으신 이가 있는데, 앉으신 이의 모양이 벽옥과 홍보석 같고, 또 무지개가 있어 보좌에 둘렸는데 그 모양이 녹보석 같더라" (계 4:2-3).

요한계시록 4장에는 '보좌' 라는 단어가 14번 나옵니다. 전체가 11 구절인데 '보좌' 라고 하는 단어가 14번 나온다는 것은 굉장히 많이 나오는 것이지요. 그리고 모든 내용이 이 보좌를 중심으로 설명되어지고 있습니다.

먼저 보좌에 앉으신 하나님의 모습이 '벽옥과 홍보석 같았다' 고 말씀하고 있습니다. '벽옥' 을 보신 적이 있습니까? '벽옥' 을 영어성 경에는 '제스퍼(jasper)' 라고 번역해 놓았습니다. 주로 붉은 색이 많고, 그 외에 여러 가지 색깔이 있다고 합니다. 그리고 '홍보석' 은 말 그대로 붉은 색이 나는 보석을 말합니다. 루비 같은 것을 생각하면 되겠지요. 보좌에 앉으신 하나님의 모습이 벽옥과 같고, 홍보석과 같았다는 것입니다. 왜 이렇게 설명을 했는지 잘 모르겠지만 하나님의 아름답고 영광스런 모습을 표현하기에는 이 표현이 제일 낫다고 생각해서 요한이 그렇게 표현했다는 생각이 듭니다.

우리도 정말 멋진 것을 보았을 때나 멋진 사람을 설명할 때 "그것은 마치 보석과 같다", "그 사람은 정말 보석과 같은 사람이다"라는 비유적인 표현을 쓸 때가 있지요. 맛있는 것을 먹었을 때에도 말로 설명이 안 될 때는 "꿀맛 같다"는 표현을 씁니다. 다 비유적인 표현이지요. 보좌에 앉아 계신 하나님의 모습을 설명해야겠는데 설명할 길이 없고, 요한이 받은 인상은 너무 아름답고 황홀하여 '벽옥과 같고 홍보석과 같았다'고 표현한 것입니다. 여러분, 보석을 한 번 보십시오. 빛을 비추면 그 보석이 얼마나 아름답습니까. 제가 이 본문을 연구하다가 인터넷에서 루비를 한참 구경해 보았는데 정말 아름다웠습니다. 붉은 색 나는 그 루비를 보기만 해도 기가 막히던데 보좌에 앉으신 하나님의 모습을 직접 보면 얼마나 아름답고 영광스럽겠습니까.

또 보좌 주위에는 무지개가 있는데 '녹보석'과 같다고 이야기하고 있습니다. 무지개는 보통 아치형으로 생겼습니다. 그런데 여기 나오는 무지개는 아치형이 아니라 원형입니다. 3절의 표현을 잘 보십시오. '무지개가 있어 보좌에 둘렸는데.' 그러니까 보좌를 중심으로 무지개가 원형으로 나타나 있는 것을 알 수 있습니다. 그런데 이 무지개가 '녹보석' 같다는 것입니다. 녹색 빛이 나는 아름다운 보석. 영어성경에는 '에메랄드'라고 번역해 놓았습니다. 이 에메랄드 색이 초록색이거든요. 그리고 표준새번역 성경에는 '비취옥'이라고 되어 있습니다. 그러니까 보좌에서는 붉은 빛이 찬란하게 빛나고, 보좌 주위에 있는 무지개에서는 녹색 빛이 찬란하게 빛나니 얼마나 멋있겠습니까. 하나님의 영광과 거룩함을 이렇게 표현하고 있는 것입니다.

보좌 앞에 있는 수정과 같은 유리 바다

그리고 보좌 앞에는 수정과 같은 유리 바다가 있습니다.

"보좌 앞에 수정과 같은 유리 바다가 있고"(계 4:6a).

수정과 같은 유리 바다가 그 보좌 앞으로 펼쳐져 있으니 그 광경이 얼마나 아름답겠습니까. 여러분, 수정을 보셨지요? 수정도 빛이 찬란하고 굉장히 아름답습니다. 그런데 수정과 같은 유리 바다가 보좌 앞에 바다처럼 쫙 펼쳐져 있는 것입니다. 이 광경은 출애굽기 24장 10절의 기록과 비슷합니다.

"이스라엘의 하나님을 보니 그의 발 아래에는 청옥을 편 듯하고, 하늘 같이 청명하더라"(출 24:10).

모세와 이스라엘의 지도자들이 본 하나님의 발 아래 모습입니다. 그 모습이 청옥을 편 듯하고, 하늘 같이 청명하다고 했습니다. 요한계시록 4장에 나오는 유리 바다와 비슷한 개념인 것을 알 수 있습니다. 하나님의 보좌가 저 멀리에 있고, 하나님의 형상이 빛으로 나타나고, 그 앞에는 수정과 같은 유리바다가 펼쳐져 있습니다. 이 장엄한 모습이 결국 무엇을 나타내는 것일까요? 하나님의 영광과 거룩함을 나타내는 것입니다.

하나님을 경배하는 이십사 장로들

4절을 보면 보좌 주위에는 이십사 보좌들이 둘려 있고, 이십사 장로들이 앉아 있다고 말씀합니다.

"또 보좌에 둘려 이십사 보좌들이 있고, 그 보좌들 위에 이십사 장로들이 흰 옷을 입고 머리에 금관을 쓰고 앉았더라"(계 4:4).

보좌 주위에 이십사 장로들이 둘러 앉아 있고, 무지개도 그 보좌 주위에 둘려 있다고 했는데, 제 생각에 무지개는 보좌를 중심으로 세로로 둘려 있고, 장로들은 가로로 둘려 있다고 생각됩니다.

그런데 여기서 중요한 것은 이십사 장로들이 누구인가 하는 것입니다. 여기에 대해서는 신학자들 간에 의견이 분분합니다. 개인적으로 저는 이십사 장로들이 구원받고 공중으로 들림 받은 하나님의 백성을 대표하는 사람들이라고 생각합니다. 왜 그렇게 생각하는가 하면 장로들이 지금 흰옷을 입고, 머리에는 금관을 쓰고 보좌에 앉아 있습니다. 우리가 앞에서 살펴본 일곱 교회에게 하시는 말씀 중에 요한계시록 3장 5절에 보면 "이기는 자는 이와 같이 흰옷을 입을 것이요" 하는 말씀이 있고, 요한계시록 2장 10절에는 "네가 죽도록 충성하라. 그리하면 내가 생명의 관을 네게 주리라" 하는 말씀이 있습니다. 또, 요한계시록 3장 21절에는 "이기는 그에게는 내가 내 보좌에 함께 앉게 하여 주기를 내가 이기고 아버지 보좌에 함께 앉은 것과 같이 하리라" 하는 표현도 있습니다. 이십사 장로들의 모습을 볼 때 하나님께서 일곱 교회에게 하신 약속과 일치합니다. 그러므로 이들은 천사나 다른 어떤 존재가 아니라 구원받은 하나님의 백성들을 대표하는 사람들이라고 이해할 수 있습니다.

그런데 이십사 장로들이 하늘에서 무엇을 하고 있는지를 잘 보아야 합니다.

"이십사 장로들이 보좌에 앉으신 이 앞에 엎드려 세세토록 살아 계시는 이에게 경배하고 자기의 관을 보좌 앞에 드리며 이르되 우리 주 하나님이여 영광과 존귀와 권능을 받으시는 것이 합당하오니 주께서 만물을 지으신지라. 만물이 주의 뜻대로 있었고 또 지으심을 받았나이다 하더라"(계 4:10-11).

이십사 장로들이 하늘에서 하나님을 경배하고 하나님께 예배드리면서 관을 벗어서 보좌 앞에 드리고 있습니다. 이것은 '모든 영광은 하나님의 것입니다. 모든 영광은 하나님이 받으셔야 합니다.' 하는 마음으로 그렇게 하는 것입니다.

하나님께 예배드리는 네 생물

그 다음 6절 중간부터 보면 보좌 주위에 네 생물이 나옵니다.

"보좌 가운데와 보좌 주위에 네 생물이 있는데 앞뒤에 눈들이 가득하더라. 그 첫째 생물은 사자 같고, 그 둘째 생물은 송아지 같고, 그 셋째 생물은 얼굴이 사람 같고, 그 넷째 생물은 날아가는 독수리 같은데, 네 생물은 각각 여섯 날개를 가졌고, 그 안과 주위에는 눈들이 가득하더라"(4:6b-8a).

네 생물이 보좌 가운데와 보좌 주위에 있다고 하는데 이것은 보좌의 앞뒤와 좌우에 있는 것을 말합니다. 그런데 그 모습이 매우 독특합니다. 첫 번째는 사자, 두 번째는 송아지, 세 번째는 사람, 네 번째는 독수리 같이 생겼다고 말씀합니다. 그리고 날개는 여섯 개, 눈은 매우 많습니다. 온 몸이 다 눈으로 덮여 있습니다.

이 생물들의 정체가 무엇일까요? 여기에 대해서도 여러 가지 견해가 많은데 제가 믿기에는 이 생물들은 천사들입니다. 어떻게 알 수 있는가 하면 에스겔서 1장에도 비슷한 생물들이 나오는데 천사들입니다.

"그 속에서 네 생물의 형상이 나타나는데 그들의 모양이 이러하니 그들에게 사람의 형상이 있더라. 그들에게 각각 네 얼굴과 네 날개가 있고"(겔 1:5-6).

"그 얼굴들의 모양은 넷의 앞은 사람의 얼굴이요, 넷의 오른쪽은 사자의 얼굴이요, 넷의 왼쪽은 소의 얼굴이요, 넷의 뒤는 독수리의 얼굴이니"(겔 1:10).

에스겔서에 나오는 생물들은 그 모양이 본문의 생물들과 똑같지는 않지만 상당히 비슷합니다. 요한계시록에 나오는 생물은 날개가 여섯 개인데, 에스겔서에서는 네 개이고, 사자나 소 같은 것이 조금 비슷한 면이 있지만 똑같지는 않습니다. 어쨌든 에스겔서에 나오는 이 생물들의 정체가 무엇인가 하면 천사들입니다. 에스겔 10장 20절을 보면 이 생물을 '그룹'이라고 설명하고 있습니다. 그룹은 천사의 종류입니다. 그래서 천사라는 것을 알 수 있고, 또 이사야 6장에 보면 '스랍들'이라는 천사들이 나오는데 그들은 여섯 날개를 가지고 있습니다. 그러므로 본문의 네 생물은 스랍들, 그룹들과 비슷한 존재라는 것을 알 수 있습니다.

그런데 그 모양이 어떻습니까? 조금 이상하고 징그럽지 않습니까? 하지만 실제로 보면 전혀 그렇지 않다는 것입니다. 지금 우리는 글로만 읽어서 이해가 잘 안 되는 부분이 있을 수 있는데 하늘에 올라가서 직접 이 천사들을 보면 우리가 상상하는 것보다 훨씬 아름답다는 것입니다. 천국에 징그럽고 이상한 것이 있을 리 없지 않습니까. 이것은 지금 상징적으로 표현하기 때문에 그런 것이고 실제로는 너무도 아름답고 사랑스러운 모습일 것입니다.

그럼 이 천사들의 모습은 무엇을 상징하는 것일까요? '눈들이 많다'는 것은 '잘 살핀다', '못 보는 것이 없다'는 것을 의미합니다. '사자 같다'는 것은 '용기가 있는 것', '송아지 같다'는 것은 '온유하고 충성스러운 것', '사람 같다'는 것은 '지혜로운 것', '독수리 같다'는 것은 '굉장히 빠르고 민첩한 것'을 의미합니다. 그래서 이 네 생물은 하나님의 심부름꾼으로서 갖추어야 할 모든 것을 다 갖추었다는 뜻입니다.

그런데 이 네 생물이 공중에서 무엇을 하는가 하면 이들도 역시 하나님께 예배드립니다.

"그들이 밤낮 쉬지 않고 이르기를 거룩하다, 거룩하다, 거룩하다. 주 하나님 곧 전능하신 이여, 전에도 계셨고 이제도 계시고 장차 오실 이시라 하고 그 생물들이 보좌에 앉으사 세세토록 살아 계시는 이에게 영광과 존귀와 감사를 돌릴 때에"(계 4:8b-9).

예배 받기에 합당하신 분

여기서 우리가 한 가지 배울 수 있는 것은 우리 하나님은 예배를 좋아하시고, 예배 받기에 합당하신 분이라는 것입니다. 우리도 공중으로 들림 받게 되면 밤낮 쉬지 않고 하게 되는 일이 있는데 그것은 바로 하나님을 예배하는 일입니다. 예배를 드린다고 하니까 어떤 분들은 '그러면 지루하겠네!' 라고 생각할지 모르겠는데 그것은 예배를 잘못 드림으로 갖게 된 생각이고, 천국예배는 전혀 그렇지 않습니다. 기쁨 그 자체, 환희 그 자체라고 생각하면 될 것입니다.

여러분! 우리가 이 땅에서 예배드릴 때도 정말 은혜로운 예배를 드리면 마음속에 말할 수 없는 기쁨과 감격이 있지 않습니까? 바로 그런 최고의 감동과 감격이 천국 예배에서는 계속 된다는 것입니다. 그것이 지속적으로 이어지는 것이 천국생활입니다. 그러므로 지금 우리가 이 땅에서 드리는 예배는 천국생활을 연습하는 것이고, 천국생활이 어떤 것인지 맛보는 것입니다. 예배의 감격을 느낄 줄 안다면 천국에서의 기쁨과 감격이 어떤 것일지 짐작할 수 있을 것입니다. 그러므로 천국을 맛보고 싶으면 예배를 잘 드려야 합니다. 예배를 통해서 우리는 하나님의 은혜, 하나님이 주시는 감동, 기쁨, 이런 것들을 발견할 수 있습니다. 그런데 그것은 실제 천국생활에 비하면 백만분의 일도 안 될 것입니다.

보좌로부터 나는 번개와 음성과 우렛소리

하나님은 예배를 기뻐하시는 분이므로 예배 잘 드리는 사람을 축복해 주십니다. 우리를 구원해 주신 목적도 하나님을 예배하는 사람, 하나님께 영광 돌리는 사람이 되도록 하기 위함입니다. 이사야 43장 21절에 보면 "이 백성은 내가 나를 위하여 지었나니 나를 찬송하게 하려 함이니라"라고 말씀하셨고, 또 이사야 43장 7절에는 "내 이름으로 불려지는 모든 자, 곧 내가 내 영광을 위하여 창조한 자를 오게 하라. 그를 내가 지었고 그를 내가 만들었느니라"라고 말씀하셨습니다. 우리를 창조하신 목적은 하나님의 영광을 위하여 예배하는 자가 되도록 하기 위함입니다. 요한복음 4장 23b절에서도 "아버지께서는 자기에게 이렇게 예배하는 자들을 찾으시느니라"라고 말씀하고 있습니다. 그러므로 이러한 말씀들을 잘 기억하면서 이 땅에서 진정으로 하나님을 예배하는 사람이 되어야 할 것입니다. 우리가 하나님을 예배하는 것은 보통 축복이 아닙니다. 이 세상에 이보다 더 큰 축복은 없습니다. 반대로 가장 불행한 사람은 하나님을 알지 못하고, 하나님께 예배할 줄 모르며, 자기 마음대로 살아가는 사람입니다. 이런 사람들은 하나님께 심판 받게 될 것입니다.

본문 5절에 보면 이런 말씀이 있습니다.

"보좌로부터 번개와 음성과 우렛소리가 나고"(계 4:5a).

이 말씀은 앞에서 살펴본 아름다운 보좌의 모습하고는 상당히 대조가 됩니다. 지금까지는 아름답고 찬란한 보좌였는데 이 보좌에서는 번개가 치고, 우렛소리가 나고, 천둥소리가 들립니다. 이것은 하나님의 위엄을 나타내는 것입니다. 우리 하나님은 진노하시는 하나님, 심판하시는 하나님임을 나타내는 것입니다. 그래서 하나님을 알지 못하는 사람들, 하나님을 떠나 사는 사람들, 예수 그리스도를 거절하는 사람들은 결국 하나님의 보좌로부터 하나님의 진노를 당하게 될 것입니다. 그러므로 요한계시록에 나오는 이 보좌는 심판을 위한 보좌이기도 합니다.

시편 9편 7절에 이런 말씀이 있습니다.

"여호와께서 영원히 앉으심이여 심판을 위하여 보좌를 준비하셨도다"(시 9:7).

하나님께서 어떤 심판을 내리시는지 자세한 내용은 요한계시록 6장 이후를 보면 알 수 있습니다.

혹시 여러분 중에 아직까지 하나님을 알지 못하는 분, 구원받지 못한 분이 계시면 하나님께로 돌아오셔서 하나님을 예배하는 사람이 되시기 바랍니다. 이미 구원받은 하나님의 백성이 되셨다면 하나님께서 그토록 기뻐하시는 예배생활을 잘하면서 살아가시기 바랍니다.

10
어린 양께 영광을

(계 5장)

계 5장

1 내가 보매 보좌에 앉으신 이의 오른손에 두루마리가 있으니 안팎으로 썼고 일곱 인으로 봉하였더라 2 또 보매 힘 있는 천사가 큰 음성으로 외치기를 누가 그 두루마리를 펴며 그 인을 떼기에 합당하냐 하나 3 하늘 위에나 땅 위에나 땅 아래에 능히 그 두루마리를 펴거나 보거나 할 자가 없더라 4 그 두루마리를 펴거나 보거나 하기에 합당한 자가 보이지 아니하기로 내가 크게 울었더니 5 장로 중의 한 사람이 내게 말하되 울지 말라 유대 지파의 사자 다윗의 뿌리가 이겼으니 그 두루마리와 그 일곱 인을 떼시리라 하더라 6 내가 또 보니 보좌와 네 생물과 장로들 사이에 한 어린 양이 서 있는데 일찍이 죽임을 당한 것 같더라 그에게 일곱 뿔과 일곱 눈이 있으니 이 눈들은 온 땅에 보내심을 받은 하나님의 일곱 영이더라 7 그 어린 양이 나아와서 보좌에 앉으신 이의 오른손에서 두루마리를 취하시니라 8 그 두루마리를 취하시매 네 생물과 이십사 장로들이 그 어린 양 앞에 엎드려 각각 거문고와 향이 가득한 금 대접을 가졌으니 이 향은 성도의 기도들이라 9 그들이 새 노래를 불러 이르되 두루마리를 가지시고 그 인봉을 떼기에 합당하시도다 일찍이 죽임을 당하사 각 족속과 방언과 백성과 나라 가운데에서 사람들을 피로 사서 하나님께 드리시고 10 그들로 우리 하나님 앞에서 나라와 제사장들을 삼으셨으니 그들이 땅에서 왕 노릇 하리로다 11 내가 또 보고 들으매 보좌와 생물들과 장로들을 둘러 선 많은 천사의 음성이 있으니 그 수가 만만이요· 천천이라 12 큰 음성으로 이르되 죽임을 당하신 어린 양은 능력과 부와 지혜와 힘과 존귀와 영광과 찬송을 받으시기에 합당하도다 13 내가 또 들으니 하늘 위에와 땅 위에와 땅 아래와 바다 위에와 또 그 가운데 모든 피조물이 이르되 보좌에 앉으신 이와 어린 양에게 찬송과 존귀와 영광과 권능을 세세토록 돌릴지어다 하니 14 네 생물이 이르되 아멘 하고 장로들은 엎드려 경배하더라

요한계시록 5장의 말씀은 4장에서 계속 이어지는 내용입니다. 5장에서는 보좌에 앉으신 이의 오른손에 두루마리가 있고, 그 두루마리를 어린 양이 취하는데 그 때 하늘에 있는 네 생물과 이십사 장로들 그리고 수많은 천사들이 그 어린 양을 찬양하고 경배하는 모습을 보여줍니다.

4장과 5장의 내용이 일어나고 있는 장소는 공중입니다. 그리고 그 상황이 일어나고 있는 시기는 7년 대환난이 시작되기 직전입니다. 그것을 어떻게 알 수 있는가 하면 본문 1절에 보면 '일곱 인'이라는 표현이 나옵니다. 그런데 요한계시록 6장을 보면 '일곱 인의 재앙'이 이 땅에 쏟아지는 것을 보게 됩니다. 일곱 인의 재앙은 7년 대환난 기간 중에 이 땅 위에 쏟아질 재앙입니다. 그러므로 요한계시록 4장과 5장에 기록된 말씀은 7년 대환난이 시작되기 직전에 있을 상황이라는 것을 알 수 있습니다. 그럼 이제 5장의 내용을 살펴보겠습니다.

보좌에 앉으신 이의 오른손에 있는 두루마리

먼저 1-4절의 말씀을 보겠습니다.

"내가 보매 보좌에 앉으신 이의 오른손에 두루마리가 있으니 안팎으로 썼고, 일곱 인으로 봉하였더라. 또 보매 힘 있는 천사가 큰 음성으로 외치기를 누가 그 두루마리를 펴며 그 인을 떼기에 합당하냐 하나 하늘 위에나 땅 위에나 땅 아래에 능히 그 두루마리를 펴거나 보거나 할 자기 없더라. 그 두루마리를 펴거나 보거나 하기에 합당한 자가 보이지 아니하기로 내가 크게 울었더니"(계 5:1-4).

이 말씀에 보면 요한계시록 4장에 나오는 '보좌에 앉으신 이'가 또 나옵니다. 이 분은 하나님이신데 그 오른손에 '두루마리'가 들려 있습니다.

'두루마리'라는 말은 헬라어로 '비블리온'입니다. '비블리온'은 '책'이라는 뜻인데 '두루마리 책'도 해당되고, 오늘날 우리가 가지고 있는 모양의 '책'도 해당됩니다. 이 '비블리온'이라는 말에서 나온 유명한 말이 '바이블(Bible, 성경)' 입니다. 본문이 기록될 당시에는 오늘날과 같은 형태의 책은 없었고, 주로 두루마리 책이었습니다. 그래서 '두루마리' 라고 번역을 한 것 같은데 이것은 두루마리 형태의 책이 아니라, 오늘날 우리가 보고 있는 책의 형태라고 생각됩니다. 왜냐하면 책의 안팎에 글이 씌어 있다고 말하기 때문입니다. 물론 두루마리에도 안팎으로 쓸 수야 있겠지만 아무래도 안팎으로 쓴 것을 보아서는 오늘날 우리가 사용하는 책의 형태일 가능성이 더 높습니다. 그리고 '일곱 인으로 봉인되었다' 고 말씀하고 있는데 두루마리에 일곱 인이 한꺼번에 봉인되어 있으면 그 일곱 인을 한꺼번에 다 뜯어야만 책을 열수 있습니다. 그런데 6장에 보면 그 일곱 인을 하나씩 차례대로 뜯고 있습니다. 이런 것을 볼 때 이 '비블리온' 은 오늘날과 같은 책의 형태였을 것입니다. 그러니까 어느 정도 봉인되어 있고, 또 어느 정도 봉인되어 있고, 이런 식으로 일곱 등분으로 나누어 봉인되어 있는 것입니다.

그러면 이 '두루마리(책)' 의 정체가 무엇일까요? 여기에 대해서도 많은 견해가 있지만 이것은 어렵게 생각할 필요가 없습니다. 인들을 떼었을 때 어떤 일들이 일어나는지를 보면 알 수 있기 때문입니다. 인들을 떼었을 때 이 땅에 대한 하나님의 계획이 실행되고, 하나님의 심판이 쏟아집니다. 그러므로 이 책은 결국 이 땅에 대한 하나님의 계획과 심판을 기록하고 있는 책임을 알 수 있습니다.

문제는 이 일곱 인을 뗄 자가 없다는 것입니다. 3절 말씀을 보겠습니다.

"하늘 위에나 땅 위에나 땅 아래에 능히 그 두루마리를 펴거나 보거나 할 자가 없더라"(계 5:3).

누군가가 봉인을 떼고 그 책을 열어야 하는데 그렇게 할 자가 없다는 것입니다. 그리고 그러한 사실 때문에 요한은 울었다고 기록하고 있습니다. 그 주위에 천사들도 많이 있었는데 왜 천사는 그것을 못 열까요? 천사들에게는 하나님의 계획을 알 권리를 주지 않으셨습니다. 또 사람들을 심판할 권리도 주지 않으셨습니다. 그러므로 천사가 감히 그것을 열 수 없는 것이지요. 또 사람들도 마찬가지입니다. 사람들은 하나님의 심판의 대상이므로 그 책을 열 자격이 없습니다. 하지만 하나님의 계획과 심판은 반드시 실행되어져야 합니다. 그런데 그것을 열 자가 없으니 요한이 울었던 것입니다.

유대 지파의 사자 다윗의 뿌리

그 때 이십사 장로 중의 한 사람이 요한에게 울지 말라고 하면서, 그 책을 열 자가 있는 것을 알려 주었습니다.

"장로 중의 한 사람이 내게 말하되 울지 말라. 유대 지파의 사자, 다윗의 뿌리가 이겼으니 그 두루마리와 그 일곱 인을 떼시리라 하더라"(계 5:5).

'유대 지파의 사자', '다윗의 뿌리'가 되시는 그 분이 결국 열 것이라고 말씀하고 있습니다. 그 분이 누구일까요? 예수 그리스도이십니다. 예수님만이 봉인된 책을 열 자격이 있습니다. 왜냐하면 그는 메시아요, 왕이시며, 하나님의 본체가 되시는 분이기 때문에 그렇습니다. 본문에 나와 있는 '유대 지파의 사자', '다윗의 뿌리'는 메시아를 일컫는 표현들입니다. 예수님은 겉으로 보기에는 참으로 초라한 모습으로 이 땅에 계셨지만 그 분은 분명 메시아였습니다. 예수님께서는 "나와 아버지는 하나이다"(요 10:30), "나를 본 자는 아버지를 보았다"(요 14:9b), "하늘과 땅의 모든 권세를 내게 주셨다"(마 28:18), "심판하는 권한을 주셨다"(요 5:27)라는 말씀을 하셨습니다. 그러므로 사람이나 다른 피조물들은 그 봉인된 책을 열 자격이 없지만 우리 예수님은 자격이 있는 분이십니다. 그러나 예수님께서 이 땅에 오셨을 때는 사자의 모습, 왕의 모습으로 오신 것이 아니라 어린 양의 모습으로 오셨습니다.

일찍이 죽임을 당한 어린 양

6-7절을 보겠습니다.

"내가 또 보니 보좌와 네 생물과 장로들 사이에 한 어린 양이 서 있는데 일찍이 죽임을 당한 것 같더라. 그에게 일곱 뿔과 일곱 눈이 있으니, 이 눈들은 온 땅에 보내심을 받은 하나님의 일곱 영이더라. 그 어린 양이 나아와서 보좌에 앉으신 이의 오른손에서 두루마리를 취하시니라"(계 5:6-7).

한 '어린 양'을 요한이 보았습니다. 이 어린 양은 실제적인 양이 아니라 상징적인 표현입니다. 그런데 이 어린 양이 '일찍이 죽임을 당한 것 같더라'고 이야기하고 있습니다. 이 어린 양이 누구일까요? 예수 그리스도이십니다. 예수님께서는 이 땅에 오셔서 우리를 위해 실제로 죽임을 당하셨습니다. 그 죽음의 흔적을 예수님께서는 그대로 가지고 계신 것을 본문이 이야기하고 있습니다.

그런데 이 어린 양 예수 그리스도에게는 '일곱 뿔과 일곱 눈'이 있다고 말씀합니다. '뿔'은 힘과 권세를 상징하는 것입니다. 그리고 '일곱'이란 수는 '완전한 것', '충만한 것'을 이야기하는 것입니다. 그러므로 '뿔이 일곱 개' 있다는 것은 '완전한 힘과 권세가 어린 양 예수 그리스도에게 있다'는 것입니다. 완전한 힘과 완전한 권세는 원래 하나님의 것입니다. 그런데 예수님이 하나님이시기 때문에 예수님도 완전한 힘과 권세를 가지고 계시는 것입니다.

'일곱 눈'은 '온 땅에 보내심을 받은 하나님의 일곱 영'이라고 밝혀주고 있습니다. 이 '하나님의 일곱 영'은 '성령님'을 말씀하는 것입니다. 원래 성령님은 한 분이시지만 충만한 개념, 완전한 개념으로 '일곱 영'이라고 표현하고 있는 것입니다. 그런데 이 성령이 지금 어린 양 예수 그리스도와 함께 하고 계십니다. 이것은 예수님께서 못 보시는 것이 없고, 못 살피는 것이 없으며, 모르는 것이 없는 것을 나타냅니다. 즉, 전지(全知)하신 것을 나타내는 것입니다. 그런데 이것도 역시 하나님의 속성에 해당되는 것이지요. 완전한 힘과 권능은 전능(全能)에 해당되는 것입니다. 그래서 예수님은 결국 '전지(全知)하시고 전능(全能)하신 하나님'인 것을 상징적으로 보여주고 있는 것입니다.

어린 양 앞에 엎드린 네 생물과 이십사 장로들

8-10절을 보면 어린 양 예수 그리스도께서 보좌에 앉으신 성부 하나님께로부터 두루마리를 받습니다.

"그 두루마리를 취하시매 네 생물과 이십사 장로들이 그 어린 양 앞에 엎드려 각각 거문고와 향이 가득한 금 대접을 가졌으니 이 향은 성도의 기도들이라. 그들이 새 노래를 불러 이르되 두루마리를 가지시고 그 인봉을 떼기에 합당하시도다. 일찍이 죽임을 당하사 각 족속과 방언과 백성과 나라 가운데에서 사람들을 피로 사서 하나님께 드리시고 그들로 우리 하나님 앞에서 나라와 제사장들을 삼으셨으니 그들이 땅에서 왕 노릇 하리로다 하더라"(계 5:8-10).

　어린 양이 두루마리를 취했을 때 네 생물과 이십사 장로들이 그 앞에 엎드려 어린 양께 경배하고 영광을 돌립니다. 요한계시록 4장에서는 네 생물과 이십사 장로들이 보좌에 앉으신 분께 영광을 돌렸습니다. 그런데 이 말씀에서는 어린 양 예수 그리스도께 영광을 돌리고 있습니다. 사람의 예배를 받기에 합당한 분은 하나님 한 분 밖에 안 계시는데 어린 양 앞에 경배하고 영광을 돌리는 것은 예수 그리스도가 하나님의 본체가 되는 분이기 때문에 그렇습니다.

거문고와 향이 가득한 금 대접

　계속해서 보면 네 생물과 이십사 장로들의 손에는 '거문고와 향이 가득한 금 대접'이 있다고 말씀합니다. 영어성경에는 '거문고'를 '하프(harp)'라고 번역해 놓았는데 혹시 여러분 거문고나 하프를 연주할 줄 아십니까? 못하는 분들이 대부분이지요. 그러나 앞으로 천국에 가면 여러분들도 다 연주하실 수 있습니다. 그 때는 우리가 다 거문고, 하프를 하나씩 들고 그것을 연주하면서 우리 하나님을 찬양하게 될 것입니다.

　'향'은 '성도들의 기도'라고 말씀하고 있습니다. 이 기도 속에는 하나님께 영광 돌린 기도, 하나님께 감사드린 기도도 있겠지만, 하나님께 부르짖은 기도, 눈물로 드린 기도도 포함됩니다.

　시편 141편 1-2절에 이런 말씀이 있습니다.

　"여호와여 내가 주를 불렀사오니 속히 내게 오시옵소서. 내가 주께 부르짖을 때에 내 음성에 귀를 기울이소서. 나의 기도가 주의 앞에 분향함과 같이 되며"(시편 141:1-2a).

다윗은 '나의 기도가 분향함과 같이 되었다'고 고백하고 있습니다. 다윗의 기도는 눈물의 기도, 부르짖는 기도였습니다. 그러므로 감사하는 기도 뿐 아니라 눈물로 부르짖는 기도도 하나님 앞에 다 상달되는 것입니다.

이 기도 속에는 하나님 나라의 도래(到來)를 위하여 드린 기도도 포함됩니다. 예수님께서 제자들에게 가르쳐 주신 기도에는 이런 내용이 있습니다.

"나라가 임하시오며 뜻이 하늘에서 이루어진 것 같이 땅에서도 이루어지이다"(마 6:10).

하나님 나라의 실현을 위해서 기도한 내용입니다. 이제 이러한 모든 기도들을 하나님 앞에 바치면서 이들이 찬양을 부르는 것입니다.

새 노래로 하나님과 어린 양을 찬양

그들이 부르는 노래가 어떤 노래인지 9절 앞부분을 보겠습니다.

"그들이 새 노래를 불러 이르되"(계 5:9a).

어떤 노래라고 소개합니까? '새 노래'라고 이야기합니다. 여기의 '새 노래'는 시간적인 개념으로 이야기하는 것이 아닙니다. 노래방에 가면 신곡으로 소개되는 노래들이 있는데 여기 나오는 '새 노래'는 시간적인 개념의 신곡이 아니라, 질적인 개념에서의 새 노래를 이야기하는 것입니다. 여러분들, 노래 좋아하시죠. 예수님 믿기 전에 여러분들이 주로 불렀던 노래는 인생의 허무나 연인들 간의 사랑을 노래한 것이 대부분이었을 것입니다. 그러나 예수님을 믿고 나서는 예수님을 찬양하는 노래를 부릅니다. 우리가 부르는 노래의 주인공은 항상 예수 그리스도입니다. 그런 노래가 바로 '새 노래'인 것입니다. 과거에 우리가 불렀던 노래와는 질적으로 다른 노래이지요.
천국에서는 이런 '새 노래'를 가지고 하나님을 찬양하는 것입니다.

이들이 어떤 내용을 가지고 예수님을 찬양하는지 9절 하반절을 보
겠습니다.

"일찍이 죽임을 당하사 각 족속과 방언과 백성과 나라 가운데에서
사람들을 피로 사서 하나님께 드리시고"(계 5:9b).

사람들을 위해서 죽임을 당하시고, 자기의 피로 사람들을 사서 하
나님께 드린 그 사실을 가지고 어린 양을 찬양하고 있습니다.

또 10절을 보겠습니다.

"그들로 우리 하나님 앞에서 나라와 제사장들을 삼으셨으니 그들
이 땅에서 왕 노릇 하리로다 하더라"(계 5:10).

사람들을 하나님의 나라의 백성과 제사장으로 삼으시고, 왕 노릇
하게 해주실 것을 생각하면서 이들이 어린 양을 찬양하고 있습니다.

사랑하는 성도 여러분, 오늘날 우리들도 예수 그리스도를 찬양해
야하는 이유가 여기에 있습니다. 예수님께서는 우리를 위하여 십자
가에서 피를 흘리며 돌아가셨습니다. 그래서 우리의 모든 죄가 사함
받을 수 있었고, 우리가 하나님의 자녀로 거듭날 수 있었습니다. 하
나님의 자녀가 되었기 때문에 우리들은 하나님 나라의 백성이 되었
고, 언제라도 하나님 앞에 나아갈 수 있는 놀라운 특권을 부여받게
되었습니다. 여기에 대해서 베드로전서 2장 10절은 이렇게 말씀합
니다.

"너희가 전에는 백성이 아니더니 이제는 하나님의 백성이요, 전에
는 긍휼을 얻지 못하였더니 이제는 긍휼을 얻은 자니라"(벧전 2:10).

과거에 우리는 하나님의 백성이 아니었습니다. 하나님의 긍휼을

받을 자격도 없었습니다. 그런데 예수님께서 우리의 모든 죄 값을 지불해 주심으로 우리로 하여금 구원받도록 해주셨습니다. 이제는 하나님의 백성이 되었습니다. 주님과 함께 왕 노릇도 하게 될 것입니다. '왕 노릇 한다'는 말은 '통치한다', '다스린다'는 말입니다. 언제 왕 노릇하게 될까요? 이것은 천년왕국에서 이루어질 것입니다.

요한계시록 20장 6절을 보겠습니다.

"이 첫째 부활에 참여하는 자들은 복이 있고 거룩하도다. 둘째 사망이 그들을 다스리는 권세가 없고, 도리어 그들이 하나님과 그리스도의 제사장이 되어 천 년 동안 그리스도와 더불어 왕 노릇 하리라"(계 20:6).

주님께서 우리에게 베풀어주신 이런 은혜를 생각하면 얼마나 감사합니까. 그래서 우리가 주님을 찬양하고, 주님께 감사하며 예배의 자리로 나아가는 것입니다. 항상 우리 주님을 놀랍게 찬양하는 우리 모두가 됩시다.

존귀와 영광과 찬송을 받으시기에 합당하신 분

이제 11-12절을 보겠습니다.

"내가 또 보고 들으매 보좌와 생물들과 장로들을 둘러 선 많은 천사의 음성이 있으니 그 수가 만만이요, 천천이라. 큰 음성으로 이르되 죽임을 당하신 어린 양은 능력과 부와 지혜와 힘과 존귀와 영광과 찬송을 받으시기에 합당하도다 하더라"(계 5:11-12).

이 말씀을 보니 찬양하는 무리의 규모가 더 커진 것을 볼 수 있습니다. 앞에서는 네 생물과 이십사 장로들이 어린 양을 찬양했습니다. 그런데 11-12절에서는 수천, 수만의 천사들이 어린 양 예수 그리스도를 찬양합니다.

예수 그리스도를 찬양하는 그 내용이 무엇입니까? 예수님은 '능력과 부와 지혜와 힘과 존귀와 영광과 찬송을 받으시기에 합당한 분'이라는 것입니다. 당신도 예수님에 대해서 그렇게 생각하십니까? 그렇다면 당신이 드릴 수 있는 최고의 찬양을 예수님께 올려 드릴 수 있기를 바랍니다. 우리 주님 어린 양 예수 그리스도는 우리의 찬양과 영광과 우리의 모든 것을 받기에 부족함이 없으신 분이십니다.

13-14절을 계속 보겠습니다.

"내가 또 들으니 하늘 위에와 땅 위에와 땅 아래와 바다 위에와 또 그 가운데 모든 피조물이 이르되 보좌에 앉으신 이와 어린 양에게 찬송과 존귀와 영광과 권능을 세세토록 돌릴지어다 하니 네 생물이 이르되 아멘 하고 장로들은 엎드려 경배하더라"(계 5:13-14).

찬양하는 무리의 규모가 더 커졌습니다. 8-10절에서는 '네 생물과 이십사 장로'가 어린 양을 찬양했고, 11-12절에서는 '수천, 수만의 천사들'이 찬양했는데, 13-14절에서는 '모든 피조물'이 다 어린 양 예수 그리스도를 찬양하는 것을 보게 됩니다. 그리고 그 대상도 조금 달라졌습니다. 앞에서는 어린 양을 찬양했지만, 13-14절에서는 보좌에 앉으신 분, 즉 성부 하나님께도 찬양하는 것을 볼 수 있습니다. "찬송과 존귀와 영광과 권능을 세세토록 돌릴지어다"라고 찬양하고 있는데, '돌릴지어다'라고 하니까 다른 누구에게 그렇게 하라는 것처럼 들릴 수 있습니다. 그러나 이것은 번역이 잘못되어서 그런 것이고, 번역을 제대로 하면 "찬송과 존귀와 영광과 권능이 세세토록 있을지어다" 하는 말입니다.

참 영광스럽지 않습니까? 공중에서 모든 피조물들이 다 하나님을 찬양하는 이 모습을 한 번 상상해 보십시오. 우리들도 언젠가는 주님 앞에 서서 이렇게 찬양할 날이 올 것입니다. 그 때는 목소리로도 찬양하고, 하프를 가지고도 찬양하고, 정말 아름답게 주님을 찬양하게 될 것입니다.

성도 여러분!

우리 하나님과 예수 그리스도는 우리의 영원한 찬양과 경배의 대상이 되시는 분이십니다. 우리의 목숨이 다하는 그 순간까지 하나님께 영광 돌리고, 예수 그리스도를 예배하는 삶을 살아갑시다. 그것이 하나님께서 우리를 창조하신 목적이고, 우리를 구원하신 목적입니다.

요한계시록이 보인다

11

심판이 시작되다

(계 6장)

계 6장

1 내가 보매 어린 양이 일곱 인 중의 하나를 떼시는데 그 때에 내가 들으니 네 생물 중의 하나가 우렛소리 같이 말하되 오라 하기로 2 이에 내가 보니 흰 말이 있는데 그 탄 자가 활을 가졌고 면류관을 받고 나아가서 이기고 또 이기려고 하더라 3 둘째 인을 떼실 때에 내가 들으니 둘째 생물이 말하되 오라 하니 4 이에 다른 붉은 말이 나오더라 그 탄 자가 허락을 받아 땅에서 화평을 제하여 버리며 서로 죽이게 하고 또 큰 칼을 받았더라 5 셋째 인을 떼실 때에 내가 들으니 셋째 생물이 말하되 오라 하기로 내가 보니 검은 말이 나오는데 그 탄 자가 손에 저울을 가졌더라 6 내가 네 생물 사이로부터 나는 듯한 음성을 들으니 이르되 한 데나리온에 밀 한 되요 한 데나리온에 보리 석 되로다 또 감람유와 포도주는 해치지 말라 하더라 7 넷째 인을 떼실 때에 내가 넷째 생물의 음성을 들으니 말하되 오라 하기로 8 내가 보매 청황색 말이 나오는데 그 탄 자의 이름은 사망이니 음부가 그 뒤를 따르더라 그들이 땅 사분의 일의 권세를 얻어 검과 흉년과 사망과 땅의 짐승들로써 죽이더라 9 다섯째 인을 떼실 때에 내가 보니 하나님의 말씀과 그들이 가진 증거로 말미암아 죽임을 당한 영혼들이 제단 아래에 있어 10 큰 소리로 불러 이르되 거룩하고 참되신 대주재여 땅에 거하는 자들을 심판하여 우리 피를 갚아 주지 아니하시기를 어느 때까지 하시려 하나이까 하니 11 각각 그들에게 흰 두루마기를 주시며 이르되 아직 잠시 동안 쉬되 그들의 동무 종들과 형제들도 자기처럼 죽임을 당하여 그 수가 차기까지 하라 하시더라 12 내가 보니 여섯째 인을 떼실 때에 큰 지진이 나며 해가 검은 털로 짠 상복 같이 검어지고 달은 온통 피 같이 되며 13 하늘의 별들이 무화과나무가 대풍에 흔들려 설익은 열매가 떨어지는 것 같이 땅에 떨어지며 14 하늘은 두루마리가 말리는 것 같이 떠나가고 각 산과 섬이 제 자리에서 옮겨지매 15 땅의 임금들과 왕족들과 장군들과 부자들과 강한 자들과 모든 종과 자유인이 굴과 산들의 바위틈에 숨어 16 산들과 바위에게 말하되 우리 위에 떨어져 보좌에 앉으신 이의 얼굴에서와 그 어린 양의 진노에서 우리를 가리라 17 그들의 진노의 큰 날이 이르렀으니 누가 능히 서리요 하더라

인류 역사의 마지막 7년

요한계시록 6장부터 18장까지는 7년 대환난 기간 중에 있을 일들에 대해서 기록하고 있는 말씀입니다. 7년 대환난 기간은 인류 역사

의 마지막 7년에 해당되는 기간이라고 볼 수 있습니다. 하나님께서는 이 기간을 하나님을 거역한 사람들을 심판하시는데 사용하십니다. 이 기간에 대해서는 스바냐서 1장에서 잘 설명하고 있습니다.

"그날은 분노의 날이요, 환난과 고통의 날이요, 황폐와 패망의 날이요, 캄캄하고 어두운 날이요, 구름과 흑암의 날이요, 나팔을 불어 경고하며, 견고한 성읍들을 치며, 높은 망대를 치는 날이로다. 내가 사람들에게 고난을 내려 맹인 같이 행하게 하리니 이는 그들이 나 여호와께 범죄하였음이라. 또 그들의 피는 쏟아져서 티끌 같이 되며 그들의 살은 분토 같이 될지라. 그들의 은과 금이 여호와의 분노의 날에 능히 그들을 건지지 못할 것이며, 이 온 땅이 여호와의 질투의 불에 삼켜지리니 이는 여호와가 이 땅 모든 주민을 멸절하되 놀랍게 멸절할 것임이라"(습 1:15-18).

15절에 보면 이 기간을 '분노의 날', '환난과 고통의 날'이라고 설명하고 있습니다. 하나님께서 이런 날을 사람들에게 주시는 까닭은 17절에 '이는 그들이 나 여호와께 범죄하였음이라'고 말씀하고 있습니다.

하나님께서 심판하시니 그 고통이 얼마나 크겠습니까. 마태복음 24장 21절을 보면 예수님께서 이 날을 설명하시면서 '큰 환난'이라고 말씀하고 있습니다. 그리고 창세로부터 지금까지 이런 환난이 없었고, 후에도 없을 것이라고 말씀합니다. 그 고통의 기간이 7년입니다. 그래서 '7년 대환난'이라고 이야기하는 것입니다. 그 기간이 7년이라는 것은 본문에는 나와 있지 않지만 다니엘서 9장을 보면 알 수 있습니다.

이스라엘 백성들의 장래에 대한 말씀

다니엘서 9장 24-27절을 보겠습니다.

"네 백성과 네 거룩한 성을 위하여 일흔 이레를 기한으로 정하였나니 허물이 그치며, 죄가 끝나며, 죄악이 용서되며, 영원한 의가 드러나며, 환상과 예언이 응하며, 또 지극히 거룩한 이가 기름 부음을 받으리라. 그러므로 너는 깨달아 알지니라. 예루살렘을 중건하라는 영이 날 때부터 기름 부음을 받은 자, 곧 왕이 일어나기까지 일곱 이레와 예순두 이레가 지날 것이요. 그 곤란한 동안에 성이 중건되어 광장과 거리가 세워질 것이며, 예순두 이레 후에 기름 부음을 받은 자가 끊어져 없어질 것이며, 장차 한 왕의 백성이 와서 그 성읍과 성소를 무너뜨리려니와 그의 마지막은 홍수에 휩쓸림 같을 것이며, 또 끝까지 전쟁이 있으리니 황폐할 것이 작정되었느니라. 그가 장차 많은 사람들과 더불어 한 이레 동안의 언약을 굳게 맺고, 그가 그 이레의 절반에 제사와 예물을 금지할 것이며, 또 포악하여 가증한 것이 날개를 의지하여 설 것이며, 또 이미 정한 종말까지 진노가 황폐하게 하는 자에게 쏟아지리라 하였느니라 하니라"(단 9:24-27).

이 말씀은 하나님께서 다니엘에게 하신 말씀으로 이스라엘 백성들의 장래에 대해 하신 말씀입니다. 24절의 '네 백성'은 '이스라엘 백성들'을, '네 거룩한 성'은 '예루살렘 성'을 이야기하는 것입니다. 이스라엘 백성들에 대해서 하나님께서 기한을 정하셨는데, 그 기한이 '70이레'라고 말씀하고 있습니다. '이레'라는 말은 '7'을 의미합니다. '7일'을 이야기할 수도 있고, '7주' 또는 '7개월' 또는 '7년'을 이야기할 수도 있습니다. 문맥상 여기서는 7년을 이야기한다고 볼 수 있습니다. 이스라엘 민족을 위한 기한을 '70이레'로 정했으니까 연수로 계산하면 '70×7년=490년'이 됩니다. 그리고 이 490년의 기간이 지나면 일어나게 될 일이 24절 중반에 나옵니다.

"허물이 그치며, 죄가 끝나며, 죄악이 용서되며, 영원한 의가 드러나며, 환상과 예언이 응하며, 또 지극히 거룩한 이가 기름 부음을 받으리라"(단 9:24b).

'지극히 거룩한 이'는 '지극히 거룩한 곳'으로 번역될 수도 있습니다. 여기서는 '지극히 거룩한 곳'이 나은 번역 같습니다. 그러면 이 말씀의 내용은 언제 이루어지는 것일까요? 이것은 천년왕국 때 일어날 일을 말씀하고 있는 것입니다.

69이레가 지나는 동안 일어날 일들

다니엘서 9장 25절을 계속 보겠습니다.

"그러므로 너는 깨달아 알지니라. 예루살렘을 중건하라는 영이 날 때부터 기름 부음을 받은 자, 곧 왕이 일어나기까지 일곱 이레와 예순두 이레가 지날 것이요"(단 9:25a).

다니엘서 9장 24절에서 이스라엘 백성을 위하여 하나님께서 정해 놓으신 기한이 '70이레'라고 했습니다. 그런데 다니엘서 9장 25절을 보면 '일곱 이레와 예순두 이레가 지날 것'이라고 말씀하고 있습니다. 7이레+62이레=69이레가 됩니다. 이 69이레가 지나는 동안에 예루살렘을 중건하라는 영이 떨어지고, 기름 부음을 받은 자, 곧 왕이 일어날 것이라고 말씀하고 있습니다. 여기서 말하는 기름 부음 받은 자는 예수 그리스도를 이야기하는 것입니다. 조금 더 읽어보면 상세한 것을 알 수 있습니다.

다니엘서 9장 25b-26a절입니다.

"그 곤란한 동안에 성이 중건되어 광장과 거리가 세워질 것이며, 예순두 이레 후에 기름 부음을 받은 자가 끊어져 없어질 것이며"(단 9:25b-26a).

여기의 62이레는 앞의 7이레가 지난 다음의 62이레를 말하는 것으로 69이레 동안 어떤 일들이 일어날 것인가를 말씀하는 내용입니다. 69이레가 지나는 동안 예루살렘 성이 중건될 것이고, 광장과 거리가 세워지고, 마지막에는 기름 부음 받은 자가 끊어져 없어질 것이라고 말씀하고 있습니다. 기름 부음 받은 자가 끊어져 없어진다는 것은 예수 그리스도께서 죽임을 당한다는 말씀입니다. 그래서 69이레의 마지막에 예수 그리스도께서 십자가에 처형되는 일이 일어날 것이라는 말입니다.

남은 한 이레와 적그리스도

전체가 70이레인데 69이레가 지나면 이제 한 이레가 남습니다. 남은 한 이레에 대한 설명은 다니엘서 9장 26절 중반절부터 계속 됩니다.

"장차 한 왕의 백성이 와서 그 성읍과 성소를 무너뜨리려니와 그의 마지막은 홍수에 휩쓸림 같을 것이며, 또 끝까지 전쟁이 있으리니 황폐할 것이 작정되었느니라. 그가 장차 많은 사람들과 더불어 한 이레 동안의 언약을 굳게 맺고, 그가 그 이레의 절반에 제사와 예물을 금지할 것이며, 또 포악하여 가증한 것이 날개를 의지하여 설 것이며, 또 이미 정한 종말까지 진노가 황폐하게 하는 자에게 쏟아지리라 하였느니라 하니라"(단 9:26b-27).

이 말씀에 보면 장차 한 왕의 백성이 와서 그 성읍과 성소를 무너뜨린다는 말씀을 하고 있습니다. 이것은 로마가 예루살렘을 침공해서 예루살렘 성을 무너뜨리고 성전을 파괴하는 것을 이야기하는 것입니다. 이것은 AD 70년에 이루어졌습니다.

그런데 다니엘서 9장 27절에 기록된 말씀이 매우 중요한데 이 말씀은 적그리스도와 7년 대환난에 관한 말씀입니다. 그것을 어떻게 알 수 있는가 하면 마태복음 24장 15절에서 예수님께서 7년 대환난에 대한 이야기를 하시면서 이 말씀을 인용하셨습니다.

"그러므로 너희가 선지자 다니엘이 말한 바 멸망의 가증한 것이 거룩한 곳에 선 것을 보거든 (읽는 자는 깨달을진저)"(마 24:15).

'선지자 다니엘이 말한 바'가 바로 다니엘서 9장 27절의 내용입니다. '그'라고 하는 한 인물이 하게 될 행동을 예수님께서 마태복음 24장에서 말씀하신 것입니다. '그'는 '적그리스도'를 이야기하는 것입니다. 그리고 이 사람은 7년 대환난 기간 중에 나타나게 될 인물입니다.

지금까지의 내용을 정리하면 이스라엘 백성들을 향하여 하나님께서 70이레를 말씀하셨는데 69이레의 마지막에 예수 그리스도께서 처형당하는 일이 일어납니다. 그리고 마지막 한 이레가 남는데 그 7년 동안에 이 땅에서는 7년 대환난이 일어난다는 것입니다. 그렇게 되면 69이레와 마지막 한 이레 사이에 시간적인 갭(gap, 간격)이 굉장히 커집니다. 예수님의 죽음을 이야기한 후 갑자기 7년 대환난과 적그리스도 이야기로 넘어갔으니까요. 이것을 어떻게 이해해야 할지 의문이 생기는데 그것은 다음과 같이 설명할 수 있습니다.

다니엘서 9장 24-27절의 말씀은 이스라엘 민족에 대한 이야기라고 앞에서 말씀드렸습니다. 이스라엘 민족에 대한 하나님의 시계는 메시아가 십자가에서 돌아가시는 순간 멈추어졌습니다. 그리고 그 시계가 다시 돌아가는 것이 7년 대환난이 시작될 때입니다. 7년 대환난 기간은 하나님께서 이스라엘 백성들에게 마지막으로 구원 받을 수 있는 기회를 주시는 기간이기 때문에 그렇습니다.

지금은 교회시대, 은혜의 시대입니다. 이 시대는 이방인들을 위한 시대입니다. 이스라엘 사람들이 메시야를 십자가에 못 박았을 때 구원의 기회는 우리들에게 넘어왔습니다. 그래서 지금은 이방인들의 시대입니다. 이 이방인들을 위한 구원의 시대는 예수님께서 공중에 재림하실 때 끝납니다. 그리고 그 때부터는 마지막으로 유대인들에게 한 번 더 구원의 기회를 허락해 주시는 시기가 되는 것입니다. 이 것이 다니엘서 9장에 나오는 70이레에 대한 설명입니다.

중요한 것은 적그리스도가 이 마지막 7년 동안 활동한다는 것입니다. 그래서 대환난의 기간이 7년이라는 것을 알 수 있습니다.

일곱 인의 심판

그러면 이제 본문으로 돌아가 요한계시록 6장 1-2절을 보겠습니다.

"내가 보매 어린 양이 일곱 인 중의 하나를 떼시는데 그 때에 내가 들으니 네 생물 중의 하나가 우렛소리 같이 말하되 오라 하기로 이에 내가 보니 흰 말이 있는데 그 탄 자가 활을 가졌고 면류관을 받고 나아가서 이기고 또 이기려고 하더라"(계 6:1-2).

요한계시록 6장부터 18장까지는 7년 대환난 기간 중에 있을 일들에 대한 기록이라고 했습니다. 이 기간 동안 하나님의 진노가 이 땅에 쏟아지게 되는데 첫 번째 재앙이 '일곱 인의 심판', 두 번째 재앙이 '일곱 나팔의 심판', 세 번째 재앙이 '일곱 대접의 심판' 입니다. 6장에 기록된 내용들은 '일곱 인의 심판' 을 설명하는 것입니다.

첫째 인 – 적그리스도의 출현

첫째 인을 떼었을 때 '흰 말' 이 등장하고 '탄 자' 가 나타났습니다. 이것은 '적그리스도의 출현' 을 이야기하는 것입니다. 적그리스도는 7년 대환난이 시작될 때 등장하여 7년 동안 활동하게 됩니다. 이 사람은 악한 사람으로, 마귀에 의해 쓰임 받을 사람입니다. '흰 말' 은 그가 평화의 사도인 것처럼 행세하면서 속이는 것을 말합니다.

예수님께서 공중에 재림하시고 이 땅의 성도들이 공중으로 들림받는 휴거사건이 일어나면 이 세상이 얼마나 혼란스러워지겠습니까. 휴거가 일어나는 그 순간 수많은 사고가 일어날 것입니다. 갑자기 예수 믿는 사람들이 다 사라지므로 굉장히 큰 혼란이 일어날 것입니다. 그 때 적그리스도가 나타나 사람들을 안심시키며 자기를 따르면 모든 것이 좋아질 것이라고 하면서 질서를 바로 잡습니다.

그리고 이스라엘과는 평화조약을 맺습니다. 앞에서 본 다니엘서 9장 27절에 보면 "그가 장차 많은 사람들과 더불어 한 이레 동안의 언약을 굳게 맺고"라고 말씀하고 있습니다. 그러나 그것을 끝까지 지키지 않고 중간에 깨뜨립니다. 다니엘서 9장 27절 하반절을 보면 7년 대환난 중간 시점에 이스라엘 백성들이 성전에서 매일 제사와 예물 드리는 것을 금지해 버립니다. 그리고 성전에 들어가 자기가 하나님인양 자기를 경배하라고 합니다. 그 말씀이 데살로니가후서 2장 3-4절에 나오고, 더 자세한 것은 요한계시록 13장에 나옵니다.

"누가 어떻게 하여도 너희가 미혹되지 말라. 먼저 배교하는 일이 있고, 저 불법의 사람 곧 멸망의 아들이 나타나기 전에는 그 날이 이르지 아니하리니, 그는 대적하는 자라, 신이라고 불리는 모든 것과 숭배함을 받는 것에 대항하여, 그 위에 자기를 높이고 하나님의 성전에 앉아 자기를 하나님이라고 내세우느니라"(살후 2:3-4).

여기서 말하는 '불법의 사람', '멸망의 아들'이 '적그리스도'를 가리키는 말입니다. 이 자가 7년 대환난 기간 중간에 성전에 들어가 자기를 높여 하나님이라고 내세운다는 것입니다. 그리고 그 때부터는 누구라도 적그리스도에게 절하지 않고, 경배하지 않으면 죽을 각오를 해야 하는 것입니다.

신흥로마제국에서 출현

그러면 이 적그리스도가 어느 나라에서 나오게 되는 것일까요? 대한민국도, 미국도 아닌, 신흥로마제국에서 나오게 됩니다. 다니엘서 7장을 보겠습니다.

"그 네 큰 짐승은 세상에 일어날 네 왕이라. 지극히 높으신 이의 성도들이 나라를 얻으리니 그 누림이 영원하고 영원하고 영원하리라. 이에 내가 넷째 짐승에 관하여 확실히 알고자 하였으니 곧 그것은 모든 짐승과 달라서 심히 무섭더라. 그 이는 쇠요, 그 발톱은 놋이니, 먹고 부서뜨리고 나머지는 발로 밟았으며, 또 그것의 머리에는 열 뿔이 있고, 그 외에 또 다른 뿔이 나오매 세 뿔이 그 앞에서 빠졌으며, 그 뿔에는 눈도 있고, 큰 말을 하는 입도 있고, 그 모양이 그의 동류보다 커 보이더라. 내가 본즉 이 뿔이 성도들과 더불어 싸워 그들에게 이겼더니 옛적부터 항상 계신 이가 와서 지극히 높으신 이의 성도들을 위하여 원한을 풀어 주셨고 때가 이르매 성도들이 나라를 얻었더라"(단 7:17-22).

하나님께서 다니엘에게 장차 나타날 왕국들을 짐승들로 보여주셨습니다. 첫 번째 짐승은 사자로 '바벨론제국'을 상징하는 것입니다. 두 번째 짐승은 곰으로 '페르시아제국'을, 세 번째 짐승은 표범으로 '그리스제국'을 상징하는 것입니다. 그리고 네 번째 짐승은 굉장히 강하고 무서운 짐승으로만 소개하고 있습니다. 이 짐승은 그리스제국 다음에 나타난 '로마제국'을 말하는 것입니다. 네 번째 짐승 머리에 '열 뿔'이 있고, 열 뿔 외에 또 다른 '한 뿔'이 나왔는데 그 한 뿔에는 눈도 있고, 큰 말을 하는 입도 있었다고 이야기하고 있습니다. 이 뿔이 적그리스도를 이야기하는 것입니다. 21-22절을 보면 확실하게 나타나 있습니다.

"내가 본즉 이 뿔이 성도들과 더불어 싸워 그들에게 이겼더니 옛적부터 항상 계신 이가 와서 지극히 높으신 이의 성도들을 위하여 원한을 풀어주셨고 때가 이르매 성도들이 나라를 얻었더라"(단 7:21-22).

25절을 보면 더 명확하게 알 수 있습니다.

"그가 장차 지극히 높으신 이를 말로 대적하며, 또 지극히 높으신 이의 성도를 괴롭게 할 것이며, 그가 또 때와 법을 고치고자 할 것이며, 성도들은 그의 손에 붙인 바 되어 한 때와 두 때와 반 때를 지내리라"(단 7:25).

성도들이 결국은 그의 손에 붙여지게 되는데 한 때와 두 때와 반 때를 지난다고 했습니다. 합하면 세 때 반, 즉 3년 반이지요. 7년 대환난의 후반 3년 반을 이렇게 표현한 것입니다. 이 말씀에 의하면 적그리스도는 네 번째 짐승인 로마제국에서 나온다는 것입니다.

그러면 이해가 안 되는 것이, 로마제국이 멸망한지가 언젠데 어떻게 적그리스도가 로마제국에서 나올 수 있을까요? 다니엘서 7장 20절에 보면 짐승의 머리에 '열 뿔'이 있다고 이야기하고 있습니다. 다니엘서 7장 24절에 보면 '열 뿔'은 그 나라에서 일어날 '열 왕'입니다. 과거 로마제국의 역사를 보면 열 왕이 한꺼번에 일어난 적이 없습니다. 그렇다면 이것은 미래에 일어날 일을 이야기하는 것인데 이것이 '신흥로마제국'이라는 것입니다. 그런데 지금 우리가 살고 있는 이 시대에 이미 '신흥로마제국'이 있습니다. 바로 'EU(유럽연합)'입니다. EU는 로마제국의 판도위에 선 또 다른 로마제국, 즉 신흥로마제국이라고 할 수 있습니다. 신흥로마제국이 EU라면 EU에서 적그리스도가 나오게 될 것입니다.

둘째 인 - 전쟁과 피

3-4절을 보겠습니다.

"둘째 인을 떼실 때에 내가 들으니 둘째 생물이 말하되 오라 하니 이에 다른 붉은 말이 나오더라. 그 탄 자가 허락을 받아 땅에서 화평을 제하여 버리며 서로 죽이게 하고, 또 큰 칼을 받았더라"(계 6:3-4).

둘째 인을 떼니까 '붉은색 말'이 나왔습니다. '붉은색 말'은 '전쟁'과 '피'를 상징하는 것입니다. 적그리스도는 평화를 약속했지만 그 평화는 오래 가지 않습니다. 세상 곳곳에서 수많은 전쟁들이 일어나게 될 것입니다. 전쟁뿐 아니라 수많은 테러와 살인사건들이 일어나게 될 것입니다. 오늘날만 하더라도 전쟁이 끊이질 않고, 테러와 살인사건이 얼마나 많습니까. 7년 대환난의 때가 되면 지금의 이러한 사건들은 아무 것도 아닐 것입니다. 피비린내 나는 전쟁과 테러, 살인사건이 수도 없이 일어나게 될 것입니다. 일본이 독도를 자기네 땅이라고 할 때마다 우리나라가 열을 받는데 어쩌면 7년 대환난 때 그런 감정이 폭발해서 일본과 한국 사이에도 전쟁이 일어날지 모르겠습니다. 그런 식으로 세계 곳곳에서 전쟁이 일어나게 될 것입니다.

셋째 인 - 기근과 식량부족

5-6절을 보겠습니다.

"셋째 인을 떼실 때에 내가 들으니 셋째 생물이 말하되 오라 하기로 내가 보니 검은 말이 나오는데 그 탄 자가 손에 저울을 가졌더라. 내가 네 생물 사이로부터 나는 듯한 음성을 들으니 이르되 한 데나리온에 밀 한 되요, 한 데나리온에 보리 석 되로다. 또 감람유와 포도주는 해치지 말라 하더라"(계 6:5-6).

셋째 인을 떼니까 '검은색 말'이 나타났습니다. 그리고 그 탄 자의 손에 저울이 있었는데 물가가 굉장히 비쌉니다. '한 데나리온에 밀 한 되요, 한 데나리온에 보리 석 되'입니다. 한 데나리온은 노동자의 하루 임금인데 보리 석 되가 우리 돈으로 10만 원 정도 되는 것입니다. '검은 말'은 '기근'과 '식량부족'을 이야기하는 것입니다. 이런 현상은 오늘날에도 일어나고 있습니다. 물가가 올라가고, 굶주림이 심해 굶어 죽는 사람이 얼마나 많습니까. 아프리카의 많은 아이들이 굶어 죽어가고 있습니다. 북한만 하더라도 먹을 것이 없어서 얼마나 많은 사람들이 기아에 허덕이는지 모릅니다. 얼마 전에 상영한 영화 '크로싱'에서도 이러한 북한의 실상을 잘 보여주고 있었습니다. 이런 현상이 오늘날에도 있는데 7년 대환난 때에는 식량 부족, 물 부족이 이루 말할 수 없다는 것입니다. 한 편 '감람유와 포도주는 해치지 말라'고 했습니다. 보리와 밀은 서민적인 음식인데 비해 감람유와 포도주는 상당히 고급음식이라고 할 수 있습니다. 이것은 가난한 사람들, 없는 사람들은 굶주림에 죽어가지만 돈 많은 사람들, 힘 있는 사람들은 여전히 잘 먹고 잘 사는 것을 의미합니다. 북한만 하더라도 북한 주민들은 굶어 죽어가고 있지만 김정일과 고위층 사람들은 잘 먹고 잘 살고 있는 것을 볼 수 있습니다. 갈수록 빈부격차가 심해지고 있는데 이런 것도 다 말세의 징조들입니다.

넷째 인 – 사망

7-8절을 보겠습니다.

"넷째 인을 떼실 때에 내가 넷째 생물의 음성을 들으니 말하되 오라 하기로 내가 보매 청황색 말이 나오는데 그 탄 자의 이름은 사망이니 음부가 그 뒤를 따르더라. 그들이 땅 사분의 일의 권세를 얻어 검과 흉년과 사망과 땅의 짐승들로써 죽이더라"(계 6:7-8).

이번에는 '청황색 말'이 나타났습니다. 청황색은 창백한 색깔을 의미합니다. 그 탄자의 이름은 '사망'입니다. 검과 흉년과 사망과 땅의 짐승들로 사람들을 마구 죽이게 되는 것입니다. '사망' 중에는 질병과 사고도 포함됩니다. 그래서 수많은 사람들이 죽임을 당하는데 얼마나 많은 사람들이 죽는가 하면 땅 4분의 1의 권세를 받았다고 했으니까 세계 인구의 4분의 1이 죽임을 당하는 것입니다. 굉장한 재앙이지요. 전쟁과 질병과 사나운 짐승들까지 돌아다니며 사람들을 해치고 죽이니 정말 끔찍한 재앙입니다.

다섯째 인 – 죽임 당한 영혼들

9-11절을 보겠습니다.

"다섯째 인을 떼실 때에 내가 보니 하나님의 말씀과 그들이 가진 증거로 말미암아 죽임을 당한 영혼들이 제단 아래에 있어 큰 소리로 불러 이르되 거룩하고 참되신 대 주재여 땅에 거하는 자들을 심판하여 우리 피를 갚아 주지 아니하시기를 어느 때까지 하시려 하나이까 하니 각각 그들에게 흰 두루마기를 주시며 이르시되 아직 잠시 동안 쉬되 그들의 동무 종들과 형제들도 자기처럼 죽임을 당하여 그 수가 차기까지 하라 하시더라"(계 6:9-11).

다섯째 인을 떼었을 때 순교당한 많은 사람들의 영혼이 나타났습니다. 이들은 7년 대환난 기간 중에 순교를 당한 사람들입니다. 7년 대환난 기간 중에는 무조건 적그리스도를 따르고 추종해야 하는데 그 기간 중에 구원받은 사람들은 그렇게 할 수 없으니 죽임을 당하게 되는 것입니다.

그렇다면 7년 대환난 기간 중에도 구원받을 수 있는 것일까요? 이 말씀에 의하면 그렇습니다. 구원받은 사람들이 있으니 순교 당하는 사람들이 있는 것이지요. 하지만 그렇다고 해서 7년 대환난 기간을 구원받을 수 있는 기회로 생각해서는 절대로 안 됩니다. 이 기간은 유대인들에게는 마지막 구원의 기회이지만 이방인들에게는 심판의 기간이기 때문입니다. 그러나 그 때도 하나님께서 은혜를 베풀어 주셔서 믿는 자를 구원해 주시지만 그 때는 구원받는다고 해도 순교할 각오를 해야 합니다. 그러므로 믿으려면 지금 믿어야 하는 것입니다.

여섯째 인 - 대 천재지변

12-17절을 보겠습니다.

"내가 보니 여섯째 인을 떼실 때에 큰 지진이 나며, 해가 검은 털로 짠 상복 같이 검어지고, 달은 온통 피 같이 되며, 하늘의 별들이 무화과나무가 대풍에 흔들려 설익은 열매가 떨어지는 것 같이 땅에 떨어지며, 하늘은 두루마리가 말리는 것 같이 떠나가고, 각 산과 섬이 제 자리에서 옮겨지매 땅의 임금들과 왕족들과 장군들과 부자들과 강한 자들과 모든 종과 자유인이 굴과 산들의 바위틈에 숨어 산들과 바위에게 말하되 우리 위에 떨어져 보좌에 앉으신 이의 얼굴에서와 그 어린 양의 진노에서 우리를 가리라. 그들의 진노의 큰 날이 이르렀으니 누가 능히 서리요 하더라"(계 6:12-17).

여섯째 인을 떼니까 큰 지진이 일어났습니다. 그리고 해는 갑자기 검은색으로 변하고, 달은 핏빛을 띠고, 별들은 하늘에서 땅으로 떨어지기 시작했습니다. 하늘은 두루마리가 말리는 것 같이 떠나가고, 각 산과 섬들이 제 자리에서 옮겨졌습니다. 대 천재지변이 일어난 것입니다. 그래서 사람들은 극심한 두려움에 떨게 됩니다. 굴과 산들의 바위틈에 숨어서 말하기를 우리 위에 떨어져 보좌에 앉으신 이의 얼굴에서와 그 어린 양의 진노에서 우리를 가려 달라고 말합니다. 이때는 돈 있는 사람도, 권력을 가진 자도 소용이 없습니다. 모두 공포에 떨어야 하고, 많은 사람들이 죽임을 당하게 되는 것입니다. 이런 것이 7년 대환난의 재앙입니다. 끔찍한 일들이 일어나고 수많은 사람들이 죽임을 당하지만 이것은 시작에 불과합니다. 앞으로 계속해서 일곱 나팔의 심판, 일곱 대접의 심판이 쏟아지게 되는데 사람으로서는 견디기 힘든 재앙들입니다.

예수님을 믿어야 할 이유가 여기에 있습니다. 예수님은 곧 오십니다. 세상 돌아가는 것을 볼 때 우리 주님께서 오실 날이 멀지 않았습니다. 신흥로마제국이 이미 이 땅에 있고, 수많은 전쟁, 기근, 식량 부족, 치솟는 물가…. 이 모든 것이 세상 끝이 얼마 남지 않았다는 것을 말해 주고 있습니다.

아직 예수님을 믿지 않고 있다면 늦기 전에 예수 그리스도를 당신의 주님으로 모셔 들일 수 있기를 바랍니다.

12

14만 4천명과 큰 무리

(계 7장)

계 7장

1 이 일 후에 내가 네 천사가 땅 네 모퉁이에 선 것을 보니 땅의 사방의 바람을 붙잡아 바람으로 하여금 땅에나 바다에나 각종 나무에 불지 못하게 하더라 2 또 보매 다른 천사가 살아 계신 하나님의 인을 가지고 해 돋는 데로부터 올라와서 땅과 바다를 해롭게 할 권세를 받은 네 천사를 향하여 큰 소리로 외쳐 3 이르되 우리가 우리 하나님의 종들의 이마에 인치기까지 땅이나 바다나 나무들을 해하지 말라 하더라 4 내가 인침을 받은 자의 수를 들으니 이스라엘 자손의 각 지파 중에서 인침을 받은 자들이 십사만 사천이니 5 유다 지파 중에 인침을 받은 자가 일만 이천이요 르우벤 지파 중에 일만 이천이요 갓 지파 중에 일만 이천이요 6 아셀 지파 중에 일만 이천이요 납달리 지파 중에 일만 이천이요 므낫세 지파 중에 일만 이천이요 7 시므온 지파 중에 일만 이천이요 레위 지파 중에 일만 이천이요 잇사갈 지파 중에 일만 이천이요 8 스불론 지파 중에 일만 이천이요 요셉 지파 중에 일만 이천이요 베냐민 지파 중에 인침을 받은 자가 일만 이천이라 9 이 일 후에 내가 보니 각 나라와 족속과 백성과 방언에서 아무도 능히 셀 수 없는 큰 무리가 나와 흰 옷을 입고 손에 종려 가지를 들고 보좌 앞과 어린 양 앞에 서서 10 큰 소리로 외쳐 이르되 구원하심이 보좌에 앉으신 우리 하나님과 어린 양에게 있도다 하니 11 모든 천사가 보좌와 장로들과 네 생물의 주위에 서 있다가 보좌 앞에 엎드려 얼굴을 대고 하나님께 경배하여 12 이르되 아멘 찬송과 영광과 지혜와 감사와 존귀와 권능과 힘이 우리 하나님께 세세토록 있을지어다 아멘 하더라 13 장로 중 하나가 응답하여 나에게 이르되 이 흰 옷 입은 자들이 누구며 또 어디서 왔느냐 14 내가 말하기를 내 주여 당신이 아시나이다 하니 그가 나에게 이르되 이는 큰 환난에서 나오는 자들인데 어린 양의 피에 그 옷을 씻어 희게 하였느니라 15 그러므로 그들이 하나님의 보좌 앞에 있고 또 그의 성전에서 밤낮 하나님을 섬기매 보좌에 앉으신 이가 그들 위에 장막을 치시리니 16 그들이 다시는 주리지도 아니하며 목마르지도 아니하고 해나 아무 뜨거운 기운에 상하지도 아니하리니 17 이는 보좌 가운데에 계신 어린 양이 그들의 목자가 되사 생명수 샘으로 인도하시고 하나님께서 그들의 눈에서 모든 눈물을 씻어 주실 것임이라

7년 대환난 때 복음 전할 사람들

본문은 하나님의 인침을 받은 '14만 4천명'과 각 나라와 족속과

백성과 방언에서 나온 '큰 무리'에 대한 말씀입니다. 1-8절은 14만 4천명에 대한 설명이고, 9-17절은 큰 무리에 대한 설명입니다.

14만 4천명. 이들은 누구일까요?

이들에 대해서는 여러 이야기들이 있습니다. 어떤 이단은 자기들이 14만 4천명이라고 합니다. 요한계시록 7장에 나오는 14만 4천명이 자기들이기 때문에 자기네 단체에 들어와야 구원받을 수 있다고 합니다. 이것은 엉터리입니다. 또, 14만 4천명을 새 이스라엘, 즉 교회라고 믿는 분들도 계십니다. 한국의 상당수 교회 목사님들이 그렇게 가르치고 또 성도들은 그렇게 배우고 있는 것 같습니다.

그러나 14만 4천명은 이스라엘 사람들로 7년 대환난 기간 중에 하나님의 특별하신 사명을 받고 복음을 전할 사람들이라고 생각합니다. 3-4절 말씀을 보겠습니다.

"이르되 우리가 우리 하나님의 종들의 이마에 인치기까지 땅이나 바다나 나무들을 해하지 말라 하더라. 내가 인침을 받은 자의 수를 들으니 이스라엘 자손의 각 지파 중에서 인침을 받은 자들이 십사만 사천이니"(계 7:3-4).

이 말씀에 보면 이들을 '이스라엘 사람들', '하나님의 종들'이라고 이야기하고 있습니다. 이들은 7년 대환난 기간 중에 하나님의 말씀을 전하게 될 것입니다. 그리고 이들의 사역을 통해서 구원받게 될 사람들이 9절 이하에 나와 있는 '각 나라와 족속과 백성과 방언으로부터 나온 큰 무리의 사람들'입니다.

이스라엘을 위한 구원의 시간

7년 대환난 기간은 하나님께서 믿지 않는 이방인들을 심판하시는 기간이지만, 또 한편으로는 이스라엘 백성을 구원해 주시는 기간이기도 합니다. 예레미야 30장에 이런 말씀이 있습니다.

"슬프다 그 날이여, 그와 같이 엄청난 날이 없으리라. 그 날은 야곱의 환난의 때가 됨이로다. 그러나 그가 환난에서 구하여 냄을 얻으리로다"(렘 30:7).

여기 보면 '엄청난 날'이 등장하고 있는데 '야곱의 환난의 때'라고 말하고 있습니다. 이 '야곱의 환난의 때'가 바로 '7년 대환난'을 이야기하는 것입니다. 그런데 '그가 환난에서 구하여 냄을 얻는다'고 말하고 있습니다. '그'는 '야곱', 즉 '이스라엘'입니다. 7년 대환난 기간 중에 이방인들은 하나님의 심판을 받지만, 이스라엘 백성들은 이 기간을 통해서 주님을 알게 되고, 구원받는 역사가 일어나는 것입니다. 이 일을 위해서 하나님께서는 이스라엘의 각 지파마다 12,000명씩 세워서 복음을 전하게 하십니다. 그리고 그들의 이마에는 하나님의 인을 쳐 주십니다. 인을 친다는 것은 하나님의 보호와 소유를 의미하는 것입니다. 이들의 전도로 수많은 사람들이 복음을 듣고 구원받는 놀라운 역사가 일어나게 될 것입니다.

"이방인의 충만한 수가 들어오기까지 이스라엘의 더러는 우둔하게 된 것이라, 그리하여 온 이스라엘이 구원을 받으리라"(롬 11:25b-26a).

이 말씀은 이스라엘이 나라적으로, 민족적으로 구원을 받게 될 것이라는 말씀입니다. 그 일이 바로 7년 대환난 기간 중에 일어나게 되는 것입니다. 그 전에는 이스라엘 백성들이 이 말씀처럼 '우둔하게' 살았습니다. 그래서 예수님을 자신들의 메시아로 바라보지 못했습니다. 오늘날에도 많은 유대인들이 세계 여기저기에 흩어져 살고 있는데 그들 중에 예수 믿는 사람들이 거의 없습니다. 극소수의 유대인들만 예수님을 믿을 뿐입니다. 그러나 7년 대환난 기간 중에는 대부분의 유대인들이 자신들의 죄를 깨닫고 하나님 앞으로 돌아올 것입니다. 그래서 이 기간은 이방인들에게는 심판의 기간이지만, 유대인들에게는 구원의 기간입니다.

그러면 이방인들은 언제 구원받아야 할까요?

이방인들은 지금 구원 받아야 합니다. 바로 지금 이 시간이 구원받아야 할 시간입니다. 이 시대를 일컬어 '은혜의 시대'라고 합니다. 하나님께서 이방인들에게 은혜를 베풀어 주시기 때문에 '은혜의 시대'인 것입니다.

그러면 유대인들은 오늘날 구원받지 못할까요?

그렇지는 않습니다. 유대인이라 하더라도 마음 문을 열고 예수님을 영접하면 구원받을 수 있습니다. 마찬가지로 이방인들 중에도 7년 대환난 기간 중에 구원받을 사람이 있을 것입니다.

큰 무리의 사람들

본문 9-10절을 보겠습니다.

"이 일 후에 내가 보니 각 나라와 족속과 백성과 방언에서 아무도 능히 셀 수 없는 큰 무리가 나와 흰 옷을 입고 손에 종려가지를 들고 보좌 앞과 어린 양 앞에 서서 큰 소리로 외쳐 이르되 구원하심이 보좌에 앉으신 우리 하나님과 어린 양에게 있도다 하니"(계 7:9-10).

이 말씀에 '큰 무리'의 사람들이 등장하고 있습니다. 성경을 잘 보면 이들은 공중에 있는 사람들로 보좌 앞과 어린 양 앞에 서 있습니다. 이들은 7년 대환난 기간 중에 구원받은 사람들입니다.

"장로 중 하나가 응답하여 나에게 이르되 이 흰 옷 입은 자들이 누구며 또 어디서 왔느냐, 내가 말하기를 내 주여 당신이 아시나이다 하니, 그가 나에게 이르되 이는 큰 환난에서 나오는 자들인데 어린 양의 피에 그 옷을 씻어 희게 하였느니라"(계 7:13-14).

큰 무리의 사람들이 '큰 환난'에서 나왔다고 말씀하고 있는데 이 환난이 7년 대환난을 말하는 것입니다. 그러므로 이들은 7년 대환난 기간 중에 구원받은 사람들인 것을 알 수 있습니다. 이들 중에는 유대인들도 있지만, 이방인들도 많이 포함되어 있는 것을 볼 수 있습니다. '각 나라와 족속과 백성과 방언에서' 나왔다고 하니 이 세상 모든 나라가 포함되어 있는 것이지요. 그러므로 7년 대환난 기간 중에도 구원받는 이방인들이 있음을 알 수 있습니다. 그러나 그렇다고 해서 7년 대환난 기간을 이방인들을 위한 구원의 시간으로 보면 절대로 안 됩니다. 계속 말씀 드리지만 7년 대환난 기간은 하나님께서 이방인들을 심판하시는 시간입니다. 그럼에도 불구하고 하나님께서는 믿고자 하는 사람들에게는 은혜를 베풀어 주셔서 구원해 주십니다. 그러나 그 수는 세계 인구수에 비하면 아주 미미할 것입니다.

이방인들은 지금 구원 받아야

오늘날 유대인들 중에도 구원받은 사람들이 있기는 하지만 그 수가 아주 미미합니다. 그것처럼 7년 대환난 기간 중에는 역현상이 일어납니다. 오늘날에는 이방인들이 많이 구원받고 유대인들은 극소수가 구원받지만, 7년 대환난 기간 중에는 유대인들이 주로 구원을 받고 이방인들은 극소수만이 구원을 받게 될 것입니다. 본문에는

'큰 무리'라고 나와 있으니 굉장히 많은 수이지요. 그러나 전 세계 인구에 비하면 이 수는 아무 것도 아닙니다. 그러므로 극소수의 이방인들만이 구원받는다는 것을 알아야 합니다. 성경이 늘 강조하듯이 이방인들은 지금 믿어야 합니다.

"보라 지금은 은혜 받을 만한 때요, 보라 지금은 구원의 날이로다"(고후 6:2b).

7년 대환난 기간 중에는 마귀의 역사가 너무 강하기 때문에 불신자들이, 이방인들이 예수님을 믿는 것이 쉽지가 않습니다.

"악한 자의 나타남은 사탄의 활동을 따라 모든 능력과 표적과 거짓 기적과 불의의 모든 속임으로 멸망하는 자들에게 있으리니, 이는 그들이 진리의 사랑을 받지 아니하여 구원함을 받지 못함이라. 이러므로 하나님이 미혹의 역사를 그들에게 보내사 거짓 것을 믿게 하심은 진리를 믿지 않고, 불의를 좋아하는 모든 자들로 하여금 심판을 받게 하려 하심이라"(살후 2:9-12).

이 말씀은 7년 대환난 중에 있게 될 적그리스도의 활동과 마귀 사탄의 역사에 대해서 말씀하는 내용입니다. 9절에 나와 있는 '악한 자'는 '적그리스도'를 이야기하는 것입니다. 이 기간 중에는 하나님께서 적그리스도와 마귀 사탄으로 하여금 마음대로 활동하도록 허락해 주십니다. 11절에 보면 하나님께서 '미혹의 역사를 그들에게 보내사 거짓 것을 믿게 한다'고 이야기하고 있습니다. 그러니 얼마나 예수 믿는 것이 어려워지겠습니까. 그러므로 지금 예수 안 믿는 이방인들은 7년 대환난 기간이 되면 더 안 믿습니다. 마귀가 더 강하게 역사하는데 믿을 리가 있겠습니까.

7년 대환난 기간에 구원받게 될 이방인들

그러면 어떤 이방인들이 7년 대환난 기간 중에 구원받게 되는 것일까요?

지금 마음 문을 꽉 닫고 있는 강퍅한 사람들은 이때도 구원받기 어렵습니다. 그런데 이방인들 중에 복음을 들을 기회가 없는 사람들, 부득이한 상황 때문에 믿을 수 없는 사람들이 있습니다. 예를 들면 이슬람권 사람들은 예수 믿으면 죽임을 당하기 때문에 그곳은 복음이 들어가기가 참 힘듭니다. 이런 사람들에게 하나님께서 기회를 주시는 것입니다. 북한에도 믿고는 싶지만 믿으면 처형당하기 때문에 제대로 믿을 수 없는 사람들이 많습니다. 또 문명과 동떨어진 곳에서 복음을 접하지 못하고 살아가는 사람들도 많이 있습니다. 하나님께서 이런 사람들을 위하여 복음을 들을 기회를 주시고, 믿을 수 있는 기회를 주시는 것입니다.

지금 이 지구상에는 아직도 복음을 듣지 못한 사람들이 많이 있지만 7년 대환난 기간 중에는 14만 4천명의 활동에 의해서 땅 끝까지 복음이 전해질 것입니다.

"이 천국 복음이 모든 민족에게 증언되기 위하여 온 세상에 전파되리니 그제야 끝이 오리라"(마 24:14).

이 말씀이 바로 그 말씀입니다.

7년 대환난 기간 중에 14만 4천명을 통해서 복음이 땅 끝까지, 온 세상에 전파되면 그제야 끝이 오는데 여기의 '끝'은 '예수 그리스도의 지상 재림'을 뜻하는 것입니다. 그 순간이 인류 역사의 마지막 순간입니다.

오늘날 인 치심을 받은 자들

7년 대환난 때 14만 4천명이 복음을 땅 끝까지 전한다고 해서 구원받은 저와 여러분이 복음을 전하지 않고 그 때까지 기다려서는 안 됩니다. 왜냐하면 지금 이 순간에도 영혼들은 계속 죽어가고 있기 때문입니다. 그리고 7년 대환난 때 예수를 믿는다는 것은 결코 쉽지 않기 때문입니다. 믿는다고 해도 대부분의 사람들이 순교를 당하게 됩니다. 우리는 예수님이 공중에 재림하시면 7년 대환난이 시작되기 전에 공중으로 들림을 받습니다. 그러므로 지금 열심히 복음을 전해야 하는 것입니다. 이런 의미에서 오늘날에는 누가 하나님의 인 치심을 받은 사람들인가 하면 바로 저와 여러분이 하나님의 인 치심을 받은 사람들이라는 것을 잊지 말아야 합니다. 우리는 성령으로 하나님의 인 치심을 받은 사람들입니다.

"그 안에서 너희도 진리의 말씀 곧 너희의 구원의 복음을 듣고 그 안에서 또한 믿어 약속의 성령으로 인 치심을 받았으니"(엡 1:13).

그러므로 저와 여러분이 복음을 전해야 합니다. 하나님께서 성령으로 인 쳐 주신 목적이 복음 전파를 위함입니다.

"오직 성령이 너희에게 임하시면 너희가 권능을 받고 예루살렘과 온 유대와 사마리아와 땅 끝까지 이르러 내 증인이 되리라"(행 1:8).

성령을 우리에게 주신 것도 땅 끝까지 이르러 예수님의 증인이 되도록 하기 위함입니다. 복음 전할 수 있을 때 열심히 복음을 전합시다.

"너희는 온 천하에 다니며 만민에게 복음을 전파하라"(막 16:15).

"너는 말씀을 전파하라. 때를 얻든지 못 얻든지 항상 힘쓰라"(딤후 4:2a).

사도행전 20장 24절에서는 사도 바울이 이렇게 고백했습니다.

"내가 달려갈 길과 주 예수께 받은 사명, 곧 하나님의 은혜의 복음을 증언하는 일을 마치려 함에는 나의 생명조차 조금도 귀한 것으로 여기지 아니하노라."

우리도 사도 바울처럼 복음전파를 위해서라면 목숨도 아끼지 않는 마음으로 살아갑시다.

14만 4천명에서 빠진 단 지파

14만4천명에 대하여 조금 더 알아보겠습니다.

본문에 보면 이스라엘 각 지파마다 12,000명씩 세워서 14만 4천명을 만들었다고 이야기하고 있습니다.

이스라엘 지파가 몇 지파입니까? 12지파이지요.

12,000명×12지파=14만 4천명입니다.

그런데 본문을 잘 보면 빠진 지파가 있습니다. 단 지파와 에브라임 지파가 빠져 있습니다. 그 대신 요셉 지파와 레위 지파가 들어가 있습니다. 원래 요셉 지파라는 것은 없습니다. 하나님께서 요셉의 두 아들을 에브라임 지파와 므낫세 지파로 세워 주셨습니다. 레위 지파는 제사장 지파이므로 하나님께서 땅 분배를 해주시지 않으셨습니다. 그러므로 레위 지파도 12지파에 속하지 않습니다. 그런데 본문에는 레위 지파와 요셉 지파가 들어가 있습니다. 두 지파가 빠졌기 때문에 두 지파를 추가하다보니 레위 지파와 요셉 지파를 넣었다고 봅니다. 빠진 에브라임 지파는 요셉 지파가 대신했다고 생각하면 되는데 단 지파는 확실하게 빠졌습니다. 에스겔서 47-48장을 읽어 보면 하나님께서 나중에 천년왕국에서 다시 이스라엘 12지파에게 땅을 분배합니다. 그 때는 단 지파가 땅을 분배 받습니다.

그런데 유독 7년 대환난 기간 중에만 이들의 이름이 빠져있는 까닭이 무엇일까요? 여기에 대한 많은 성경학자들의 견해는 이들이 과거에 저질렀던 우상숭배의 죄 때문에 하나님께서 일할 기회를 박탈하셨다는 것입니다.

"단 자손이 자기들을 위하여 그 새긴 신상을 세웠고, 모세의 손자요, 게르솜의 아들인 요나단과 그의 자손은 단 지파의 제사장이 되어 그 땅 백성이 사로잡히는 날까지 이르렀더라. 하나님의 집이 실로에 있을 동안에 미가가 만든 바 새긴 신상이 단 자손에게 있었더라"(삿 18:30-31).

단 지파 사람들이 12지파 중에서 우상숭배하는 일에 가장 앞장 선 것을 볼 수 있습니다. 이런 일 때문에 단 지파가 하나님의 일을 할 수 있는 권리를 잠시 동안 박탈당했다고 많은 성경학자들이 생각합니다. 만약 그것이 맞다면 하나님께서 우상숭배의 죄를 얼마나 미워하시는지 알 수 있습니다. 혹시 여러분들은 믿는다고 하면서 우상숭배하고 있는 부분은 없는지 잘 살펴보시기 바랍니다. 혹시 있다면 빨리 버리시기 바랍니다.

구원 받았음에도 제사에 참여했다면 우상숭배한 것입니다. 천국에는 갈 수 있을지 몰라도 하나님께 쓰임 받지는 못합니다. 하나님께 쓰임 받기를 원한다면 삶 가운데 우상숭배가 없어야 합니다. 제사나 조각물 앞에 절하는 것도 우상숭배이지만 하나님보다 다른 무엇을 더 사랑하면 그것도 우상숭배입니다. 재물을 사랑하면 하나님 사랑하기가 어려워집니다. 어떤 사람을 하나님보다 더 사랑하면 그런 사람을 하나님께서 쓰시겠습니까. 하나님께 쓰임 받고 싶고, 하나님의 축복 가운데 살아가기를 원한다면 삶 가운데 있는 우상들을 먼저 제거해야 합니다. 예수님께서도 제자도(弟子道)에 대해 말씀하실 때 "누구든지 나를 따라 오려거든 자기 부모나 처자나 형제나 자매나 더욱이 자기 목숨까지 미워하지 아니하면 능히 내 제자가 되지 못한다"고 하셨습니다.

혹시 여러분의 마음속에 재물을 더 사랑하고, 가족을 더 사랑하고, 세상의 쾌락이나 명예를 더 사랑하는 마음이 있다면 다 버리시기 바랍니다. 그래야 하나님께서 여러분을 사랑하시고, 축복하시고, 귀하게 사용해 주실 것입니다.

또, 단 지파가 빠진 것에 대해서 다른 쪽으로 생각하는 분들도 있습니다. 적그리스도가 단 지파에서 나올 것이기 때문에 하나님께서 이 지파를 제외시킨 것이 아닌가 생각하는 분들입니다. 이 분들은 왜 그렇게 믿는가 하면 창세기 49장 17절 때문입니다. 야곱이 자기 자식들에 대해서 차례로 이야기하면서 단의 후손이 어떻게 될 것인가에 대해 예언한 부분입니다.

"단은 길섶의 뱀이요, 샛길의 독사로다. 말굽을 물어서 그 탄 자를 뒤로 떨어지게 하리로다"(창 49:17).

'단'을 '뱀', '독사'라고 했습니다. 성경에서 '뱀'은 주로 '사탄'을 상징하고, '적그리스도'를 상징합니다. 이런 이유 때문에 적그리스도가 단 지파의 사람일 것이라고 생각하는데, 이 말씀이 그것을 이야기하는 것 같지는 않습니다.

하나님께 찬양 드리는 '큰 무리'

이번에는 '큰 무리'에 대해서 생각해 보기를 원합니다.

이들은 7년 대환난 기간 중에 구원받은 사람들입니다. 이미 죽임을 당하여 하나님 보좌 앞에 선 사람들입니다. 하나님께 예배를 드리는데 10절에 보면 "큰 소리로 외쳐 이르되 구원하심이 보좌에 앉으신 우리 하나님과 어린 양에게 있도다" 하고 찬양하고 있습니다. 그 때나 지금이나 우리를 구원할 수 있는 분은 오직 하나님, 오직 예수 그리스도 밖에 없습니다. 우리도 예수 그리스도에 의해서 구원받았다면 이들처럼 예수 그리스도의 이름을 높이고 하나님께 찬양 드리는 삶을 살아갈 수 있어야겠습니다. 그들이 찬양했을 때 모든 천사들이 화답합니다.

"아멘. 찬송과 영광과 지혜와 감사와 존귀와 권능과 힘이 우리 하나님께 세세토록 있을지어다 아멘"(계 7:12).

천사들이 '찬송, 영광, 지혜, 감사, 존귀, 권능, 힘' 이 7가지를 열거하면서 하나님을 찬양했습니다. 요한계시록 5장 12절에도 천사들이 하나님을 찬양한 내용이 있었는데 내용은 조금 다르지만 결국 7가지로 하나님을 찬양한 것을 볼 수 있습니다.

요한계시록에는 7이라는 숫자가 많이 나옵니다. 일곱 교회, 일곱 인, 일곱 나팔, 일곱 대접. 7이라는 수는 완전수입니다. 천사들이 7가지 내용을 열거하면서 하나님을 찬양한 것은 '하나님은 완전하신 하나님이시다', '온전한 예배를 받으시기에 합당하신 분이시다' 라는 의미입니다. 그러므로 우리도 하나님을 예배할 때 온 마음을 다하고, 온 정성을 다해야 할 것입니다. 하나님은 우리의 온전한 예배를 받기에 합당하신 유일한 분이십니다.

눈물을 씻어 주시는 하나님

계속 해서 15-17절을 보겠습니다.

"그러므로 그들이 하나님의 보좌 앞에 있고, 또 그의 성전에서 밤 낮 하나님을 섬기매 보좌에 앉으신 이가 그들 위에 장막을 치시리니 그들이 다시는 주리지도 아니하며, 목마르지도 아니하고, 해나 아무 뜨거운 기운에 상하지도 아니하리니, 이는 보좌 가운데에 계신 어린 양이 그들의 목자가 되사 생명수 샘으로 인도하시고 하나님께서 그들의 눈에서 모든 눈물을 씻어 주실 것임이라"(계 7:15-17).

7년 대환난을 거치면서 이들은 말할 수 없는 고난을 당한 것을 볼 수 있습니다. 7년 대환난 속에서 제대로 먹지도, 마시지도 못했습니다. 해의 뜨거운 기운에 상하기도 했습니다. 그러나 앞으로는 그런 일이 없을 것이라고 말씀하십니다. 하나님께서 그들의 눈에서 모든 눈물을 씻어 주실 것이라고 말씀하십니다. 우리도 언젠가는 주님 앞에 서게 될 것입니다. 그 때 주님께서는 우리의 모든 눈물을 닦아 주실 것입니다. 요한계시록 21장 4절에 그렇게 나와 있습니다.

"모든 눈물을 그 눈에서 닦아 주시니 다시는 사망이 없고, 애통하는 것이나 곡하는 것이나 아픈 것이 다시 있지 아니하리니, 처음 것들이 다 지나갔음이러라"(계 21:4).

이 말씀이 큰 위로가 되지 않습니까? 이 세상에 살면서 얼마나 많은 눈물을 흘립니까. 마음 아픈 일, 괴로운 일, 고통이 얼마나 많습니까. 그러나 주님 앞에 서는 날 주님께서 위로해 주시고, 눈물을 닦아 주실 것입니다. 이 소망을 생각하면서 주 예수 앞에 서는 그 날까지 최선을 다해서 열심히 살아가는 당신이 되기를 예수님의 이름으로 축복합니다.

13

재앙은 계속 되고

(계 8-9장)

계 8-9장

8장 1 일곱째 인을 떼실 때에 하늘이 반 시간쯤 고요하더니 2 내가 보매 하나님 앞에 일곱 천사가 서 있어 일곱 나팔을 받았더라 3 또 다른 천사가 와서 제단 곁에 서서 금 향로를 가지고 많은 향을 받았으니 이는 모든 성도의 기도와 합하여 보좌 앞 금 제단에 드리고자 함이라 4 향연이 성도의 기도와 함께 천사의 손으로부터 하나님 앞으로 올라가는지라 5 천사가 향로를 가지고 제단의 불을 담아다가 땅에 쏟으매 우레와 음성과 번개와 지진이 나더라 6 일곱 나팔을 가진 일곱 천사가 나팔 불기를 준비하더라 7 첫째 천사가 나팔을 부니 피 섞인 우박과 불이 나와서 땅에 쏟아지매 땅의 삼분의 일이 타 버리고 수목의 삼분의 일도 타 버리고 각종 푸른 풀도 타 버렸더라 8 둘째 천사가 나팔을 부니 불 붙는 큰 산과 같은 것이 바다에 던져지매 바다의 삼분의 일이 피가 되고 9 바다 가운데 생명 가진 피조물들의 삼분의 일이 죽고 배들의 삼분의 일이 깨지더라 10 셋째 천사가 나팔을 부니 횃불 같이 타는 큰 별이 하늘에서 떨어져 강들의 삼분의 일과 여러 물샘에 떨어지니 11 이 별 이름은 쓴 쑥이라 물의 삼분의 일이 쓴 쑥이 되매 그 물이 쓴 물이 되므로 많은 사람이 죽더라 12 넷째 천사가 나팔을 부니 해 삼분의 일과 달 삼분의 일과 별들의 삼분의 일이 타격을 받아 그 삼분의 일이 어두워지니 낮 삼분의 일은 비추임이 없고 밤도 그러하더라 13 내가 또 보고 들으니 공중에 날아가는 독수리가 큰 소리로 이르되 땅에 사는 자들에게 화, 화, 화가 있으리니 이는 세 천사들이 불어야 할 나팔 소리가 남아 있음이로다 하더라

9장 1 다섯째 천사가 나팔을 불매 내가 보니 하늘에서 땅에 떨어진 별 하나가 있는데 그가 무저갱의 열쇠를 받았더라 2 그가 무저갱을 여니 그 구멍에서 큰 화덕의 연기 같은 연기가 올라오매 해와 공기가 그 구멍의 연기로 말미암아 어두워지며 3 또 황충이 연기 가운데로부터 땅 위에 나오매 그들이 땅에 있는 전갈의 권세와 같은 권세를 받았더라 4 그들에게 이르시되 땅의 풀이나 푸른 것이나 각종 수목은 해하지 말고 오직 이마에 하나님의 인침을 받지 아니한 사람들만 해하라 하시더라 5 그러나 그들을 죽이지는 못하게 하시고 다섯 달 동안 괴롭게만 하게 하시는데 그 괴롭게 함은 전갈이 사람을 쏠 때에 괴롭게 함과 같더라 6 그 날에는 사람들이 죽기를 구하여도 죽지 못하고 죽고 싶으나 죽음이 그들을 피하리로다 7 황충들의 모양은 전쟁을 위하여 준비한 말들 같고 그 머리에 금 같은 관 비슷한 것을 썼으며 그 얼굴은 사람의 얼굴 같고 8 또 여자의 머리털 같은 머리털이 있고 그 이빨은 사자의 이빨 같으며 9 또 철 호심경 같은 호심경이 있고 그 날개들의 소리는 병거와 많은 말들이 전쟁터로 달려 들어가는 소리 같으며 10 또 전갈과 같은 꼬리와 쏘는 살이 있어 그 꼬리에는 다섯

달 동안 사람들을 해하는 권세가 있더라 11 그들에게 왕이 있으니 무저갱의 사자라 히브리어로는 그 이름이 아바돈이요 헬라어로는 그 이름이 아볼루온이더라 12 첫째 화는 지나갔으나 보라 아직도 이후에 화 둘이 이르리로다 13 여섯째 천사가 나팔을 불매 내가 들으니 하나님 앞 금 제단 네 뿔에서 한 음성이 나서 14 나팔 가진 여섯째 천사에게 말하기를 큰 강 유브라데에 결박한 네 천사를 놓아 주라 하매 15 네 천사가 놓였으니 그들은 그 년 월 일 시에 이르러 사람 삼분의 일을 죽이기로 준비된 자들이 더라 16 마병대의 수는 이만 만이니 내가 그들의 수를 들었노라 17 이같은 환상 가운 데 그 말들과 그 위에 탄 자들을 보니 불빛과 자줏빛과 유황빛 호심경이 있고 또 말 들의 머리는 사자 머리 같고 그 입에서는 불과 연기와 유황이 나오더라 18 이 세 재 앙 곧 자기들의 입에서 나오는 불과 연기와 유황으로 말미암아 사람 삼분의 일이 죽 임을 당하니라 19 이 말들의 힘은 입과 꼬리에 있으니 꼬리는 뱀 같고 또 꼬리에 머 리가 있어 이것으로 해하더라 20 이 재앙에 죽지 않고 남은 사람들은 손으로 행한 일 을 회개하지 아니하고 오히려 여러 귀신과 또는 보거나 듣거나 다니거나 하지 못하는 금, 은, 동과 목석의 우상에게 절하고 21 또 그 살인과 복술과 음행과 도둑질을 회개 하지 아니하더라

인류 역사상 가장 큰 고통의 기간

7년 대환난 기간은 인류 역사상 가장 큰 고통의 기간입니다. 그 고통이 엄청나게 크기 때문에 예수님께서는 마태복음 24장에서 이렇게 말씀하셨습니다.

"창세로부터 지금까지 이런 환난이 없었고 후에도 없으리라"(마 24:21b).

과거에도 없었고, 앞으로도 없을 가장 큰 환난의 시기가 바로 7년 대환난 기간이라는 것입니다. 7년 대환난의 기간에 대해서 요한계시록은 '일곱 인의 심판', '일곱 나팔의 심판', ·'일곱 대접의 심판'으로 그 환난이 어느 정도이며, 어떤 내용들인지 상세하게 보여주고 있습니다.

'일곱 인의 심판'에 대해서는 요한계시록 6장에서 이미 살펴보았습니다. 전쟁과 기근과 질병, 그 외에도 여러 가지 사건과 사고를 통해서 수많은 사람들이 죽임을 당하는데 전 세계 인구의 4분의 1이 죽임을 당하게 됩니다. 요한계시록 6장 8절에 그렇게 나와 있었지요.

"내가 보매 청황색 말이 나오는데 그 탄 자의 이름은 사망이니 음부가 그 뒤를 따르더라. 그들이 땅 사분의 일의 권세를 얻어 검과 흉년과 사망과 땅의 짐승들로써 죽이더라"(계 6:8).

일곱째 인을 뗄 때

요한계시록 8장과 9장은 '일곱 인의 심판' 중에서 마지막 일곱째 인을 떼는 내용부터 시작하여 '일곱 나팔의 심판' 중 여섯째 나팔까지의 내용을 다루고 있습니다.

먼저 8장 1-2절 말씀을 보겠습니다.

"일곱째 인을 떼실 때에 하늘이 반 시간쯤 고요하더니 내가 보매 하나님 앞에 일곱 천사가 서 있어 일곱 나팔을 받았더라"(계 8:1-2).

'일곱째 인을 떼었을 때 하늘이 반 시간쯤 고요했다'고 했는데 이 고요는 폭풍전야의 고요와도 같은 것입니다. 어떤 재앙이 또 쏟아질 것인지 숨죽이며 기다리고 있는데 재앙이 쏟아지는 것이 아니라 일곱 나팔을 받은 천사들이 나타났습니다. 이것은 또 다른 재앙이 시작될 것을 말해주는 것입니다.

8장 3-4절을 계속 보겠습니다.

"또 다른 천사가 와서 제단 곁에 서서 금 향로를 가지고 많은 향을 받았으니 이는 모든 성도의 기도와 합하여 보좌 앞 금 제단에 드리고자 함이라. 향연이 성도의 기도와 함께 천사의 손으로부터 하나님 앞으로 올라가는지라"(계 8:3-4).

이 말씀에 보면 어떤 천사가 향의 연기와 함께 성도들의 기도를 하나님께 올려드리고 있습니다. 이 기도에는 요한계시록 6장 10절에서 순교당한 영혼들이 드린 기도도 포함되어 있습니다.

"거룩하고 참되신 대 주재여, 땅에 거하는 자들을 심판하여 우리 피를 갚아 주지 아니하시기를 어느 때까지 하시려 하나이까"(계 6:10).

순교자들이 하나님께 이런 기도를 올려드렸습니다. 그래서 천사가 그 기도를 향연과 함께 하나님께 올려드리는 것입니다.

8장 5절에는 천사가 향로를 가지고 제단의 불을 담아다가 땅에 쏟았을 때 우레와 음성과 번개와 지진이 났다고 했는데 이것은 또 다른 재앙이 곧 시작될 것을 알리는 싸인이라고 볼 수 있습니다.

첫째 나팔의 심판

8장 6절에 보면 일곱 나팔을 받은 일곱 천사가 차례대로 나팔을 불 준비를 하고 있습니다. 이제 심판의 두 번째 막이 열리는 것입니다.

첫째 천사의 나팔입니다.

"첫째 천사가 나팔을 부니 피 섞인 우박과 불이 나와서 땅에 쏟아지매 땅의 삼분의 일이 타 버리고, 수목의 삼분의 일도 타 버리고, 각종 푸른 풀도 타 버렸더라"(계 8:7).

피 섞인 우박과 불이 하늘에서 떨어져 땅 3분의 1과 땅에 있는 모든 수목들, 나무와 풀들의 3분의 1이 타버렸습니다. 무서운 일이 벌어진 것이지요.

둘째 나팔의 심판

그 다음, 둘째 나팔을 불 때입니다.

"둘째 천사가 나팔을 부니 불 붙는 큰 산과 같은 것이 바다에 던져지매 바다의 삼분의 일이 피가 되고, 바다 가운데 생명 가진 피조물들의 삼분의 일이 죽고, 배들의 삼분의 일이 깨지더라"(계 8:8-9).

이번에는 불 붙는 큰 산과 같은 것이 바다에 던져졌습니다. 그러자 바다의 3분의 1이 피가 되고, 바다 속에 살고 있던 생물의 3분의 1이 죽임을 당했으며, 바다 위에 떠있던 배들의 3분의 1이 파괴되었습니다.

땅에 이어서 바다에까지 이런 재앙이 임한다고 생각해 보십시오. 얼마나 끔찍합니까. 어떤 분들은 이 말씀이 상징적인 말씀이 아닌가 생각하는데 제가 볼 때 이것은 상징적인 말씀이 아닙니다. 실제적으로 7년 대환난 기간 중에 일어날 일들입니다. 그러니까 예수님께서 '창세로부터 지금까지 그리고 앞으로도 없을 큰 환난'이라고 말씀을 하셨지요.

셋째 나팔의 심판

계속 해서 셋째 나팔을 보겠습니다.

"셋째 천사가 나팔을 부니 횃불 같이 타는 큰 별이 하늘에서 떨어져 강들의 삼분의 일과 여러 물샘에 떨어지니 이 별 이름은 쓴 쑥이라. 물의 삼분의 일이 쓴 쑥이 되매 그 물이 쓴 물이 되므로 많은 사람이 죽더라"(계 8:10-11).

이번에는 횃불 같이 타는 큰 별이 하늘에서 떨어졌습니다. 강들에 떨어지고 물샘들에 떨어졌습니다. 그 결과 강들의 3분의 1과 물샘들의 3분의 1이 쓴 물로 변하여 이 물을 마시는 수많은 사람들이 죽게 되었습니다.

넷째 나팔의 심판

넷째 나팔입니다.

"넷째 천사가 나팔을 부니 해 삼분의 일과 달 삼분의 일과 별들의 삼분의 일이 타격을 받아 그 삼분의 일이 어두워지니 낮 삼분의 일은 비추임이 없고 밤도 그러하더라"(계 8:12).

해 3분의 1과 달 3분의 1, 별들의 3분의 1이 타격을 받았습니다. 그 결과 낮 3분의 1이 어두워졌고, 밤 3분의 1도 어두워졌습니다. 요한계시록 6장 12절에는 여섯째 인을 떼었을 때 갑자기 해가 어두워지고, 달이 핏빛처럼 변한 것이 기록되어 있습니다. 그런데 본문에서는 해와 달과 별들의 3분의 1이 타격을 받아 어두워졌다고 기록하고 있습니다. 그러니까 요한계시록 6장 12절에서 해와 달이 어두워진 것은 일시적으로 어두워진 것이고, 그것이 다시 회복되었다가 요한계시록 8장에 와서 다시 타격을 입는 것입니다. 또 요한계시록 16장 8절에는 '넷째 대접의 심판'이 있을 때 해가 뜨거워져서 사람들을 태우는 내용이 나옵니다. 그러니까 7년 대환난 기간 중에는 해가 어두워졌다가, 밝아졌다가, 뜨거워졌다가 하면서 사람들에게 계속 고통을 줍니다.

다섯째 나팔의 심판

다섯째 나팔을 불 때의 장면을 보겠습니다.

"다섯째 천사가 나팔을 불매 내가 보니 하늘에서 땅에 떨어진 별 하나가 있는데 그가 무저갱의 열쇠를 받았더라. 그가 무저갱을 여니 그 구멍에서 큰 화덕의 연기 같은 연기가 올라오매 해와 공기가 그 구멍의 연기로 말미암아 어두워지며, 또 황충이 연기 가운데로부터 땅 위에 나오매 그들이 땅에 있는 전갈의 권세와 같은 권세를 받았더라. 그들에게 이르시되 땅의 풀이나 푸른 것이나 각종 수목은 해하지 말고, 오직 이마에 하나님의 인침을 받지 아니한 사람들만 해하라 하시더라. 그러나 그들을 죽이지는 못하게 하시고, 다섯 달 동안 괴롭게만 하게 하시는데, 그 괴롭게 함은 전갈이 사람을 쏠 때에 괴롭게 함과 같더라. 그 날에는 사람들이 죽기를 구하여도 죽지 못하고, 죽고 싶으나 죽음이 그들을 피하리로다. 황충들의 모양은 전쟁을 위하여 준비한 말들 같고, 그 머리에 금 같은 관 비슷한 것을 썼으며, 그 얼굴은 사람의 얼굴 같고, 또 여자의 머리털 같은 머리털이 있고, 그 이빨은 사자의 이빨 같으며, 또 철 호심경 같은 호심경이 있고, 그 날개들의 소리는 병거와 많은 말들이 전쟁터로 달려 들어가는 소리 같으며, 또 전갈과 같은 꼬리와 쏘는 살이 있어 그 꼬리에는 다섯 달 동안 사람들을 해하는 권세가 있더라. 그들에게 왕이 있으니 무저갱의 사자라 히브리어로는 그 이름이 아바돈이요, 헬라어로는 그 이름이 아볼루온이더라"(계 9:1-11).

다섯째 나팔이 울려 퍼졌을 때 갑자기 황충들이 나타났습니다. 표준새번역 성경이나 영어성경에는 '황충'을 '메뚜기'라고 번역해 놓았는데 이것은 우리가 알고 있는 그런 메뚜기가 아닙니다. 7-10절을 보면 황충들의 모양을 설명하고 있는데 이빨이 사자의 이빨과 같고, 전갈과 같은 꼬리에 살, 즉 침이 있다고 말씀하고 있습니다. 이 황충들이 어디에서 왔는지를 알면 황충들의 정체에 대해서 조금 더 자세하게 알 수 있는데 이 황충들은 '무저갱'에서 나왔다고 이야기하고 있습니다. '무저갱'이라는 것은 말 그대로 '바닥이 없는 깊은 구덩이'를 말합니다. 무저갱에 대해서는 누가복음 8장 31절과 유다서 1장 6절을 보면 조금 더 잘 이해할 수 있는데 이곳은 악한 천사들, 타락한 영들을 가두어 두는 감옥과 같은 장소입니다. 그런데 그곳에서 황충들이 나왔다는 것입니다.

누가 이 무저갱의 문을 열었는가 하면 '하늘에서 땅에 떨어진 별 하나가 있는데 그가 열었다'고 했습니다(9:1b-2a). 별을 '그'라고 표현한 것을 보면 이 별은 하늘에 있는 실제적인 별이 아니라 어떤 인격체를 나타내고 있음을 알 수 있습니다. 이 별은 '사탄'을 가리키는 것입니다. 이사야 14장 12절에 보면 사탄을 '계명성', 즉 '새벽별'이라고 표현하고 있습니다.

또 황충들의 대장이 있다고 했는데 그 이름이 히브리어로는 '아바돈', 헬라어로는 '아볼루온'입니다. 이 두 말의 의미는 동일한데 '파괴자'라는 뜻입니다. 사탄은 파괴자입니다. 사탄은 사람들의 육체를 파괴합니다. 사람들의 인격을 파괴하고, 정신을 파괴하고, 영혼을 파괴하고, 사람들의 삶 자체를 파괴하는 것이 사탄이 하는 일입니다. 사탄이 바로 황충들의 대장입니다. 황충들이 5개월 동안 사람들을 괴롭힙니다. 전갈과 같이 쏘면서 사람들을 괴롭힐 때 그 괴로움이 너무나 커서 죽고 싶은데 죽지 못하고 죽음이 그들을 피한다고 했습니다.

9장 5-6절을 다시 보겠습니다.

"그러나 그들을 죽이지는 못하게 하시고, 다섯 달 동안 괴롭게만 하게 하시는데 그 괴롭게 함은 전갈이 사람을 쏠 때에 괴롭게 함과 같더라. 그 날에는 사람들이 죽기를 구하여도 죽지 못하고, 죽고 싶으나 죽음이 그들을 피하리로다"(계 9:5-6).

사람이 죽고 싶어도 죽을 수 없다면 그 고통이 얼마나 크겠습니까. 고통 중에서 가장 큰 고통이 아니겠습니까. 그런데 적어도 5개월 동안은 사람들이 황충에 쏘이며 죽고 싶어도 죽지 못하는 고통을 당해야 하는 것입니다.

여섯째 나팔의 심판

여섯째 나팔을 보겠습니다.

"여섯째 천사가 나팔을 불매 내가 들으니 하나님 앞 금 제단 네 뿔에서 한 음성이 나서 나팔 가진 여섯째 천사에게 말하기를 큰 강 유브라데에 결박한 네 천사를 놓아 주라 하매 네 천사가 놓였으니 그들은 그 년 월 일 시에 이르러 사람 삼분의 일을 죽이기로 준비된 자들이더라. 마병대의 수는 이만 만이니 내가 그들의 수를 들었노라. 이 같은 환상 가운데 그 말들과 그 위에 탄 자들을 보니 불빛과 자줏빛과 유황빛 호심경이 있고, 또 말들의 머리는 사자 머리 같고, 그 입에서는 불과 연기와 유황이 나오더라. 이 세 재앙 곧 자기들의 입에서 나오는 불과 연기와 유황으로 말미암아 사람 삼분의 일이 죽임을 당하니라. 이 말들의 힘은 입과 꼬리에 있으니 꼬리는 뱀 같고 또 꼬리에 머리가 있어 이것으로 해하더라"(계 9:13-19).

여섯째 나팔이 울려 퍼졌을 때 마병대가 나타났는데 그 수가 '이만

만' 이었습니다. '이만 만'은 '2억'을 나타냅니다. 그런데 여기 나오는 말들은 우리가 알고 있는 그런 말들이 아닙니다. 말들의 모습을 보면 머리가 사자머리처럼 생겼고, 그 입에서는 불과 연기와 유황이 나오며, 꼬리는 뱀 같고, 꼬리에는 머리가 있어서 그 머리로 사람들을 해한다고 했습니다. 그러므로 여기 나오는 2억의 군대는 사람들로 구성된 군대가 아니라 사탄이 부리는 지옥의 군대입니다. 이 군대가 돌아다니면서 사람들을 죽이는데 세계 인구의 3분의 1이 죽임을 당하게 됩니다.

"이 세 재앙, 곧 자기들의 입에서 나오는 불과 연기와 유황으로 말미암아 사람 삼분의 일이 죽임을 당하니라"(계 9:18).

요한계시록 6장 8절에서 '넷째 인'이 떼어졌을 때 사람들 4분의 1이 죽었다고 했습니다. 전체 인구를 4로 잡았을 때 4분의 1이 죽으면 3이 남습니다. 거기서 다시 3분의 1이 죽으면 2가 남습니다. 그러니까 이 시점에서 세계 인구는 7년 대환난이 시작됐을 때의 절반으로 줄어들게 됩니다. 7년 대환난 기간은 정말 피비린내 나는 비극의 기간인 것을 알 수 있습니다.

회개하지 않는 자들

그런데도 사람들은 회개를 안 합니다. 9장 20-21절입니다.

"이 재앙에 죽지 않고 남은 사람들은 손으로 행한 일을 회개하지 아니하고 오히려 여러 귀신과 또는 보거나 듣거나 다니거나 하지 못하는 금, 은, 동과 목석의 우상에게 절하고 또 그 살인과 복술과 음행과 도둑질을 회개하지 아니하더라"(계 9:20-21).

사람들이 정말 악합니다. 하나님께서 이렇게 벌을 주시는데도 회개하지 않습니다. 오히려 마음이 더 강퍅해져서 악한 짓을 더 많이 하는 것을 볼 수 있습니다. 이런 것을 보면 사람이 회개할 줄 아는 것도 하나님의 은혜입니다. 하나님께서 은혜를 베풀어 주셔야 회개할 수 있는 것입니다.

그런데 이 사람들의 악행을 보면 오늘날 사람들이 행하는 악행과 너무도 비슷한 것을 볼 수 있습니다. 이 사람들은 귀신을 숭배했다고 이야기하고 있습니다. 오늘날에도 귀신을 숭배하는 사람들이 있습니다. 무당들, 신 내림 받은 사람들이 바로 그런 사람들입니다. 또 사탄을 숭배하는 사람들도 있고, 사탄교회도 있습니다. 우리나라는 모르겠지만 미국에는 실제로 사탄을 숭배하는 사람들의 모임이 있어서 사탄에게 제사와 예배를 드리고 있습니다. 하나님 보시기에 매우 악한 짓이지요.

또 '복술'이라는 말이 나오는데 이것은 점치는 것을 말합니다. 오늘날 우리나라에도 점치는 사람들이 굉장히 많습니다. 이것도 하나님께서 아주 미워하시는 것입니다. 점이 용케 맞는다고 해서 점 보러 다니면 절대로 안 됩니다. 점이 맞을 수도 있습니다. 마귀가 우리보다 능력이 있으니까요. 그러나 하나님께서는 그런 행위를 정말 미워하신다는 것을 알아야 합니다. 이 외에도 살인, 음행, 도둑질이 나오는데 오늘날 사람들이 행하는 악행도 결국 이런 것들입니다.

이렇게 세상이 점점 더 악해져가는 것은 주님께서 오실 날이 멀지 않았고, 7년 대환난이 시작될 날이 멀지 않았다는 것을 말해주는 것입니다. 또한 지구에 이상기온현상이 있고 환경이 오염되면서 자연계와 생태계가 파괴되는 것도 세상 끝이 멀지 않았음을 보여주는 징조입니다.

때가 가까움

사랑하는 성도 여러분!

하나님께서 요한을 통하여 요한계시록을 기록하게 하신 것에는 목적이 있습니다. 우리들을 겁주거나 우리들의 궁금증을 해소하기 위해서가 아니라 우리들의 삶에 실제적으로 도움을 주기 위해 기록하셨습니다. 요한계시록 1장 3절은 이렇게 말씀하고 있습니다.

"이 예언의 말씀을 읽는 자와 듣는 자와 그 가운데에 기록한 것을 지키는 자는 복이 있나니 때가 가까움이라"(계 1:3).

그러면 이제 우리가 해야 할 일이 무엇이겠습니까?

주님께서 오실 날을 바라보면서, 이 땅에 임할 재앙들을 생각하면서 믿지 않는 사람들에게 복음을 전해야 하는 것입니다. 그리고 주님 보시기에 너 합당한 삶을 살아야 하는 것입니다.

지금 당신의 삶은 어떻습니까?

믿지 않는 사람들에게 복음을 전하고 계십니까? 하나님 보시기에 합당한 삶을 살고 계십니까? 만약 지금까지 그런 삶을 살지 못했다면 지금이 어느 때인가를 깊이 깨달으면서 주님 앞에 회개하고 바로 서 믿지 않는 가족들과 이웃들에게 복음을 전할 수 있어야겠습니다.

아직 예수님을 믿지 않고 계십니까? 본문의 이야기는 실제로 일어날 일들이라는 것을 기억하시기 바랍니다. 믿을 것인가, 말 것인가 그것은 당신이 결정할 문제이지만 지금까지 성경에 기록된 모든 내용이 다 이루어진 것을 볼 때 이 말씀도 머지않아 이루어질 것을 알아야 합니다. 비극의 날이 이르기 전에 예수님을 영접하시기 바랍니다.

14

힘센 천사와 두 증인

(계 10:1–11:14)

계 10:1 - 11:14

10장 1 내가 또 보니 힘 센 다른 천사가 구름을 입고 하늘에서 내려오는데 그 머리 위에 무지개가 있고 그 얼굴은 해 같고 그 발은 불기둥 같으며 2 그 손에는 펴 놓인 작은 두루마리를 들고 그 오른 발은 바다를 밟고 왼 발은 땅을 밟고 3 사자가 부르짖는 것 같이 큰 소리로 외치니 그가 외칠 때에 일곱 우레가 그 소리를 내어 말하더라 4 일곱 우레가 말을 할 때에 내가 기록하려고 하다가 곧 들으니 하늘에서 소리가 나서 말하기를 일곱 우레가 말한 것을 인봉하고 기록하지 말라 하더라 5 내가 본 바 바다와 땅을 밟고 서 있는 천사가 하늘을 향하여 오른손을 들고 6 세세토록 살아 계신 이 곧 하늘과 그 가운데에 있는 물건이며 땅과 그 가운데에 있는 물건이며 바다와 그 가운데에 있는 물건을 창조하신 이를 가리켜 맹세하여 이르되 지체하지 아니하리니 7 일곱째 천사가 소리 내는 날 그의 나팔을 불려고 할 때에 하나님이 그의 종 선지자들에게 전하신 복음과 같이 하나님의 그 비밀이 이루어지리라 하더라 8 하늘에서 나서 내게 들리던 음성이 또 내게 말하여 이르되 네가 가서 바다와 땅을 밟고 서 있는 천사의 손에 펴 놓인 두루마리를 가지라 하기로 9 내가 천사에게 나아가 작은 두루마리를 달라 한즉 천사가 이르되 갖다 먹어 버리라 네 배에는 쓰나 네 입에는 꿀 같이 달리라 하거늘 10 내가 천사의 손에서 작은 두루마리를 갖다 먹어 버리니 내 입에는 꿀 같이 다나 먹은 후에 내 배에서는 쓰게 되더라 11 그가 내게 말하기를 네가 많은 백성과 나라와 방언과 임금에게 다시 예언하여야 하리라 하더라

11장 1 또 내게 지팡이 같은 갈대를 주며 말하기를 일어나서 하나님의 성전과 제단과 그 안에서 경배하는 자들을 측량하되 2 성전 바깥 마당은 측량하지 말고 그냥 두라 이것은 이방인에게 주었은즉 그들이 거룩한 성을 마흔두 달 동안 짓밟으리라 3 내가 나의 두 증인에게 권세를 주리니 그들이 굵은 베옷을 입고 천이백육십 일을 예언하리라 4 그들은 이 땅의 주 앞에 서 있는 두 감람나무와 두 촛대니 5 만일 누구든지 그들을 해하고자 하면 그들의 입에서 불이 나와서 그들의 원수를 삼켜 버릴 것이요 누구든지 그들을 해하고자 하면 반드시 그와 같이 죽임을 당하리라 6 그들이 권능을 가지고 하늘을 닫아 그 예언을 하는 날 동안 비가 오지 못하게 하고 또 권능을 가지고 물을 피로 변하게 하고 아무 때든지 원하는 대로 여러 가지 재앙으로 땅을 치리로다 7 그들이 그 증언을 마칠 때에 무저갱으로부터 올라오는 짐승이 그들과 더불어 전쟁을 일으켜 그들을 이기고 그들을 죽일 터인즉 8 그들의 시체가 큰 성 길에 있으리니 그 성은 영적으로 하면 소돔이라고도 하고 애굽이라고도 하니 곧 그들의 주께서 십자가에 못 박히신 곳이라 9 백성들과 족속과 방언과 나라 중에서 사람들이 그 시체를

사흘 반 동안을 보며 무덤에 장사하지 못하게 하리로다 10 이 두 선지자가 땅에 사는 자들을 괴롭게 한 고로 땅에 사는 자들이 그들의 죽음을 즐거워하고 기뻐하여 서로 예물을 보내리라 하더라 11 삼 일 반 후에 하나님께로부터 생기가 그들 속에 들어가매 그들이 발로 일어서니 구경하는 자들이 크게 두려워하더라 12 하늘로부터 큰 음성이 있어 이리로 올라오라 함을 그들이 듣고 구름을 타고 하늘로 올라가니 그들의 원수들도 구경하더라 13 그 때에 큰 지진이 나서 성 십분의 일이 무너지고 지진에 죽은 사람이 칠천이라 그 남은 자들이 두려워하여 영광을 하늘의 하나님께 돌리더라 14 둘째 화는 지나갔으나 보라 셋째 화가 속히 이르는도다

요한계시록은 요한이 밧모 섬에서 하나님께서 보여주신 환상을 보고 기록한 말씀입니다. 요한계시록의 주 내용은 장차 있게 될 일들에 대한 예언의 말씀입니다. 여기에는 '7년 대환난', '예수님의 지상재림', '천년왕국' 그리고 '새 하늘과 새 땅'에 대한 말씀들이 포함됩니다. 분량 면에서 보면 '7년 대환난'에 대한 내용이 요한계시록 6장부터 18장까지 계속 되고 있어 제일 많습니다. 그 내용은 이 땅위에 쏟아질 재앙뿐 아니라 7년 대환난 기간 중에 있을 여러 가지 일들도 소개해 주고 있습니다. 그 중 하나가 7장에서 살펴본 '십사만 사천 명' 이야기, 그리고 본문에서 살펴볼 '힘 센 천사'와 '두 증인' 이야기입니다.

힘 센 천사

그러면 먼저 '힘센 천사'에 대한 말씀부터 살펴보도록 하겠습니다.

"내가 또 보니 힘 센 다른 천사가 구름을 입고 하늘에서 내려오는데 그 머리 위에 무지개가 있고, 그 얼굴은 해 같고, 그 발은 불기둥

같으며, 그 손에는 펴 놓인 작은 두루마리를 들고, 그 오른 발은 바다를 밟고, 왼 발은 땅을 밟고, 사자가 부르짖는 것 같이 큰 소리로 외치니 그가 외칠 때에 일곱 우레가 그 소리를 내어 말하더라"(계 10:1-3).

요한이 환상 중에 힘 센 천사를 보았습니다. 그런데 이 천사에 대한 설명을 보면 천사에 대한 설명 같지가 않고, 하나님이나 예수님에 대한 설명 같습니다. 이 천사가 구름을 입고 하늘에서 내려오는데 그 머리에는 무지개가 있고, 그 얼굴은 해 같다고 했습니다. 그리고 발은 불기둥 같고, 오른발은 바다를 밟고 왼발은 땅을 밟고 서 있으며, 소리를 내는데 그 소리가 사자가 부르짖는 소리 같다고 했습니다. 이런 설명들은 천사에게 어울리는 것이 아니라 하나님이나 예수님에게 어울리는 것입니다. 그래서 이 천사가 예수님일 것이라고 생각하는 분들도 있습니다. 그러나 성경이 천사라고 한 것을 굳이 예수님으로 이해하는 것은 조금 무리가 있다는 생각이 듭니다. 왜냐하면 신약성경에서는 '천사' 라고 하면 보통 '천사' 를 이야기하는 것이기 때문에 그렇습니다. 그러나 구약성경에서는 간혹 '하나님' 께서 '천사' 로 나타나신 경우가 있습니다. 그러므로 여기 나온 천사는 예수님 아니면 예수님의 능력과 영광을 대신 나타내 보이는 천사라고 생각됩니다.

4절을 계속 보겠습니다.

"일곱 우레가 말을 할 때에 내가 기록하려고 하다가 곧 들으니 하늘에서 소리가 나서 말하기를 일곱 우레가 말한 것을 인봉하고 기록하지 말라 하더라"(계 10:4).

천사가 큰 소리로 외칠 때에 일곱 우레가 소리 내어 말하기 시작했습니다. 그래서 요한이 그 말하는 것을 받아 적으려고 하니까 하늘에서 나는 소리가 '인봉하고 기록하지 말라' 는 것입니다. 왜 기록하지 말라고 했는지 그 이유는 알 수 없습니다. 그러나 하나님의 계시 중에는 이렇게 끝까지 봉인된 것도 있을 수 있습니다. 고린도후서 12장에 보면 사도 바울이 셋째 하늘에 올라간 경험을 이야기하는 것이 나와 있습니다. 그 때 사도 바울이 셋째 하늘, 즉 낙원에 가서 말로 표현할 수 없는 귀한 일들을 경험했습니다. 그런데 그것을 성경에 기록하지 않고 그냥 침묵합니다. 지금 요한이 비슷한 경험을 하고 있는 것입니다.

지체하지 아니하리니

5-7절을 보겠습니다.

"내가 본 바 바다와 땅을 밟고 서 있는 천사가 하늘을 향하여 오른손을 들고 세세토록 살아 계신 이 곧 하늘과 그 가운데에 있는 물건이며 땅과 그 가운데에 있는 물건이며 바다와 그 가운데에 있는 물건을 창조하신 이를 가리켜 맹세하여 이르되 지체하지 아니하리니 일곱째 천사가 소리 내는 날 그의 나팔을 불려고 할 때에 하나님이 그의 종 선지자들에게 전하신 복음과 같이 하나님의 그 비밀이 이루어지리라 하더라"(계 10:5-7).

천사가 하나님의 이름으로 맹세하면서 '지체하지 아니하리라' 고 말씀합니다. 무엇을 지체하지 않겠다는 말씀일까요? 하나님께서 예정하신 심판, 이 땅을 향해서 가지고 있는 계획들 실행하시는 것을 지체하지 않겠다는 말씀입니다. 이것은 오늘날에도 마찬가지입니다. 하나님께서는 이 땅을 향해서, 사람들을 향해서 계획을 가지고 계십니다. 그런데 하나님은 그 계획들을 실행하시는 것을 절대로 지체하는 분이 아니십니다. 베드로후서 3장 8-10절에 그런 말씀이 있습니다.

"사랑하는 자들아 주께는 하루가 천 년 같고, 천 년이 하루 같다는 이 한 가지를 잊지 말라. 주의 약속은 어떤 이들이 더디다고 생각하는 것 같이 더딘 것이 아니라 오직 주께서는 너희를 대하여 오래 참으사 아무도 멸망하지 아니하고 다 회개하기에 이르기를 원하시느니라. 그러나 주의 날이 도둑 같이 오리니, 그 날에는 하늘이 큰 소리로 떠나가고, 물질이 뜨거운 불에 풀어지고, 땅과 그 중에 있는 모든 일이 드러나리로다"(벧후 3:8-10).

하나님께서는 잠시 기다리고는 계시지만 결코 지체하시는 분이 아닙니다. 언젠가는 이 모든 말씀이 다 이루어질 것입니다. 그러므로 구원받아야 할 사람들은 꾸물대지 말고 하나님께서 기회를 주실 때 빨리 구원받아야 하는 것입니다.

본문 10장 7절에는 일곱째 나팔이 울려 퍼지면 '하나님의 그 비밀이 이루어질 것'이라고 말씀하고 있습니다. 여기서 말하는 '비밀'은 예수 그리스도께서 악의 권세를 누르고 하나님의 왕국을 이 땅 위에 건설하는 것을 말합니다. 일곱째 나팔이 울려 퍼질 때 하는 말을 들어보면 그 내용을 알 수 있습니다.

"일곱째 천사가 나팔을 불매 하늘에 큰 음성들이 나서 이르되 세상 나라가 우리 주와 그의 그리스도의 나라가 되어 그가 세세토록 왕 노릇하시리로다 하니"(계 11:15).

이 말씀도 언젠가는 이루어질 것입니다. 그런데 일곱째 나팔이 언제 울려 퍼질지 그것은 알 수 없습니다. 하지만 머지 않아 이 말씀들이 다 이루어져서 예수님께서는 이 땅 위에 재림하시고, 이 땅 위에는 하나님의 나라가 실제적으로 건설될 것입니다.

두루마리를 가지라

8-10절을 계속 보겠습니다.

"하늘에서 나서 내게 들리던 음성이 또 내게 말하여 이르되 네가 가서 바다와 땅을 밟고 서 있는 천사의 손에 펴 놓인 두루마리를 가지라 하기로 내가 천사에게 나아가 작은 두루마리를 달라 한즉 천사가 이르되 갖다 먹어 버리라 네 배에는 쓰나 네 입에는 꿀 같이 달리라 하거늘 내가 천사의 손에서 작은 두루마리를 갖다 먹어 버리니 내 입에는 꿀 같이 다나 먹은 후에 내 배에서는 쓰게 되더라"(계 10:8-10).

이번에는 하늘의 그 음성이 요한에게 천사의 손에 있는 두루마리를 가지라고 말씀합니다. 그래서 하나님의 말씀에 순종하여 천사에게 가서 그 두루마리를 달라고 하니 천사가 그것을 먹으라고 합니다. 그리고 하는 말이 그것을 먹으면 '네 배에는 쓰나 네 입에는 꿀처럼 달 것'이라고 합니다. 이것이 무슨 말씀일까요? 여기 나오는 '두루마리'는 '하나님의 말씀'을 의미하는 것입니다. 하나님의 말씀은 가지고 있는 것이 아니라 먹어야 한다는 것입니다. 하나님의 말씀을 먹는다는 것은 하나님의 말씀을 소화해서 내 것으로 만드는 것입니다. 그런데 많은 사람들이 하나님의 말씀을 먹을 생각은 하지 않고, 그냥 가지고만 있습니다. 자동차에도 가지고 있고, 책상 위에도 가지고 있고, 먹지를 않습니다. 하나님 말씀은 가지고 있는 것이 아니라 먹어야 하는 것입니다. 그것을 읽고 묵상하고 연구해서 내

것으로 만들어야 하는 것입니다. 여러분이 그렇게 할 수 있기를 바랍니다.

여러분은 '큐티(QT: Quiet Time, 경건의 시간)'를 하고 계십니까? '큐티'가 바로 하나님의 말씀을 먹는 것입니다. 우리는 하나님의 말씀을 이해하기 위해서 읽고, 묵상하고, 공부해야 합니다. 그리고 그렇게 해서 내 것으로 만들고, 내 삶 가운데 실천해야 합니다. 이것이 하나님의 말씀을 먹는 것입니다. 육신의 음식만 먹지 말고 하나님의 말씀을 먹으면서 살아갈 수 있기를 바랍니다. 그렇게 할 때 하나님의 말씀의 맛을 발견하게 될 것이고, 하나님의 말씀을 통해서 여러분의 영적인 삶이 풍성하게 될 것입니다.

예언하여야 하리라

그런데 요한이 하나님의 말씀을 먹었더니 입에서는 단데 뱃속에서는 쓰게 되었다고 말씀합니다. 이것은 요한이 받은 말씀이 심판의 말씀이고 예수님께서 재림하신다는 말씀이기 때문에 그렇습니다. 믿는 자로서는 그러한 소식들이 기쁜 소식입니다. 악한 자들을 심판하시고, 믿는 자들을 그의 나라로 인도해 주실 것이니 얼마나 기쁘고 감사한 소식입니까. 그러니까 달지요. 그런데 또 한 편 생각하면 슬픈 소식이기도 합니다. 믿지 않는 사람들을 한 번 생각해 보십시오. 그들은 이 땅에서 7년 대환난을 통과하며 고통을 당하게 됩니다. 그들 속에 내 가족, 내 친척, 내 친구, 내 이웃이 있을 수 있습니다. 그러니 그런 것을 생각하면 마음이 편할 리 없지요. 그것이 입에서는 단데 뱃속에서는 쓰다는 말씀의 의미입니다. 7년 대환난 기간 중에도 물론 구원받는 사람들이 나오게 되지만 그들 중 대부분은 순교를 당하게 됩니다. 그런 것을 생각하면 너무 마음이 아픕니다. 그래서 우리는 요한계시록을 공부하면서 두 가지를 동시에 생각할 줄 알아야 합니다. 주님께서 다시 오신다는 것과 믿지 않는 자들은 심판을 받게 된다는 것입니다. 그러므로 우리는 복음을 전해야 합니다. 우리들은 공중으로 들림 받아 주님과 함께 있으면 너무나 기쁘고 행복하겠지만 이 땅에 남게 될 우리의 가족들, 이웃들이 있으므로 더 늦기 전에 열심히 복음을 전해야 할 것입니다.

11절 말씀을 보겠습니다.

"그가 내게 말하기를 네가 많은 백성과 나라와 방언과 임금에게 다시 예언하여야 하리라 하더라"(계 10:11).

요한이 말씀을 먹었더니 이제 예언하라고 하십니다. 여기서 '예언하라' 는 것은 하나님의 말씀을 전하라는 것입니다. 하나님의 말씀을 먹었으면 이제 해야 할 일은 하나님의 말씀을 전하는 것입니다. 에스겔 3장 1절에 보면 이런 말씀이 있습니다.

"너는 이 두루마리를 먹고 가서 이스라엘 족속에게 말하라"(겔 3:1).

하나님께서 에스겔 선지자에게 하신 말씀인데 이 말씀은 이 시대의 우리에게 하시는 말씀이기도 합니다.

"너는 이 두루마리를 먹고, 가서, 말하라."

이것이 우리가 해야 할 일입니다. 하나님의 말씀을 우리가 먼저 먹고, 그리고는 가서 다른 사람들에게 전해야 합니다. 이것이 하나님께서 우리들을 이 땅 위에 남겨두신 목적입니다. 믿지 않는 사람들에게 늘 복음을 전하며 살아갑시다.

하나님의 성전과 제단을 측량하라

이제 '두 증인'에 내해서 살펴보도록 하겠습니다.

11장 1-2절입니다.

"또 내게 지팡이 같은 갈대를 주며 말하기를 일어나서 하나님의 성전과 제단과 그 안에서 경배하는 자들을 측량하되 성전 바깥 마당은 측량하지 말고 그냥 두라. 이것은 이방인에게 주었은즉 그들이 거룩한 성을 마흔두 달 동안 짓밟으리라"(계 11:1-2).

이 말씀에 성전이 나오는데 지금 이스라엘에는 성전이 없습니다. 지금은 성전이 있어야 할 그 자리에 황금 지붕의 이슬람 모스크가 있습니다. 그 모습을 사진으로 보신 적이 있으실 것입니다. 여기 나오는 성전은 7년 대환난 기간 중에 이스라엘의 예루살렘에 있는 성전을 이야기하는 것입니다. 하나님께서 그 성전을 측량하라고 말씀하십니다. 이것은 성전과 예루살렘에 대한 하나님의 소유와 관심을 나타내는 것인데 성전의 바깥뜰은 측량하지 말라고 하셨습니다. 그 이유는 그것을 이방인들에게 주었고, 이방인들은 마흔두 달 동안 거룩한 성을 짓밟을 것이기 때문이라고 말씀하고 있습니다. 마흔두 달은 삼 년 반인데 이것은 7년 대환난 기간의 후반 삼 년 반을 이야기하는 것입니다.

적그리스도는 7년 대환난이 시작되면서부터 나타나 이스라엘과 평화조약을 맺고 성전에서 제사도 드리고, 예물도 드리게 해줍니다. 그러다가 7년 대환난 중간에 그 약속을 깨뜨리고 성전에 자기의 동상을 세워놓고 사람들로 하여금 자기를 경배하도록 만듭니다. 그리고 경배하지 않으면 가차 없이 죽입니다. 그 말씀이 종말론 이해에 있어서 대단히 중요한 다니엘서 9장 27절에 나와 있습니다.

"그가 장차 많은 사람들과 더불어 한 이레 동안의 언약을 굳게 맺고, 그가 그 이레의 절반에 제사와 예물을 금지할 것이며, 또 포악하여 가증한 것이 날개를 의지하여 설 것이며, 또 이미 정한 종말까지 진노가 황폐하게 하는 자에게 쏟아지리라 하였느니라 하니라"(다니엘 9:27).

여기서 말하는 '그' 는 '적그리스도' 이고, '한 이레' 는 '7년' 을 이야기하는 것입니다. 그는 7년 대환난 중간에 이스라엘 사람들과 맺었던 언약을 깨뜨리고 자기 마음대로 하면서 그 성과 이스라엘 사람들을 짓밟기 시작합니다. 그것이 본문 11장 1-2절에 나오는 '마흔두 달 동안 짓밟겠다' 는 말씀입니다.

두 증인에게 권세를 주리니

11장 3-6절을 계속 보겠습니다.

"내가 나의 두 증인에게 권세를 주리니 그들이 굵은 베옷을 입고 천이백육십 일을 예언하리라. 그들은 이 땅의 주 앞에 서 있는 두 감람나무와 두 촛대니, 만일 누구든지 그들을 해하고자 하면 그들의 입에서 불이 나와서 그들의 원수를 삼켜 버릴 것이요, 누구든지 그들을 해하고자 하면 반드시 그와 같이 죽임을 당하리라. 그들이 권능을 가지고 하늘을 닫아 그 예언을 하는 날 동안 비가 오지 못하게 하고, 또 권능을 가지고 물을 피로 변하게 하고, 아무 때든지 원하는 대로 여러 가지 재앙으로 땅을 치리로다"(계 11:3-6).

이번에는 하나님께서 두 증인을 세우실 것에 대해서 말씀하고 있습니다. 여기 나오는 두 증인은 7년 대환난 기간 중에 하나님께서 특별하게 사용하실 하나님의 종으로 이들을 '두 감람나무', '두 촛대'라고 일컫고 있습니다. 예전에 우리나라에 자기가 '동방의 감람나무'라고 하면서 사람들을 유혹한 이들이 있었는데 그들은 다 가짜입니다. 여기에 나오는 '두 감람나무'는 스가랴서 4장에서 유래된 것으로 '하나님의 특별한 종'이라는 의미입니다.

"그 등잔대 곁에 두 감람나무가 있는데 하나는 그 기름 그릇 오른쪽에 있고, 하나는 그 왼쪽에 있나이다 하고 내게 말하는 천사에게 물어 이르되 내 주여 이것들이 무엇이니이까 하니"(슥 4:3-4).

"이르되 이는 기름 부음 받은 자 둘이니, 온 세상의 주 앞에 서 있는 자니라 하더라"(슥 4:14).

'두 감람나무'는 '하나님의 기름 부은 자', '하나님께서 특별하게 사용하실 두 사람'을 이야기하는 것입니다. 스가랴서에서 말하는 '두 감람나무'는 '대제사장 여호수아와 스룹바벨'을 이야기하는 것이고, 요한계시록의 '두 감람나무'는 '7년 대환난 기간 중에 하나님에 의해서 특별하게 쓰임 받게 될 두 사람'을 이야기하는 것입니다.

그런데 이 두 사람이 천이백육십 일 동안 예언할 것이라고 말씀합니다. 천이백육십 일은 계산해 보면 삼 년 반 정도가 됩니다. 이 삼 년 반은 7년 대환난 기간의 전반 삼년 반입니다. 하나님께서는 이 기간 동안 이 두 사람에게 큰 권능을 주어서 놀라운 사역을 하게 하실 것입니다(5-6절). 누구든지 이 사람들을 해하고자 하면 그 입에서 불이 나와 그 원수들을 살라버립니다. '입에서 불이 나온다'는 것은 실제로 입에서 불이 나오는 것이 아니라 말씀으로 하늘에서 불을 내려 원수들을 멸하는 것을 이야기하는 것입니다. 이 두 사람에게는 비가 오지 못하게 하는 권능, 물을 피로 바꿀 수 있는 권능, 여러 가지 재앙으로 땅을 치는 권능들이 있습니다. 이들을 보면 구약성경에서 권능을 행했던 엘리야와 모세가 생각납니다. 그래서 어떤 분들은 요한계시록 11장에 나오는 이 두 증인을 모세와 엘리야로 보면서 그들이 다시 이 땅에 내려와 사역을 하는 것이 아닌가 생각하는데 제가 볼 때는 그것이 아니고, 이 두 사람은 7년 대환난이 시작되자마자 구원받아 하나님에 의해서 놀라운 권능을 받고 쓰임 받게될 사람들입니다. 모세와 엘리야 같은 역할을 7년 대환난 기간 중에 하게 되는 것이지요. 그러므로 7년 대환난 기간 중에 하나님의 일을 하게 될 십사만 사천 명도 이들로부터 많은 도움과 격려를 받지 않을까 생각합니다.

죽임 당한 두 증인

그런데 이 두 사람이 결국 죽임을 당합니다. 11장 7-10절 말씀을 보겠습니다.

"그들이 그 증언을 마칠 때에 무저갱으로부터 올라오는 짐승이 그들과 더불어 전쟁을 일으켜 그들을 이기고 그들을 죽일 터인즉 그들의 시체가 큰 성 길에 있으리니 그 성은 영적으로 하면 소돔이라고도 하고 애굽이라고도 하니 곧 그들의 주께서 십자가에 못 박히신 곳이라. 백성들과 족속과 방언과 나라 중에서 사람들이 그 시체를 사흘 반 동안을 보며 무덤에 장사하지 못하게 하리로다. 이 두 선지자가 땅에 사는 자들을 괴롭게 한 고로 땅에 사는 자들이 그들의 죽음을 즐거워하고 기뻐하여 서로 예물을 보내리라 하더라"(계 11:7-10).

이 두 사람이 무저갱으로부터 올라오는 짐승에 의해서 죽임을 당했습니다. 여기 나오는 '짐승'은 '적그리스도'를 이야기하는 것입니다. 적그리스도에 대해서는 요한계시록 13장에서 자세하게 보도록 하겠습니다. 이 짐승, 적그리스도가 무저갱으로부터 올라왔다고 했는데 이것은 적그리스도가 사탄에 의해서 쓰임 받을 사람이라는 것을 상징적으로 표현하는 것입니다.

이 두 사람은 죽임을 당한 후 삼 일 반 동안 큰 성 길에 방치되었습니다. 큰 성은 예루살렘 성을 말하는 것으로 8절 끝부분에 보면 '그들의 주께서 십자가에 못 박히신 곳'이라고 정확히 설명되어져 있습니다. 예루살렘 성에서 이들이 활동하다가 결국 죽임을 당하고, 그 시체가 그대로 방치된 것입니다. 그 예루살렘 성에 대해서는 8절에 '영적으로 소돔이라고도 하고 애굽이라고도 한다'는 설명을 하고 있습니다. 소돔이 어떤 곳입니까? '소돔' 하면 생각나는 것이 '죄악'이고, '애굽' 하면 생각나는 것이 '속박'입니다. 그런데 거룩한 예루살렘을 이렇게 죄악과 속박으로 나타내고 있습니다. 이것은 예루살렘 성이 이미 적그리스도에 의해 짓밟혀 죄악의 도시, 속박의 도시가 되어버렸음을 말하는 것입니다.

이제 두 증인이 죽자 적그리스도의 사람들은 기뻐하면서 좋아합니다. 늘 자기들에게 회개하라고 촉구하던 사람들이 죽어버렸으니 좋아하는 것이지요. 그래서 자기들끼리 선물도 주고받습니다. 7년 대환난 기간에도 이렇게 크리스마스 비슷한 날이 생깁니다. 그런데 그들이 기뻐하는 것이 그렇게 오래가지 않습니다. 삼 일 반 뒤에 놀라운 일이 일어나기 때문입니다.

다시 살아난 두 증인과 큰 지진
11장 11-13절을 계속 보겠습니다.

"삼 일 반 후에 하나님께로부터 생기가 그들 속에 들어가매 그들이 발로 일어서니 구경하는 자들이 크게 두려워하더라. 하늘로부터 큰 음성이 있어 이리로 올라오라 함을 그들이 듣고 구름을 타고 하늘로 올라가니 그들의 원수들도 구경하더라. 그 때에 큰 지진이 나서 성 십분의 일이 무너지고 지진에 죽은 사람이 칠천이라. 그 남은 자들이 두려워하여 영광을 하늘의 하나님께 돌리더라"(계 11:11-13).

삼 일 반 뒤에 하나님께서 이 사람들에게 생기를 불어넣어 주시니 다시 살아나 두 발로 벌떡 일어났습니다. 이미 죽어 부패한 줄 알았는데 놀라운 기적이 일어난 것입니다. 그리고 구름을 타고 하늘로 올라갔습니다. 적그리스도의 사람들이 그 광경을 구경했고, 그 때 큰 지진이 일어나서 성의 10분의 1이 파괴되고, 7천명의 사람들이 죽임을 당했습니다. 그 남은 자들은 두려워하여 하늘의 하나님께 영광을 돌렸습니다. 여기 '남은 자들'은 구원받은 자들을 일컫는 것입니다. 이 두 사람의 사역을 통해서 또는 십사만 사천 명의 사역을 통해서 구원받은 사람들이 그 광경을 보고 "아, 우리 하나님은 과연 살아계시는 분이구나!" 하면서 하나님께 영광을 돌리는 것입니다.

지금까지 살펴본 내용은 7년 대환난 기간 중에 있게 될 일입니다. 문제는 그 날이 언제일까 하는 것인데 그것은 아무도 모릅니다. 한 가지 확실한 것은 본문 10장 6절에서 "지체하지 않겠다"고 하셨으니 하나님께서는 지체하지 아니하시고, 지금도 하나님의 계획대로 모든 일들을 진행하고 계신다는 것입니다.

여러분은 어떻습니까? 여러분은 구원 받으셨습니까?

아직 구원받지 못하셨다면 얼른 구원받으셔야 합니다. 사람은 죽음으로 모든 것이 끝나는 것이 아니라 하나님 앞에 반드시 서게 되어 있습니다. 그리고 천국과 지옥은 분명히 존재합니다. 사람은 구원 받아야 천국에 갈 수 있고, 주님과 함께 영원히 살 수 있습니다.

이미 구원 받으셨다면 믿지 않는 가족들에게 복음을 전하여 주님 앞으로 인도할 수 있기를 바랍니다.

15

용과 여자

(계 11:15-12:17)

계 11:15-12:17

15 일곱째 천사가 나팔을 불매 하늘에 큰 음성들이 나서 이르되 세상 나라가 우리 주와 그의 그리스도의 나라가 되어 그가 세세토록 왕 노릇 하시리로다 하니 16 하나님 앞에서 자기 보좌에 앉아 있던 이십사 장로가 엎드려 얼굴을 땅에 대고 하나님께 경배하여 17 이르되 감사하옵나니 옛적에도 계셨고 지금도 계신 주 하나님 곧 전능하신 이여 친히 큰 권능을 잡으시고 왕 노릇 하시도다 18 이방들이 분노하매 주의 진노가 내려 죽은 자를 심판하시며 종 선지자들과 성도들과 또 작은 자든지 큰 자든지 주의 이름을 경외하는 자들에게 상 주시며 또 땅을 망하게 하는 자들을 멸망시키실 때로소이다 하더라 19 이에 하늘에 있는 하나님의 성전이 열리니 성전 안에 하나님의 언약 궤가 보이며 또 번개와 음성들과 우레와 지진과 큰 우박이 있더라

12장 1 하늘에 큰 이적이 보이니 해를 옷 입은 한 여자가 있는데 그 발 아래에는 달이 있고 그 머리에는 열두 별의 관을 썼더라 2 이 여자가 아이를 배어 해산하게 되매 아파서 애를 쓰며 부르짖더라 3 하늘에 또 다른 이적이 보이니 보라 한 큰 붉은 용이 있어 머리가 일곱이요 뿔이 열이라 그 여러 머리에 일곱 왕관이 있는데 4 그 꼬리가 하늘의 별 삼분의 일을 끌어다가 땅에 던지더라 용이 해산하려는 여자 앞에서 그가 해산하면 그 아이를 삼키고자 하더니 5 여자가 아들을 낳으니 이는 장차 철장으로 만국을 다스릴 남자라 그 아이를 하나님 앞과 그 보좌 앞으로 올려가더라 6 그 여자가 광야로 도망하매 거기서 천이백육십 일 동안 그를 양육하기 위하여 하나님께서 예비하신 곳이 있더라 7 하늘에 전쟁이 있으니 미가엘과 그의 사자들이 용과 더불어 싸울새 용과 그의 사자들도 싸우나 8 이기지 못하여 다시 하늘에서 그들이 있을 곳을 얻지 못한지라 9 큰 용이 내쫓기니 옛 뱀 곧 마귀라고도 하고 사탄이라고도 하며 온 천하를 꾀는 자라 그가 땅으로 내쫓기니 그의 사자들도 그와 함께 내쫓기니라 10 내가 또 들으니 하늘에 큰 음성이 있어 이르되 이제 우리 하나님의 구원과 능력과 나라와 또 그의 그리스도의 권세가 나타났으니 우리 형제들을 참소하던 자 곧 우리 하나님 앞에서 밤낮 참소하던 자가 쫓겨났고 11 또 우리 형제들이 어린 양의 피와 자기들이 증언하는 말씀으로써 그를 이겼으니 그들은 죽기까지 자기들의 생명을 아끼지 아니하였도다 12 그러므로 하늘과 그 가운데에 거하는 자들은 즐거워하라 그러나 땅과 바다는 화 있을진저 이는 마귀가 자기의 때가 얼마 남지 않은 줄을 알므로 크게 분내어 너희에게 내려갔음이라 하더라 13 용이 자기가 땅으로 내쫓긴 것을 보고 남자를 낳은 여자를 박해하는지라 14 그 여자가 큰 독수리의 두 날개를 받아 광야 자기 곳으로 날아가 거기서 그 뱀의 낯을 피하여 한 때와 두 때와 반 때를 양육받으매 15 여자의 뒤

에서 뱀이 그 입으로 물을 강 같이 토하여 여자를 물에 떠내려 가게 하려 하되 16 땅이 여자를 도와 그 입을 벌려 용의 입에서 토한 강물을 삼키니 17 용이 여자에게 분노하여 돌아가서 그 여자의 남은 자손 곧 하나님의 계명을 지키며 예수의 증거를 가진 자들과 더불어 싸우려고 바다 모래 위에 서 있더라

일곱째 나팔의 심판

본문은 '일곱째 나팔'과 7년 대환난 기간 중에 있게 될 어떤 전쟁에 대해서 기록하고 있는 말씀입니다. 일곱째 나팔이 울려 퍼지기 전까지 세상 인구의 절반가량이 죽임을 당하게 됩니다(계 6:8, 9:18). 그리고 이제 드디어 일곱째 나팔이 울려 퍼집니다. 그 때 어떤 일이 일어나는가 하면 하나님의 재앙이 쏟아지는 것이 아니라 하나님 나라의 도래를 알리는 큰 음성이 들려왔습니다.

"세상 나라가 우리 주와 그의 그리스도의 나라가 되어 그가 세세토록 왕 노릇 하시리로다"(계 11:15).

하나님의 나라가 이 땅위에 설 것을 예고하는 음성이 들려온 것입니다. 여기서 말씀하는 '그리스도의 나라'는 '천년왕국'과 그 후에 펼쳐질 '새 하늘과 새 땅', 즉 영원한 세계를 이야기하는 것입니다. 그러나 그것이 지금 당장 이루어진다는 것은 아니고, 곧 이루어질 것이라는 말씀입니다. 왜냐하면 아직 '일곱 대접의 심판'이 남아 있기 때문입니다. 이 예고를 들은 24 장로들은 하나님을 찬양합니다.

"이르되 감사하옵나니 옛적에도 계셨고 지금도 계신 주 하나님, 곧 전능하신 이여, 친히 큰 권능을 잡으시고 왕 노릇 하시도다. 이방들이 분노하매 주의 진노가 내려 죽은 자를 심판하시며, 종 선지자들과 성도들과 또 작은 자든지 큰 자든지 주의 이름을 경외하는 자

들에게 상 주시며, 또 땅을 망하게 하는 자들을 멸망시키실 때로소이다 하더라"(계 11:17-18).

11장 18절의 내용은 천년왕국 전후에 있을 일들을 말하는 것입니다. '이방들이 분노하매 주의 진노가 내린다'는 말씀은 7년 대환난을 이야기하는 것이고, '죽은 자를 심판하신다'는 것은 천년왕국 뒤에 있을 흰 보좌 심판을 말하는 것이며, '주의 이름을 경외하는 자들에게 상 주신다'는 것은 구약시대 성도들과 7년 대환난 기간 중에 구원받고 죽은 성도들을 다시 살리셔서 상 주실 것을 이야기하는 말씀입니다. 또 '땅을 망하게 하는 자들을 멸망시킨다'는 말씀은 천년왕국이 끝난 뒤에 흰 보좌 심판을 거쳐서 믿지 않는 자들을 영원한 불못에 던지는 것을 말합니다.

이런 내용들을 가지고 24 장로들이 하나님을 찬양했습니다. 이에 '하늘에 있는 하나님의 성전이 열리고 성전 안에 하나님의 언약궤가 보였다'고 19절에 말씀하고 있습니다. 구약성경에 보면 광야시대에는 '성막'이 있었고, 솔로몬시대부터는 '성전'이 있었습니다. 그 '성막' 또는 '성전' 안에는 '언약궤'라는 귀중한 물건이 있었습니다. 그런데 본문에서 말하는 '성전의 언약궤'는 이 땅에 있던 언약궤를 말하는 것이 아니라 하늘에 있는 것을 말하는 것입니다. 이스라엘에 있던 언약궤는 BC 586년 바벨론의 느부갓네살 왕이 예루살렘에 쳐들어와서 성전을 불태웠을 때 없어졌습니다. 이것은 천국에 있는 또 다른 언약궤입니다. '언약궤'는 '하나님의 임재', '하나님의 거룩하심'을 상징적으로 보여주는 물건인데 그것을 보여주신 것입니다. 그리고 19절 하반절에 '또 번개와 음성들과 우레와 지진과 큰 우박이 있더라'라고 말씀하고 있습니다. 이것은 하나님의 심판이 아직도 끝나지 아니하였고, 하나님의 노가 아직도 풀리지 않은 것을 보여주는 것입니다.

여자와 붉은 용

이제 12장을 살펴보겠습니다. 12장에서는 '한 여자'와 '한 큰 붉은 용'에 대한 표징을 보여주셨습니다. 1-3절을 보겠습니다.

"하늘에 큰 이적이 보이니 해를 옷 입은 한 여자가 있는데 그 발 아래에는 달이 있고, 그 머리에는 열두 별의 관을 썼더라. 이 여자가 아이를 배어 해산하게 되매 아파서 애를 쓰며 부르짖더라. 하늘에 또 다른 이적이 보이니 보라 한 큰 붉은 용이 있어 머리가 일곱이요, 뿔이 열이라. 그 여러 머리에 일곱 왕관이 있는데"(계 12:1-3).

여기서 말하는 '여자'와 '붉은 용'은 누구를 상징하는 것일까요?

요한계시록 12장 9절을 보면 '용'은 '마귀 사탄'이라고 설명하고 있고, '여자'는 12장 5절을 보면 '이스라엘'을 상징하는 것입니다. 12장 5절에 '여자가 아들을 낳으니 이는 장차 철장으로 만국을 다스릴 남자'라고 하였습니다. '여자가 낳은 아들'은 '예수 그리스도'를 말하는 것입니다. 그리고 '예수 그리스도를 낳은 여자'는 예수 그리스도를 낳은 나라 '이스라엘'을 말하는 것입니다. 12장 1절에서 여자가 '해를 옷 입고' 있는 것은 하나님의 영광이 이스라엘과 함께하는 것을 말하는 것이고, '12별의 관'을 쓰고 있는 것은 이스라엘의 12지파를 이야기하는 것입니다.

그런데 이 여자가 아이를 낳으려고 할 때 용이 삼키고자 기다리고 있었습니다.

"용이 해산하려는 여자 앞에서 그가 해산하면 그 아이를 삼키고자 하더니"(계 12:4b).

마귀 사탄은 예수님의 출생 때부터 예수님을 삼키려고 하였습니다. 헤롯왕이 아기 예수님을 죽이려고 2살 이하의 모든 아이들을 죽였습니다. 그러나 하나님께서는 예수님을 보호해 주셨습니다.

그리고 5절 하반절에는 그 아이를 하나님이 계신 곳으로 올려가셨다고 말씀합니다.

"그 아이를 하나님 앞과 그 보좌 앞으로 올려가더라"(계 12:5b).

이것은 예수님의 승천을 말하는 것입니다.

그리고 여자는 용을 피해서 광야로 도망치게 되고, 그곳에서 1260일을 머무르게 됩니다.

"그 여자가 광야로 도망하매 거기서 천이백육십 일 동안 그를 양육하기 위하여 하나님께서 예비하신 곳이 있더라"(계 12:6).

1260일은 3년 반에 해당되는 시간입니다. 이것은 7년 대환난 중 후반 3년 반을 이야기하는 것입니다.

그런데 이 말씀들 속에는 시간적인 갭(gap)이 있는 것을 보게 됩니다. 4절에서는 예수님의 탄생에 대해서 언급했다가 5절에서는 예수님의 승천에 대해서 이야기하고, 6절에서는 7년 대환난 때 있을 일을 이야기하고 있습니다. 이런 시간적인 갭이 예언서의 특징입니다. 모든 것을 다 상세하게 쓸 수 없기 때문에 그 때 그 때 필요한 것만 이야기하다 보니 시간적으로 이런 갭이 생길 수밖에 없는 것입니다. 본문에서 이야기하려고 하는 것은 사탄과 이스라엘과의 관계입니다. 그래서 중간에 이런 저런 것을 다 빼다보니 예수님의 탄생, 승천, 7년 대환난 이야기만 하는 것입니다.

용과 미가엘의 싸움

12장 7-9절을 보겠습니다.

"하늘에 전쟁이 있으니 미가엘과 그의 사자들이 용과 더불어 싸울 새 용과 그의 사자들도 싸우나 이기지 못하여 다시 하늘에서 그들이 있을 곳을 얻지 못한지라. 큰 용이 내쫓기니 옛 뱀, 곧 마귀라고도 하고, 사탄이라고도 하며, 온 천하를 꾀는 자라. 그가 땅으로 내쫓기니 그의 사자들도 그와 함께 내쫓기니라"(계 12:7-9).

용과 미가엘이 하늘에서 전쟁을 벌이고 있습니다. '용'은 '사탄'이고, '미가엘'은 유다서 1장 9절에 보면 '하나님의 천사장'입니다. 모든 천사들 중에서 제일 높은 천사가 미가엘 천사입니다. 사탄도 원래는 하나님의 천사로 상당히 높은 위치에 있었는데 그만 타락하여 사탄이 된 것입니다. 사탄과 미가엘이 하늘에서 전쟁을 벌인 결과 사탄이 져서 땅으로 내쫓기게 됩니다. 성경을 잘 보면 마귀사탄은 타락했지만 여전히 땅과 하늘을 오가며 활동하고 있는 것을 볼 수 있습니다. 사탄이 타락했다고 해서 하나님 근처에는 얼씬도 못하고 땅에서만 활동하는 것이 아닙니다. 여전히 하늘에도 올라가고, 땅에도 내려옵니다. 욥기 1장 6-7절을 보겠습니다.

"하루는 하나님의 아들들이 와서 여호와 앞에 섰고, 사탄도 그들 가운데에 온지라. 여호와께서 사탄에게 이르시되 네가 어디서 왔느냐. 사탄이 여호와께 대답하여 이르되 땅을 두루 돌아 여기저기 다녀왔나이다"(욥 1:6-7).

여기 보니 사탄이 땅을 여기저기 돌아다니기도 하고, 하나님 보좌 앞에 서는 것도 볼 수 있습니다. 하늘에 올라가기도 했다가 땅으로 내려오기도 하는 것입니다. 그런데 7년 대환난 때가 되면 마귀 사탄은 자기의 잃어버렸던 자리를 다시 찾기 위해서 전쟁을 벌입니다. 사탄은 자기 자리를 찾으려고 하고, 천사장 미가엘은 그것을 못하게 막으려는 데서 전쟁이 일어나게 되는 것입니다. 이 전쟁이 7년 대환난 기간 중에 있을 것입니다.

땅으로 내쫓긴 용과 그의 사자들

이 전쟁의 결과 마귀가 패하여 땅으로 확실하게 쫓겨 내려오게 됩니다. 그 때는 혼자 내려오는 것이 아니라 그의 사자들도 함께 내쫓기게 된다고 12장 9절에서 말씀하고 있습니다.

"그가 땅으로 내쫓기니 그의 사자들도 그와 함께 내쫓기니라"(계 12:9b).

'그의 사자들'은 마귀의 사자들로 악한 천사들, 악한 영들을 이야기하는 것입니다. 지금도 사탄을 추종하는 수많은 악한 천사들, 악령들이 있는데 그 수가 얼마나 되는지 아십니까? 사실 그것은 아무도 모릅니다. 마귀를 추종하는 악한 천사들을 성경에서는 귀신이라고 하는데 많은 학자들이 생각하기를 전체 천사의 3분의 1 정도일 것이라 추정합니다. 그렇게 생각하는 근거가 12장 4절에 있습니다.

"그 꼬리가 하늘의 별 삼분의 일을 끌어다가 땅에 던지더라"(계 12:4a).

여기 나오는 '그'는 '마귀'를 이야기하는 것입니다. '그 꼬리가 하늘의 별 삼분의 일을 끌어다가 땅에 던졌다'고 했습니다. 여기서 말하는 '하늘의 별'이 천사들을 상징하는 것이라면 사탄과 함께 타락한 천사는 전체 천사의 3분의 1이 됩니다. 정확한 것은 알 수 없지만 상당히 일리가 있다고 봅니다. 수많은 사람들의 삶을 찾아다니면서 악한 영향력을 미치는 것을 보면 사탄의 졸개들, 귀신들이 엄청나게 많은 것을 알 수 있습니다. 전체 천사의 3분의 1이 사탄과 함께 타락하여 사람들에게 악영향을 끼치고 역사하는 것입니다.

여자가 큰 독수리의 두 날개를 받아 광야로

땅으로 쫓겨 내려온 용은 이제 자기의 때가 얼마 남지 아니한 것을 깨닫고 여자를 박해하기 시작합니다.

"용이 자기가 땅으로 내쫓긴 것을 보고 남자를 낳은 여자를 박해하는지라"(계 12:13).

이 일은 7년 대환난 기간 중 후반 3년 반 동안에 일어날 일입니다. 12장 6절에는 '1,260일'이 나오고, 12장 14절에는 '한 때와 두 때와 반 때'라는 표현이 나오는데 이것은 '3년 반'을 이야기하는 것입니다. 마귀 사탄이 7년 대환난 기간 중, 특별히 후반 3년 반 동안 이스라엘 백성들을 심하게 핍박하는데, 핍박당하지 않으려면 도망을 가야 합니다. 그래서 예수님께서 마태복음 24장에서 이런 말씀을 하셨습니다.

"그 때에 유대에 있는 자들은 산으로 도망할지어다"(마 24:16).

마귀가 적그리스도를 통해 이스라엘 사람들을 핍박하므로 핍박당하지 않으려면 빨리 산으로 도망하라고 주님께서 말씀해 주신 것입니다. 그런데 본문에서는 광야로 도망간다고 했고, 예수님은 산으로 도망가라고 하셨습니다. 이스라엘과 요르단에는 광야가 참 많은데 그 광야가 다 산입니다. 울퉁불퉁한 돌산들, 바위산들, 흙산으로 광야가 이루어져 있습니다. 그러므로 산으로 가라는 말이나 광야로 가라는 말은 결국 같은 표현입니다. 하나님께서 이스라엘 백성들을 광야에서 직접 보호해 주시는 것입니다. 그 말씀이 12장 14절에 나옵니다.

"그 여자가 큰 독수리의 두 날개를 받아 광야 자기 곳으로 날아가 거기서 그 뱀의 낯을 피하여 한 때와 두 때와 반 때를 양육 받으매"(계 12:14).

여기 '한 때와 두 때와 반 때를 양육 받는다'는 것은 하나님께서 광야로 도망간 그 여자, 즉 이스라엘 사람들을 지켜 보호해 주신다는 것입니다. 그리고 '큰 독수리의 두 날개'는 '하나님의 특별하신 보호와 인도'를 말하는 것입니다. 출애굽기 19장 4절에서 하나님께서 그런 표현을 하셨습니다.

"내가 애굽 사람에게 어떻게 행하였음과 내가 어떻게 독수리 날개로 너희를 업어 내게로 인도하였음을 너희가 보았느니라"(출 19:4).

그러면 이스라엘 백성들이 광야로 가서 하나님의 보호와 양육을 받게 되는데 어디에 있는 광야에서일까요? 성경을 잘 보면 그것까지도 이야기하고 있습니다. 성경은 신기할 정도로 놀랍고 자세하게, 우리가 꼭 알아야 할 비밀들을 숨겨 놓고 있습니다. 다니엘서 11장 41절을 보겠습니다.

"그가 또 영화로운 땅에 들어갈 것이요, 많은 나라를 패망하게 할 것이나 오직 에돔과 모압과 암몬 자손의 지도자들은 그의 손에서 벗어나리라"(단 11:41).

여기 '그'는 '적그리스도'입니다. 적그리스도가 영화로운 땅에 들어간다고 했는데 그 땅은 예루살렘입니다. 그가 많은 나라들을 패망시키게 됩니다. 그런데 그의 손에서 벗어나는 나라가 있습니다. 에돔과 모압과 암몬입니다. 이 지역은 이스라엘 동편에 위치한 오늘날의 요르단 지역으로 광야가 매우 많습니다. 그러므로 이스라엘 백성들이 도망갈 광야는 바로 요르단입니다. 적그리스도가 그 나라까지 들어오지 못하는데 그것은 하나님께서 보호해 주시기 때문입니다.

혹시 성지순례를 다녀오신 분이 계실지 모르겠습니다. 요르단에 가면 '페트라'라는 고대 유적지가 있습니다. '페트라'는 '바위'라는 뜻인데 이곳은 바위산 사이의 기가 막힌 천연 요새입니다. 이런 곳에 기원전 6세기경 사람들이 문명을 이룩해 놓았습니다. 바위를 파서 집을 짓고 살았고 신전도 만들어 놓았습니다. 아마 7년 대환난 때에도 페트라 같은 곳에서 이스라엘 백성들이 살게 되지 않을까 생각합니다.

땅이 용의 입에서 토한 강물을 삼키니

이스라엘 백성들이 광야에서 숨어 살게 될 때 사탄의 공격도 만만치 않을 것입니다. 12장 15-17절을 보겠습니다.

"여자의 뒤에서 뱀이 그 입으로 물을 강 같이 토하여 여자를 물에 떠내려가게 하려 하되 땅이 여자를 도와 그 입을 벌려 용의 입에서 토한 강물을 삼키니 용이 여자에게 분노하여 돌아가서 그 여자의 남은 자손 곧 하나님의 계명을 지키며 예수의 증거를 가진 자들과 더불어 싸우려고 바다 모래 위에 서 있더라"(계 12:15-17).

여자의 뒤에서 뱀이 그 입으로 물을 강 같이 토하여 그 여자를 물에 떠내려가게 하려 한다고 했습니다. 여기 나오는 물을 홍수를 일으키는 실제적인 물로 보시는 분들도 있고, 상징적인 표현으로 보시는 분들도 있는데, 제가 볼 때는 상징적인 표현 같습니다. 사탄이 이스라엘 백성들을 망하게 하기 위해서 이런 저런 공격을 하는 것을

'물을 보낸다'로 표현하고 있다는 생각이 듭니다. 그러나 하나님께서는 그 물에서도 보호해 주십니다.

16절에서 '땅이 강물을 삼킨다'는 말씀은 하나님께서 사탄의 모든 계획과 시도를 다 좌절시키셔서 이스라엘 백성들을 상하게 하지 못하도록 하는 것을 말합니다. 이제 자신의 모든 계획과 시도가 실패로 돌아가게 된 것을 알게 된 용은 17절에 보면 '여자의 남은 자손 곧 하나님의 계명을 지키며 예수님의 증거를 가진 자들과 더불어 싸우려고' 합니다. '여자의 남은 자손'은 광야로 도망가지 아니한 이스라엘 백성들, 특별히 예수 믿는 유대인들이라고 볼 수 있습니다. 도망간 이스라엘 백성들에 대해서는 더 이상 공격하지 못하므로 이스라엘에 남아 있는, 특별히 믿는 사람들을 몹시 박해하게 되는 것입니다. 이것이 7년 대환난 기간 중에 용과 여자, 즉 사탄과 이스라엘 사이에 있게 될 일입니다.

마귀가 하는 일들

그럼 지금은 마귀가 어떤 일을 하고 있을까요?

본문을 통해 두 가지를 알 수 있습니다.

첫째, 사람들을 꾀는 일을 합니다.

12장 9절에 보면 마귀를 '온 천하를 꾀는 자'라고 표현하고 있습니다. 온 천하를 꾀는 일은 마귀가 지금도 하고 있는 일입니다. 아담과 하와를 꾀어서 범죄하게 한 이래로 사람들마다 찾아다니며 예수 못 믿도록 유혹하고 있습니다. 우리도 그 마귀의 공격 대상에서 제외되는 사람들이 아닙니다. 마귀는 언제든 찾아와 범죄하게 만들고, 신앙생활을 제대로 못하도록 유혹합니다. 마귀의 유혹에 넘어가지 않도록 늘 조심합시다.

둘째, 사람들을 참소하는 일을 합니다.

10절에 보면 마귀를 '우리 형제들을 참소하던 자, 곧 우리 하나님 앞에서 밤낮 참소하던 자'로 표현하고 있습니다. 욥기를 읽어보면 사탄은 욥에 대해서도 참소했습니다.

마귀는 지금 이 순간에도 저와 여러분에 대하여 하나님 앞에서 참소하고 있을지 모릅니다. 누가 얼마 전에 이런 저런 일을 했는데 어떻게 믿는 사람이 그럴 수 있느냐, 그런 사람은 지옥 가야 마땅하다고 하면서 말이지요. 그러나 염려할 것 없는 것은 우리에게는 유능한 변호사 예수 그리스도가 계십니다. 예수 그리스도의 보혈을 의지하면 마귀의 공격으로부터 승리할 수 있습니다.

마귀를 이기는 방법

12장 11절을 보면 마귀를 이기는 방법을 말씀하고 있습니다.

"또 우리 형제들이 어린 양의 피와 자기들이 증언하는 말씀으로써 그를 이겼으니 그들은 죽기까지 자기들의 생명을 아끼지 아니하였도다"(계 12:11).

'우리 형제들이 어린 양의 피와 자기들이 증언하는 말씀으로 사탄을 이겼다'라고 말씀합니다. 우리도 마귀 사탄을 이기는 방법은 이것밖에 없습니다. 마귀가 우리를 참소한다 할지라도 예수 그리스도의 보혈만 붙들면 승리할 수 있습니다.

예수 그리스도께서 왜 피 흘려 돌아가셨습니까? 우리 죄 때문에, 우리 죄 값을 지불하시기 위하여 십자가에서 돌아가셨습니다. 설령 우리가 온전한 삶을 살지 못한다 할지라도, 우리의 삶 가운데 허물과 죄가 있다 할지라도 더 이상 두려워할 필요가 없는 것은 예수님께서 이미 우리의 모든 죄를 다 용서해 주셨기 때문입니다. 항상 주 예수님의 보혈의 능력을 붙들고 살아갈 수 있는 여러분이 되시기 바랍니다.

그리고 하나님의 말씀을 붙들어야 합니다. 예수님도 광야에서 마귀 사탄의 공격을 받았을 때 하나님의 말씀으로 이기셨습니다. 지금 이 순간에도 마귀 사탄은 우리를 삼키려고 우는 사자 같이 돌아다니고 있습니다(벧전 5:8).

욥기에 보면 하나님께서 사탄에게 물으셨습니다. "네가 어디서 왔느냐?" 그 때 사탄이 대답했습니다. "땅을 두루 돌아 여기저기 다녀왔나이다." 사탄이 왜 여기저기를 다녔겠습니까? 그냥 할 일이 없어서 다녔겠습니까? 아닙니다. 마귀는 지금도 삼킬 자를 찾고, 우리를 삼키려고 노리고 있다는 것을 잊지 말아야 합니다.

예수 그리스도의 보혈과 하나님의 말씀을 붙들면 이길 수 있다는 것을 꼭 기억하시고 항상 말씀 충만, 성령 충만하여 마귀의 공격으로부터 능히 이기는 삶을 살아가시기 바랍니다.

16

두 짐승

(계 13장)

계 13장

1 내가 보니 바다에서 한 짐승이 나오는데 뿔이 열이요 머리가 일곱이라 그 뿔에는 열 왕관이 있고 그 머리들에는 신성 모독하는 이름들이 있더라 2 내가 본 짐승은 표범과 비슷하고 그 발은 곰의 발 같고 그 입은 사자의 입 같은데 용이 자기의 능력과 보좌와 큰 권세를 그에게 주었더라 3 그의 머리 하나가 상하여 죽게 된 것 같더니 그 죽게 되었던 상처가 나으매 온 땅이 놀랍게 여겨 짐승을 따르고 4 용이 짐승에게 권세를 주므로 용에게 경배하며 짐승에게 경배하여 이르되 누가 이 짐승과 같으냐 누가 능히 이와 더불어 싸우리요 하더라 5 또 짐승이 과장되고 신성 모독을 말하는 입을 받고 또 마흔두 달 동안 일할 권세를 받으니라 6 짐승이 입을 벌려 하나님을 향하여 비방하되 그의 이름과 그의 장막 곧 하늘에 사는 자들을 비방하더라 7 또 권세를 받아 성도들과 싸워 이기게 되고 각 족속과 백성과 방언과 나라를 다스리는 권세를 받으니 8 죽임을 당한 어린 양의 생명책에 창세 이후로 이름이 기록되지 못하고 이 땅에 사는 자들은 다 그 짐승에게 경배하리라 9 누구든지 귀가 있거든 들을지어다 10 사로잡힐 자는 사로잡혀 갈 것이요 칼에 죽을 자는 마땅히 칼에 죽을 것이니 성도들의 인내와 믿음이 여기 있느니라 11 내가 보매 또 다른 짐승이 땅에서 올라오니 어린 양 같이 두 뿔이 있고 용처럼 말을 하더라 12 그가 먼저 나온 짐승의 모든 권세를 그 앞에서 행하고 땅과 땅에 사는 자들을 처음 짐승에게 경배하게 하니 곧 죽게 되었던 상처가 나은 자니라 13 큰 이적을 행하되 심지어 사람들 앞에서 불이 하늘로부터 땅에 내려오게 하고 14 짐승 앞에서 받은 바 이적을 행함으로 땅에 거하는 자들을 미혹하며 땅에 거하는 자들에게 이르기를 칼에 상하였다가 살아난 짐승을 위하여 우상을 만들라 하더라 15 그가 권세를 받아 그 짐승의 우상에게 생기를 주어 그 짐승의 우상으로 말하게 하고 또 짐승의 우상에게 경배하지 아니하는 자는 몇이든지 다 죽이게 하더라 16 그가 모든 자 곧 작은 자나 큰 자나 부자나 가난한 자나 자유인이나 종들에게 그 오른손에나 이마에 표를 받게 하고 17 누구든지 이 표를 가진 자 외에는 매매를 못하게 하니 이 표는 곧 짐승의 이름이나 그 이름의 수라 18 지혜가 여기 있으니 총명한 자는 그 짐승의 수를 세어 보라 그것은 사람의 수니 그의 수는 육백육십육이니라

본문은 '두 짐승'에 대한 이야기입니다. 한 짐승은 바다에서 올라왔고, 또 한 짐승은 땅에서 올라왔습니다. 이 '두 짐승'은 7년 대환

난 기간 중에 활동하게 될 '적그리스도'와 그의 파트너인 '거짓 선지자'를 상징하는 것입니다. '적그리스도'라는 말은 성경 요한1서와 요한2서에 나오고, '거짓 선지자'라는 말은 요한계시록에 나옵니다. 먼저 '거짓 선지자'라는 표현이 나오는 요한계시록 19장 20절을 보겠습니다.

"짐승이 잡히고 그 앞에서 표적을 행하던 거짓 선지자도 함께 잡혔으니 이는 짐승의 표를 받고 그의 우상에게 경배하던 자들을 표적으로 미혹하던 자라"(계 19:20a).

이 말씀에 나오는 '짐승'은 '적그리스도'이고, '거짓 선지자'는 본문에 등장하는 두 번째 짐승입니다.

'적그리스도'라는 표현은 요한1서 2장 18절에 나옵니다.

"아이들아, 지금은 마지막 때라. 적그리스도가 오리라는 말을 너희가 들은 것과 같이 지금도 많은 적그리스도가 일어났으니 그러므로 우리가 마지막 때인 줄 아노라"(요일 2:18).

'적그리스도'라는 말이 두 번 나오는 데 한 번은 단수로, 한 번은 복수로 쓰였습니다. 앞에 나온 '적그리스도'는 7년 대환난 기간 중에 나타날 '적그리스도'를 말하는 것이고, 뒤에 복수로 쓰인 '많은 적그리스도'는 '적그리스도의 정신을 가진 사람들', '이단들'을 말하는 것입니다. 이와 같이 '적그리스도'라는 말은 폭넓게 쓰이기도 하고, 7년 대환난 기간 중에 나타날 한 인물에 대해 쓰이기도 합니다.

'적그리스도'에 대해서는 성경 다니엘서, 데살로니가후서, 요한계시록에 잘 기록되어 있습니다. 다니엘서에서는 '적그리스도'를 '작은 뿔', 또는 '왕'으로 표현하고 있고, 데살로니가후서에서는 '불법의 사람', '멸망의 아들', '불법한 자', '악한 자'로 표현하고 있습니다. 그리고 요한계시록에서는 주로 '짐승'이라는 표현으로 나타내고 있습니다.

바다에서 나온 한 짐승

그러면 본문에서 '적그리스도'와 '거짓 선지자'에 대하여 어떤 말씀을 하고 있는지 살펴보겠습니다. 1절입니다.

"내가 보니 바다에서 한 짐승이 나오는데 뿔이 열이요, 머리가 일곱이라. 그 뿔에는 열 왕관이 있고, 그 머리들에는 신성 모독하는 이름들이 있더라"(계 13:1).

이 말씀에 보면 '한 짐승', 즉 적그리스도가 '바다'에서 나오는 것을 말하고 있습니다. 과연 이 '바다'가 무엇을 말하는 것일까요? 어떤 분들은 이것을 '인류' 또는 '이방인들의 세계'라고 보고, 또 어떤 분들은 '무저갱'으로 보기도 합니다. 전자로 보는 분들은 요한계시록 17장 15절 말씀에 근거를 두고 있습니다.

"또 천사가 내게 말하되 네가 본 바 음녀가 앉아 있는 물은 백성과 무리와 열국과 방언들이니라"(계 17:15).

여기 보면 '물'을 '백성과 무리와 열국과 방언들' 즉 '온 세계'로 표현하고 있습니다. 이런 말씀 때문에 요한계시록 13장에 나오는 '바다'를 '인류' 또는 '이방인들의 세계'로 보는 것입니다.

또 후자의 '무저갱'으로 보는 분들은 계시록 11장 7절 때문입니다.

"그들이 그 증언을 마칠 때에 무저갱으로부터 올라오는 짐승이 그들과 더불어 전쟁을 일으켜"(계 11:7a).

여기의 '짐승'도 '적그리스도'를 이야기하는 것인데 적그리스도가 '무저갱'으로부터 올라온다고 말씀합니다. 이것은 적그리스도가 마귀의 세력을 업고 일할 것이기 때문에 이렇게 표현한 것입니다. 그러나 어떤 분들은 이런 말씀 때문에 계시록 13장 1절에 나오는 '바다'를 '무저갱'으로 보는 것입니다.

'바다'에 대한 두 견해 중 어느 것이 옳은가 하는 것은 판단하기가 어려운데 11절을 보면 두 번째 짐승은 '땅'에서 올라온다는 말씀이 나옵니다. 그러면 '바다'를 '온 세상'으로 보면 '땅'은 도대체 무엇인가 하는 것입니다. '땅'을 설명할 길이 없습니다. 둘 중 하나는 설명할 수 있는데 동시에 둘을 설명할 수가 없는 것입니다. 왜 하나는 '바다'에서 올라오고, 다른 하나는 '땅'에서 올라오는 것으로 표현했을까요? 이것은 그들의 역할이 다르기 때문에 그렇게 한 것이 아닌가 생각됩니다. 요한계시록 12장 12절을 보겠습니다.

"그러므로 하늘과 그 가운데에 거하는 자들은 즐거워하라. 그러나 땅과 바다는 화 있을진저. 이는 마귀가 자기의 때가 얼마 남지 않은 줄을 알므로 크게 분내어 너희에게 내려갔음이라"(계 12:12).

이 말씀에는 '땅과 바다'라는 표현이 같이 나오는데 쉽게 생각하면 됩니다. '땅'도 '바다'도 '세상'을 말하는 것입니다. 이들의 역할이 서로 다르기 때문에 이렇게 표현했다고 생각합니다.

뿔이 열이요, 머리가 일곱인 짐승

바다에서 나오는 짐승이 어떻게 생겼는가 보십시오. 뿔이 10개, 머리가 7개입니다. 이 표현은 요한계시록 12장에 나오는 '용'에 대한 묘사와 같습니다.

"하늘에 또 다른 이적이 보이니 보라 한 큰 붉은 용이 있어 머리가 일곱이요, 뿔이 열이라"(계 12:3a).

용도 머리가 7개, 뿔이 10개, 그리고 본문에 나오는 첫 번째 짐승도 머리가 7개, 뿔이 10개로 같습니다. 왜 같은가 하면 요한계시록 12장에 나오는 용은 마귀를 상징하고, 적그리스도는 마귀의 힘을 가지고 일할 사람이기 때문입니다. 그러므로 똑같을 수밖에 없습니다. 2절 하반절을 보면 '용이 자기의 능력과 보좌와 큰 권세를 그에게 주었더라' 고 말합니다. 결국 같은 팀이다 보니 그 모양도 같을 수밖에 없는 것이지요. 그러면 '머리가 일곱이요, 뿔이 열이라' 라는 말의 의미가 무엇일까요? 그것은 요한계시록 17장에 자세한 설명이 나오므로 17장에서 살펴보기로 하겠습니다.

계속 해서 2절을 보겠습니다.

"내가 본 짐승은 표범과 비슷하고, 그 발은 곰의 발 같고, 그 입은 사자의 입 같은데 용이 자기의 능력과 보좌와 큰 권세를 그에게 주었더라"(계 13:2).

첫 번째 짐승의 모습이 표범과 곰과 사자와 비슷하다고 이야기합니다. 표범은 매우 민첩한 동물입니다. 곰은 힘이 세고, 사자는 굉장히 무서운 동물입니다. 표범과 곰과 사자를 한데 모아 뭉쳐놓은 동물이 있다고 상상해 보십시오. 얼마나 강하고 무섭겠습니까. 첫 번째 짐승이 바로 그렇다는 것입니다. 적그리스도가 그만큼 강하고 무서운 존재라는 것을 이야기하는 것입니다.

3-4절을 보겠습니다.

"그의 머리 하나가 상하여 죽게 된 것 같더니 그 죽게 되었던 상처가 나으매 온 땅이 놀랍게 여겨 짐승을 따르고, 용이 짐승에게 권세를 주므로 용에게 경배하며 짐승에게 경배하여 이르되 누가 이 짐승과 같으냐, 누가 능히 이와 더불어 싸우리요 하더라"(계 13:3-4).

적그리스도가 죽을 뻔 하다가 다시 살아나는 일이 일어납니다. 14절에 보면 칼에 상하였다가 살아난다고 말씀합니다. 적그리스도가 7년 대환난 기간 중에 누군가로부터 저격을 당하는 것입니다. 칼로 공격당하여 거의 죽을 지경이 되는데 이 사람이 용케 살아납니다. 이 모습을 보고 온 세상이 놀랍니다. 이 일을 계기로 적그리스도는 자기 자리를 더 견고하게 하고, 이 세상을 통치하게 됩니다. 사람들은 그가 마치 신이라도 되는 것처럼 그에게 경배하게 되는 것입니다.

마흔두 달 동안 일할 권세를 받으니라

5-6절입니다.

"또 짐승이 과장되고, 신성 모독을 말하는 입을 받고, 또 마흔두 달 동안 일할 권세를 받으니라. 짐승이 입을 벌려 하나님을 향하여 비방하되, 그의 이름과 그의 장막 곧 하늘에 사는 자들을 비방하더라"(계 13:5-6).

적그리스도가 42달 동안 일합니다. 42달은 7년 대환난 기간의 후반 3년 반을 말합니다. 적그리스도는 7년 대환난이 시작되면서 나타나지만 본격적인 활동은 중간 시점부터입니다. 요한계시록 12장에 보면 하늘에서 미가엘 천사장과 사탄이 전쟁을 하는데 사탄이 집니다. 그로 인하여 7년 대환난 중간 시점에 마귀사탄이 하늘로부터 이 땅으로 쫓겨나게 됩니다. 그러자 사탄은 자기 때가 얼마 남지 않은 것을 알고 최후의 발악을 하는 것입니다.

"그러므로 하늘과 그 가운데에 거하는 자들은 즐거워하라. 그러나 땅과 바다는 화 있을진저, 이는 마귀가 자기의 때가 얼마 남지 않은 줄을 알므로 크게 분 내어 너희에게 내려갔음이라 하더라"(계 12:12).

마귀 사탄이 아주 강하게 역사하다보니 7년 대환난 중반부터는 정말 어려운 시기가 됩니다. 적그리스도가 신성 모독하는 말을 하고, 하나님을 향하여 비방하고, 하늘에 있는 자들을 향하여도 비방합니다.

7-10절을 보겠습니다.

"또 권세를 받아 성도들과 싸워 이기게 되고, 각 족속과 백성과 방언과 나라를 다스리는 권세를 받으니 죽임을 당한 어린 양의 생명책에 창세 이후로 이름이 기록되지 못하고, 이 땅에 사는 자들은 다 그 짐승에게 경배하리라. 누구든지 귀가 있거든 들을지어다. 사로잡힐 자는 사로잡혀갈 것이요, 칼에 죽을 자는 마땅히 칼에 죽을 것이니 성도들의 인내와 믿음이 여기 있느니라"(계 13:7-10).

적그리스도가 하나님의 성도들을 핍박합니다. 7년 대환난 기간 중에도 많은 사람들이 구원 받는 일이 일어나는데 대다수의 사람들은 적그리스도에 의해 순교를 당하게 됩니다. 그러므로 예수님을 믿으려면 7년 대환난이 시작되기 전에 믿어야 합니다. 7년 대환난 전에 휴거가 일어나므로 믿는 사람들은 그 때 공중으로 들림 받아 적그리스도의 통치 하에 들어가지 않습니다.

적그리스도가 다스리는 범위는 '각 족속과 백성과 방언과 나라'로 이 세상의 모든 나라입니다. 그러므로 적그리스도는 예루살렘 주변만 다스리는 것이 아니라 온 세계를 다스리게 됩니다. 온 세계를 통치하려면 정부가 하나여야 합니다. 정부가 하나여야 그 정부를 통해서 온 세상을 다스릴 수 있기 때문입니다. 그런데 지금 이 세상은 세계화를 향하여 매우 빠른 속도로 움직이고 있습니다. 세계화, 세계화 하다 보면 결국 이 세상은 하나의 정부로 움직여지게 될 것입니다. 그리고 그 수장은 적그리스도가 될 것입니다.

또 다른 짐승이 땅에서 올라오니

계속 해서 11절을 보겠습니다.

"내가 보매 또 다른 짐승이 땅에서 올라오니 어린 양 같이 두 뿔이 있고, 용처럼 말을 하더라"(계 13:11).

여기 나오는 '또 다른 짐승'은 '거짓 선지자'로 7년 대환난 기간 중에 적그리스도의 오른팔 역할을 할 사람입니다. 표현은 '짐승'으로 하고 있지만 사람입니다. 적그리스도나 거짓 선지자는 우리와 똑같은 사람이지만 마귀에게 쓰임 받는 자들입니다. 둘째 짐승의 모양을 보면 어린 양 같이 뿔이 2개 있고, 용처럼 말을 합니다. 이것은 겉으로는 양처럼 선한 사람이지만, 실제로는 용처럼 말을 하는 사탄의 사람이라는 것입니다. 이 사람이 어떤 일을 하는지 12절을 보겠습니다.

"그가 먼저 나온 짐승의 모든 권세를 그 앞에서 행하고 땅과 땅에 사는 자들을 처음 짐승에게 경배하게 하니 곧 죽게 되었던 상처가 나은 자니라"(계 13:12).

이 사람이 사람들로 하여금 적그리스도를 경배하게 합니다. 적그리스도를 경배하지 않으면 다 죽임을 당하게 된다고 15절 하반절에 말씀하고 있습니다. 7년 대환난 기간 중에는 정부도 하나, 종교도 하나가 됩니다. 이 기간 중에 있게 될 종교의 신은 적그리스도요, 사탄입니다. 오늘날에도 사탄을 숭배하는 사람들이 있는데 앞으로는 더 많은 사람들이 사탄을 숭배하게 될 것입니다.

땅에 거하는 자들을 미혹하며

13-15절입니다.

"큰 이적을 행하되 심지어 사람들 앞에서 불이 하늘로부터 땅에 내려오게 하고 짐승 앞에서 받은 바 이적을 행함으로 땅에 거하는 자들을 미혹하며 땅에 거하는 자들에게 이르기를 칼에 상하였다가 살아난 짐승을 위하여 우상을 만들라 하더라. 그가 권세를 받아 그 짐승의 우상에게 생기를 주어 그 짐승의 우상으로 말하게 하고, 또 짐승의 우상에게 경배하지 아니하는 자는 몇이든지 다 죽이게 하더라"(계 13:13-15).

거짓 선지자가 적그리스도를 세우기 위해 여러 가지 많은 일들을 하는데 그 일들이 정말 놀랍습니다. 불이 하늘로부터 내려오게도 하고, 적그리스도의 우상을 만들어 생기를 불어 넣고 그 우상으로 하여금 말도 하게 합니다. 이런 것을 보면 사탄도 놀라운 일들을 할 수 있는 것을 보게 됩니다. 사탄이 하는 일이 하나님이 하시는 일과 비슷한 것이 많습니다. 요한계시록 11장에 나오는, 7년 대환난 중에 하나님께 놀랍게 쓰임 받는 두 증인도 하늘에서 불이 내려오게 했습니다. 그런데 사탄의 사람들도 그런 일을 똑같이 합니다. 요한계시록 11장의 두 증인은 적그리스도에 의해 죽임을 당하는데 하나님께서 그들에게 생기를 불어넣어 다시 살리시고 하늘로 이끌어 가십니다. 그런 일도 사탄과 거짓 선지자가 한다는 것입니다. 사탄도 하나님이 하시는 일을 얼마든지 흉내 낼 수 있다는 것을 잊지 마시기 바랍니다. 사탄이 이적기사를 행하는 것은 사람들을 미혹하여 적그리스도를 숭배하도록 하기 위함입니다. 누구라도 적그리스도를 숭배하지 않으면 가차 없이 죽입니다. 참으로 잔인한 사람들입니다. 그래서 성경은 이들을 '짐승'으로 표현한 것이 아닌가 생각됩니다.

오른손에나 이마에 표를 받게 하고

끝으로 16-18절을 보겠습니다.

"그가 모든 자 곧 작은 자나 큰 자나 부자나 가난한 자나 자유인이나 종들에게 그 오른손에나 이마에 표를 받게 하고, 누구든지 이 표를 가진 자 외에는 매매를 못하게 하니 이 표는 곧 짐승의 이름이나 그 이름의 수라. 지혜가 여기 있으니 총명한 자는 그 짐승의 수를 세어 보라. 그것은 사람의 수니 그의 수는 육백육십육이니라"(계 13:16-18).

적그리스도와 거짓 선지자가 이 세상의 경제를 완전히 주관하는 것을 볼 수 있습니다. 세계 경제를 주관하기 위해서 사람들로 하여금 오른손이나 이마에 표를 받게 만듭니다. 누구라도 표가 없으면 경제활동을 할 수 없습니다. 그 표는 짐승의 이름이나 그 이름의 수라고 말씀하고 있습니다. 짐승을 상징하는 그 수가 표가 된다는 말입니다. 그 이름의 수를 세어보니 666입니다. 666이 무엇을 상징하는 것일까요? 이에 대하여 사람들이 굉장히 궁금해 하는데 성경에서 말씀하는 대로 적그리스도를 나타내는 수입니다. 누가 적그리스도가 될지 모르지만 한 가지 분명하게 말할 수 있는 것은 그가 자기를 나타내는 수로 666을 사용한다는 것입니다.

사람들은 7년 대환난 기간 중에 경제활동을 하기 위해서 누구라도 적그리스도의 이름이나 그 이름을 나타내는 수를 이마나 오른손에 받아야 합니다. 이것은 몸속에 어떤 전자 칩을 넣는 것을 이야기하는 것이 아닌가 생각됩니다. 이 말씀을 처음 기록했을 때는 이 말씀이 무슨 뜻인지 감이 오지 않았을 텐데 우리는 과학이 발달한 시대에 살다 보니 이해가 되는 것 같습니다. 실제로 우리는 전자 칩의 시대에 가까이 와 있습니다. 오늘날의 사람들은 현찰 없이도 크레디트 카드를 이용하여 경제활동을 하고 있습니다. 현금은 은행에 보관하고 크레디트 카드만 있으면 얼마든지 경제활동을 할 수 있습니다. 그리고 오늘날에는 현찰을 받지 않는 곳도 있습니다. 제가 미국에서 차를 렌트하려고 했을 때 현금은 받지 않고 크레디트 카드만 받는 것을 보았습니다. 앞으로 점점 더 그렇게 될 것입니다. 현찰은 번거로워 가지고 다니지 않고, 크레디트 카드만 가지고 다니게 될 텐데 그렇게 생활하다 보면 크레디트 카드가 분실될 염려도 있고, 소지하기가 불편하므로 나중에는 아예 편하게 이마나 몸속에 칩을 심는 방법을 선택할 것입니다. 그래서 그런 방법으로 7년 대환난 기간 중에 모든 경제활동이 이루어질 것입니다.

요즘에는 범죄자들에게 범죄를 다시 저지르지 않도록 하기 위해서 전자팔찌를 채워 놓습니다. 범죄자에게 전자팔찌를 채워놓으면 그 사람이 어디에 있는지 추적이 가능하게 됩니다. 그처럼 우리 몸속에 칩을 심어 놓으면 중앙에서 통제가 가능하게 됩니다. 어떤 물건을 샀는지, 어느 곳에 있는지 모든 것을 다 파악할 수 있는 것입니다. 그렇기 때문에 그 시대에는 적그리스도의 말을 듣지 않을래야 듣지 않을 수가 없습니다. 적그리스도를 피해 살 수 있는 유일한 방법은 표를 받지 않는 것인데 그런 사람은 죽을 각오를 해야 합니다.

적그리스도가 통치하는 세상이 무섭고 끔찍하지 않습니까? 이런 세상이 우리 앞으로 점점 다가오고 있다는 사실입니다. 이미 상당히 가까이 와 있습니다. 우리나라의 경우 지금 반기독교 정서가 얼마나 강합니까. 그런데 적그리스도가 출현하면 온 세상이 결국 그렇게 될 것입니다. 이런 것을 볼 때 7년 대환난과 적그리스도의 출현은 멀지 않았다는 것을 알 수 있습니다. 사탄숭배 사상도 미국뿐 아니라 우리나라의 어떤 가수들 중에도 있는 것을 봅니다. 세계화의 결국은 하나의 정부, 하나의 경제체제로 흘러가면서 적그리스도가 출현할 날을 앞당기고 있습니다. 이런 세상이 지금 우리가 살고 있는 세상입니다. 그러면 이제 우리는 어떻게 살아야 하겠습니까? 정신을 차려야겠지요. 영적인 잠에서 깨어나야 합니다. 우리가 어떤 시기에 살고 있는지 잘 생각하면서 정말 깨어있는 그리스도인이 되어야 하겠습니다.

17

승리 그리고 심판

(계 14장)

계 14장

1 또 내가 보니 보라 어린 양이 시온 산에 섰고 그와 함께 십사만 사천이 서 있는데 그들의 이마에는 어린 양의 이름과 그 아버지의 이름을 쓴 것이 있더라 2 내가 하늘에서 나는 소리를 들으니 많은 물 소리와도 같고 큰 우렛소리와도 같은데 내가 들은 소리는 거문고 타는 자들이 그 거문고를 타는 것 같더라 3 그들이 보좌 앞과 네 생물과 장로들 앞에서 새 노래를 부르니 땅에서 속량함을 받은 십사만 사천 밖에는 능히 이 노래를 배울 자가 없더라 4 이 사람들은 여자와 더불어 더럽히지 아니하고 순결한 자라 어린 양이 어디로 인도하든지 따라가는 자며 사람 가운데에서 속량함을 받아 처음 익은 열매로 하나님과 어린 양에게 속한 자들이니 5 그 입에 거짓말이 없고 흠이 없는 자들이더라 6 또 보니 다른 천사가 공중에 날아가는데 땅에 거주하는 자들 곧 모든 민족과 종족과 방언과 백성에게 전할 영원한 복음을 가졌더라 7 그가 큰 음성으로 이르되 하나님을 두려워하며 그에게 영광을 돌리라 이는 그의 심판의 시간이 이르렀음이니 하늘과 땅과 바다와 물들의 근원을 만드신 이를 경배하라 하더라 8 또 다른 천사 곧 둘째가 그 뒤를 따라 말하되 무너졌도다 무너졌도다 큰 성 바벨론이여 모든 나라에게 그의 음행으로 말미암아 진노의 포도주를 먹이던 자로다 하더라 9 또 다른 천사 곧 셋째가 그 뒤를 따라 큰 음성으로 이르되 만일 누구든지 짐승과 그의 우상에게 경배하고 이마에나 손에 표를 받으면 10 그도 하나님의 진노의 포도주를 마시리니 그 진노의 잔에 섞인 것이 없이 부은 포도주라 거룩한 천사들 앞과 어린 양 앞에서 불과 유황으로 고난을 받으리니 11 그 고난의 연기가 세세토록 올라가리로다 짐승과 그의 우상에게 경배하고 그의 이름표를 받는 자는 누구든지 밤낮 쉼을 얻지 못하리라 하더라 12 성도들의 인내가 여기 있나니 그들은 하나님의 계명과 예수에 대한 믿음을 지키는 자니라 13 또 내가 들으니 하늘에서 음성이 나서 이르되 기록하라 지금 이후로 주 안에서 죽는 자들은 복이 있도다 하시매 성령이 이르시되 그러하다 그들이 수고를 그치고 쉬리니 이는 그들의 행한 일이 따름이라 하시더라 14 또 내가 보니 흰 구름이 있고 구름 위에 인자와 같은 이가 앉으셨는데 그 머리에는 금 면류관이 있고 그 손에는 예리한 낫을 가졌더라 15 또 다른 천사가 성전으로부터 나와 구름 위에 앉은 이를 향하여 큰 음성으로 외쳐 이르되 당신의 낫을 휘둘러 거두소서 땅의 곡식이 다 익어 거둘 때가 이르렀음이니이다 하니 16 구름 위에 앉으신 이가 낫을 땅에 휘두르매 땅의 곡식이 거두어지니라 17 또 다른 천사가 하늘에 있는 성전에서 나오는데 역시 예리한 낫을 가졌더라 18 또 불을 다스리는 다른 천사가 제단으로부터 나와 예리한 낫 가진 자를 향하여 큰 음성으로 불러 이르되 네 예리한 낫을 휘둘러 땅의 포

도송이를 거두라 그 포도가 익었느니라 하더라 19 천사가 낫을 땅에 휘둘러 땅의 포
도를 거두어 하나님의 진노의 큰 포도주 틀에 던지매 20 성 밖에서 그 틀이 밟히니
틀에서 피가 나서 말 굴레에까지 닿았고 천육백 스다디온에 퍼졌더라

요한계시록은 전체가 22장인데 그 중 13장이 7년 대환난과 관련
된 내용입니다. 본문도 7년 대환난 기간 중에 있을 일을 기록한 내
용인데, 공중의 모습과 땅의 모습을 동시에 보여주고 있습니다. 14
절을 보겠습니다.

"또 내가 보니 흰 구름이 있고, 구름 위에 인자와 같은 이가 앉으셨
는데 그 머리에는 금 면류관이 있고, 그 손에는 예리한 낫을 가졌더
라"(계 14:14).

'인자와 같은 이' 가 '흰 구름 위에' 앉아 계신다고 했는데 이것은
예수 그리스도께서 공중에 재림하셔서 이 땅으로 내려오실 때까지
7년 동안 공중에 머무르고 계시는 모습을 나타낸 것입니다. 그리고
7년이 지나면 구름을 타고 지상으로 내려오십니다(마 24:30, 계
1:7).

20절 말씀도 보겠습니다.

"성 밖에서 그 틀이 밟히니, 틀에서 피가 나서 말굴레에까지 닿았
고, 천육백 스다디온에 퍼졌더라"(계 14:20).

이 말씀은 예수님께서 사람들을 심판하시는 내용으로 이 땅 위에
서 일어날 일들입니다. 요한계시록 14장은 이렇게 공중의 모습과 땅
의 모습을 동시에 보여주고 있습니다. 공중의 모습은 승리의 모습이
요, 땅의 모습은 심판의 모습입니다.

새 노래를 부르는 십사만 사천 명

본문의 내용을 살펴보면서 우리에게 주실 은혜와 교훈이 무엇인지 생각해보겠습니다. 1절 말씀입니다.

"또 내가 보니 보라 어린 양이 시온 산에 섰고, 그와 함께 십사만 사천이 서 있는데 그들의 이마에는 어린 양의 이름과 그 아버지의 이름을 쓴 것이 있더라"(계 14:1).

십사만 사천 명의 사람들이 나오는데 이들은 요한계시록 7장에서 나온 적이 있습니다. 이들은 이스라엘 사람들로서 7년 대환난 기간 중에 복음전도를 위하여 하나님께 귀하게 쓰임 받을 사람들입니다. 그런데 이 사람들이 지금 하늘에 올라와 있습니다. 1절 말씀을 잘 보면 이들은 지금 어린 양과 함께 '시온 산'에 있다고 말씀하는데 여기의 시온 산은 이 땅에 있는 시온 산이 아니라 하늘에 있는 시온 산입니다. 3절을 보면 이들이 하늘에 있는 것을 더 명확하게 알 수 있습니다.

"그들이 보좌 앞과 네 생물과 장로들 앞에서 새 노래를 부르니 땅에서 속량함을 받은 십사만 사천 밖에는 능히 이 노래를 배울 자가 없더라"(계 14:3).

십사만 사천 명이 네 생물과 장로들 앞에서 노래를 부르고 있습니다. 네 생물은 하늘의 천사들이고, 장로들은 24장로들로 들림 받은 성도들을 대표하는 사람들입니다. 그런데 이들 앞에서 십사만 사천 명이 노래를 부르고 있습니다. 이 땅에서의 사명을 다하고, 공중에서 주님 앞에 서 있는 것입니다. 이들이 공중에서 '새 노래'를 불렀다고 하는데 이것은 하나님을 예배하고 찬양하는 것을 말합니다. 그런데 이들의 노래를 능히 배울 자가 없다고 말씀합니다. 이들은 7년 대환난 중에 구원받은 사람들로 말할 수 없는 시련을 통과한 사람들입니다. 그러다 보니 우리가 갖지 못한 특별한 간증들이 있겠지요. 그런 의미에서 이들의 노래, 이들의 간증을 감히 따라할 사람이 없다는 것입니다.

이들이 하늘에서 찬양을 부를 때 그 소리가 어떠했는지 2절을 보겠습니다.

"내가 하늘에서 나는 소리를 들으니 많은 물소리와도 같고, 큰 우렛소리와도 같은데 내가 들은 소리는 거문고 타는 자들이 그 거문고를 타는 것 같더라"(계 14:2).

요한이 하늘에서 나는 소리를 들었는데 십사만 사천 명이 하나님을 새 노래로 찬양하는 소리가 얼마나 웅장했던지 물소리와도 같고, 큰 우렛소리와도 같으며, 거문고를 타는 소리와도 같다고 했습니다. 그들이 부른 노래는 기쁨의 노래요, 승리의 노래요, 우리 주님을 찬양하는 노래였습니다. 이런 노래는 우리도 매 예배 때마다 부르고 있는데 우리도 이들처럼 있는 힘을 다하고, 최선을 다하여 불러야겠습니다. 우리 주 예수님은 우리의 찬양을 받기에 합당한 분이십니다.

처음 익은 열매

4-5절을 보겠습니다.

"이 사람들은 여자와 더불어 더럽히지 아니하고 순결한 자라. 어린 양이 어디로 인도하든지 따라가는 자며, 사람 가운데에서 속량함을 받아 처음 익은 열매로 하나님과 어린 양에게 속한 자들이니, 그 입에 거짓말이 없고 흠이 없는 자들이더라"(계 14:4-5).

십사만 사천 명을 '처음 익은 열매'라고 부르고 있는데 그 이유는 이들이 7년 대환난 기간 중 가장 먼저 구원받은 사람들이고, 이들의 사역을 통해서 많은 사람들이 구원받았기 때문입니다. 4-5절에서는 이들을 세 가지로 소개합니다.

첫째, 이 사람들은 '여자와 더불어 더럽히지 아니하고 순결한 자'(4a절)라고 했습니다. 이것은 이들이 육체적으로 독신을 유지했다는 것이 아니라 영적으로 순결하고, 이 세상의 불의와 타협하지 않는 삶을 살았다는 것을 말합니다. 이들이 활동하던 세상은 적그리스도가 다스리던 세상이었습니다. 그 세상 속에서 믿음생활을 하고, 전도를 한다는 것이 얼마나 어려운 일이었겠습니까. 그럼에도 불구하고 이들은 악과 불의에 절대로 굴하지 않았습니다.

사랑하는 성도 여러분!

우리도 그렇게 살아야 되지 않겠습니까? 이 세상에서 신앙생활을 한다는 것, 경건하게 산다는 것이 쉽지 않습니다. 죄에 대한 유혹은 또 얼마나 많습니까. 그러나 우리도 이들처럼 모든 것을 극복하고 주님 보시기에 아름답고 합당한 삶을 살아갈 수 있어야 하겠습니다.

어린 양이 어디로 가든지 따라가는 자

둘째, '어린 양이 어디로 인도하든지 따라가는 자'(4b절)였습니다. 대단한 믿음의 사람들이 아닐 수 없습니다. 어린 양 예수님께서 이끄시는 삶이 어떤 삶입니까? 십자가를 지고 따르는 삶, 고난의 삶, 자기를 부인하는 삶입니다. 결코 쉽지 않은 삶인데 이들은 아무 소리 없이 예수님께서 인도하시는 대로 살았습니다. 이들의 삶을 볼 때 얼마나 큰 도전이 되는지 모릅니다. 우리도 이들처럼 주님께서

가시는 그 길을 그대로 따라갈 수 있는 사람들이 되어야 하겠습니다. 그 길이 시련의 길이라 할지라도, 핍박과 조롱의 길이라 할지라도 주님께서 가라고 하시면 갈 수 있기를 소망합니다.

거짓말이 없고 흠이 없는 자들

셋째, 이들은 '그 입에 거짓말이 없고 흠이 없는 자들'(5절)이었습니다. 정말 훌륭한 믿음의 사람들입니다. 이 사람들은 거짓말을 모르는 사람들입니다. 혹시 우리 입에는 거짓말이 없는지 한 번 돌아봅시다. 사람들은 거짓말하는 것을 별 것 아닌 것처럼 생각할지 모르나 하나님께서는 거짓말하는 것을 대단히 큰 죄로 여기십니다. 요한계시록 21장과 22장을 읽어 보면 불못에 떨어질 사람들, 천국에 들어가지 못할 사람들을 열거할 때 그 중에 거짓말하는 사람들도 포함되는 것을 볼 수 있습니다(계 21:8, 27, 22:15). 우리 주님께서 거짓말을 얼마나 미워하시는지 알 수 있습니다. 혹시 내 삶 속에, 내 입에 거짓말이 있다면 당장 버립시다. 또 이 분들은 생활 가운데 흠이 없었습니다. 우리의 삶은 흠투성이로 가득 차 있지 않습니까? 하나님께서 우리를 구원해 주신 목적은 거룩하고 흠이 없는 삶을 살도록 하기 위함입니다. 하나님의 그 뜻을 이해하면서 주님 보시기에 거룩하고, 바르고, 합당한 삶을 살아갑시다.

천사가 큰 음성으로 이르되

6-7절을 보겠습니다.

"또 보니 다른 천사가 공중에 날아가는데 땅에 거주하는 자들, 곧 모든 민족과 종족과 방언과 백성에게 전할 영원한 복음을 가졌더라.

그가 큰 음성으로 이르되 하나님을 두려워하며, 그에게 영광을 돌리라. 이는 그의 심판의 시간이 이르렀음이니 하늘과 땅과 바다와 물들의 근원을 만드신 이를 경배하라 하더라"(계 14:6-7).

이 말씀에는 천사가 복음을 전하는 내용이 나와 있습니다. 원래 복음은 천사들이 전하는 것이 아니라 믿는 사람들이 전해야 하는 것입니다. 그것이 하나님의 뜻입니다. 그런데 본문에서는 천사가 영원한 복음을 가졌다고 말씀합니다. 그 이유는 본문의 상황 속에서는 이 땅에 예수 믿는 사람들이 거의 없는 상태이기 때문입니다. 7년 대환난 기간 중이고, 복음 전도자로 세운 십사만 사천 명도 지금 하늘에 올라가 있습니다. 십사만 사천 명의 전도를 통해서 구원받은 사람들이 있기는 하지만 그들조차도 적그리스도에 의해서 대부분 죽임을 당했습니다. 그러므로 본문의 상황 속에서는 믿는 사람이 거의 없는 상태입니다. 그런데 7년 대환난 기간은 아직 끝나지 않았습니다. 구원받아야 할 사람들이 있다면 하나님께서 구원해 주시는 기간인데 복음 전할 사람이 없으니까 하나님께서 천사에게 그 일을 하도록 하신 것입니다.

7절을 보면 천사가 사람들을 초청하는데 세 가지 말로 하고 있습니다. 첫째 '하나님을 두려워하라', 둘째, '하나님께 영광을 돌리라', 셋째 '하나님을 경배하라' 입니다. 헬라어 성경을 보면 이 말들은 다 명령형으로 되어 있습니다. 7절에 나와 있는 대로 우리 하나님은 창조주이시며 심판주이시기 때문에 이 말씀은 이 땅의 모든 사람들이 들어야 하고, 이대로 살아야 할 말씀입니다. 하나님은 우리를 지으신 분, 천지만물을 지으신 분, 이 땅을 언젠가는 심판하실 분이십니다. 그러므로 우리는 하나님을 두려워할 줄 알고, 하나님께 영광을 돌려야 하며, 하나님을 예배하는 삶을 살아야 합니다. 혹시 아직도 하나님을 모르고 살아가는 분이 있다면 하나님께 나와 그런 삶을 사시기 바랍니다. 이미 하나님을 알고 있고, 이런 삶을 살아가고 있다면 여러분 주위에 있는 하나님을 알지 못하는 분들에게 하나님을 믿고 하나님을 경외하는 삶을 살도록 전도하시기를 바랍니다. 그것이 우리가 이 땅에서 해야 할 일입니다. 지금은 하나님께서 천사에게 그 일을 시키지 않습니다. 지금은 우리가 그 일을 해야 하는 것입니다.

계속 해서 8절을 보겠습니다.

"또 다른 천사 곧 둘째가 그 뒤를 따라 말하되 무너졌도다, 무너졌도다, 큰 성 바벨론이여. 모든 나라에게 그의 음행으로 말미암아 진노의 포도주를 먹이던 자로다 하더라"(계 14:8).

큰 성 바벨론이 무너질 것에 대해서 예고하는 말씀입니다. 큰 성 바벨론은 7년 대환난 기간 중에 이 땅 위에 있게 될 거짓종교단체를 말하는 것입니다. 여기에 대해서는 요한계시록 17장과 18장에 상세하게 기록되어 있으므로 그 때 자세히 살펴보도록 하겠습니다.

불과 유황으로 고난을 받으리니

9-11절을 보겠습니다.

"또 다른 천사 곧 셋째가 그 뒤를 따라 큰 음성으로 이르되 만일 누구든지 짐승과 그의 우상에게 경배하고 이마에나 손에 표를 받으면 그도 하나님의 진노의 포도주를 마시리니, 그 진노의 잔에 섞인 것이 없이 부은 포도주라. 거룩한 천사들 앞과 어린 양 앞에서 불과 유황으로 고난을 받으리니, 그 고난의 연기가 세세토록 올라가리로다.

짐승과 그의 우상에게 경배하고 그의 이름표를 받는 자는 누구든지 밤낮 쉼을 얻지 못하리라 하더라"(계 14:9-11).

적그리스도를 따르던 사람들이 '하나님의 진노'를 당할 것이고, '불과 유황으로 고난'을 받게 될 것이라고 말씀하고 있습니다. 그 고난이 어느 정도 계속 되는가 하면 세세토록 계속 된다고 말씀합니다. 이 말씀은 단지 7년 대환난 기간 중에 적그리스도를 따를 사람들에게만 해당되는 것이 아니라 오늘날에도 예수 그리스도를 거부하며 살아가는 모든 사람들에게 해당되는 말씀입니다. 만일 그렇다면 심각한 문제가 아닙니까? 영원한 불못을 한 번 생각해 보십시오. 얼마나 끔찍합니까.

그런데 오늘날 사람들에게 지옥 가지 말라고 지옥 이야기를 해주면 별로 좋아하지 않습니다. 설교자들조차도 지옥 이야기를 잘 하지 않습니다. 지옥에 대해 이야기하면 무식해 보이는 것 같고, 세련되지 못한 목사처럼 보이기 때문에 그런지 몰라도 제가 믿기에 지옥에 대한 설교는 그 어떤 설교보다도 많이 해야 할 설교입니다. 지옥이 없다면 저와 여러분이 예수 믿어야 할 이유가 없고, 제가 설교할 이유도 없습니다. 지옥은 분명이 존재하는 곳이고, 사람이 절대로 가서는 안 되는 곳입니다. 불과 유황으로 당하는 그 고통은 상상을 초월하는 고통입니다. 그곳에서는 죽고 싶어도 죽을 수가 없습니다. 그 고통을 영원히 당해야 한다고 한 번 생각해 보십시오.

지옥에 대해서 예수님께서 아주 강하게 말씀해 주신 구절이 있습니다.

"만일 네 손이 너를 범죄하게 하거든 찍어버리라. 장애인으로 영생에 들어가는 것이 두 손을 가지고 지옥 곧 꺼지지 않는 불에 들어가는 것보다 나으니라. 만일 네 발이 너를 범죄하게 하거든 찍어버리라. 다리 저는 자로 영생에 들어가는 것이 두 발을 가지고 지옥에 던져지는 것보다 나으니라. 만일 네 눈이 너를 범죄하게 하거든 빼버리라. 한 눈으로 하나님의 나라에 들어가는 것이 두 눈을 가지고 지옥에 던져지는 것보다 나으니라. 거기에서는 구더기도 죽지 않고 불도 꺼지지 아니하느니라. 사람마다 불로써 소금 치듯 함을 받으리라"(막 9:43-49).

이 말씀을 잘 생각해 보면 지옥이 얼마나 무서운 곳인지 조금 이해할 수 있을 것입니다. 생사람 눈을 뽑아내고, 멀쩡한 팔을 도끼로 찍어내고, 다리를 톱으로 잘라낸다고 생각해 보십시오. 그 고통이 어떻겠습니까. 상상도 할 수 없는 고통이겠지요. 그런데 그렇게 하는 한이 있더라도 지옥에 가서는 안 된다고 예수님께서 말씀하고 계십니다. 지옥의 고통은 그런 고통에 비하면 아무 것도 아니라는 말입니다. 지옥은 정말 가서는 안 되는 곳입니다. 꼭 예수 믿고, 천국의 소망을 가지고 살아가는 당신이 되기 바랍니다.

주 안에서 죽는 자들이 복이 있도다

12-13절을 보겠습니다.

"성도들의 인내가 여기 있나니 그들은 하나님의 계명과 예수에 대한 믿음을 지키는 자니라. 또 내가 들으니 하늘에서 음성이 나서 이르되 기록하라 지금 이후로 주 안에서 죽는 자들은 복이 있도다 하시매 성령이 이르시되 그러하다 그들이 수고를 그치고 쉬리니 이는 그들의 행한 일이 따름이라 하시더라"(계 14:12-13).

이 세상에서 가장 복 받은 사람들이 누군지 아십니까? 돈 많은 사람들, 권세 있는 사람들이 아닙니다. 예수 믿는 사람들입니다. 예수 믿는 사람들에게는 천국이 예비되어 있기 때문에 그렇습니다. 이 땅에서는 예수 믿는 것이 얼마나 큰 축복인지 잘 모를 수 있습니다. 그러나 죽은 뒤에 천국에 가게 되면 예수 믿은 것이 가장 큰 복이었다는 것을 알게 될 것입니다. 한 번 상상을 해보십시오. 죽음 후에 이 땅에서 들어 왔던 천국, 믿어 왔던 천국이 실제로 내 눈 앞에 펼쳐져 있습니다. 거기서 주님과 함께 영원한 복락 중에 살게 됩니다. 얼마나 행복하겠습니까!

이 땅에서의 삶은 칠십 년, 팔십 년입니다. 돈 있는 사람이나 없는 사람이나 고통당하는 것은 매 한 가지입니다. 권력 있는 사람이나 없는 사람이나 힘들게 사는 것은 똑같습니다. 그러므로 예수 믿는 사람들이 이 세상에서 가장 행복한 사람들입니다. 천국이 보장되어 있기 때문입니다. 여러분 중에 힘들고 어려운 분이 계시다면 조금만 참으십시오. 이 땅에서의 고통은 잠시 지나갑니다. 잠시 뒤면 영원한 천국에서 안식을 누리게 될 것입니다. 이 땅에서는 병으로 고통도 당하고, 죽음도 맞게 되지만 감사한 것은 천국이 있다는 사실입니다. 예수 믿는 사람들이 가장 행복한 사람들이라는 것을 늘 생각하면서 감사하며 살아가시기 바랍니다.

구름 위에 앉으신 이가 낫을 땅에 휘두르매

마지막으로 14-20절을 보겠습니다.

"또 내가 보니 흰 구름이 있고, 구름 위에 인자와 같은 이가 앉으셨는데, 그 머리에는 금 면류관이 있고, 그 손에는 예리한 낫을 가졌더라. 또 다른 천사가 성전으로부터 나와 구름 위에 앉은 이를 향하여 큰 음성으로 외쳐 이르되 당신의 낫을 휘둘러 거두소서, 땅의 곡식이 다 익어 거둘 때가 이르렀음이니이다 하니 구름 위에 앉으신 이가 낫을 땅에 휘두르매 땅의 곡식이 거두어지니라. 또 다른 천사가 하늘에 있는 성전에서 나오는데 역시 예리한 낫을 가졌더라. 또 불을 다스리는 다른 천사가 제단으로부터 나와 예리한 낫 가진 자를 향하여 큰 음성으로 불러 이르되 네 예리한 낫을 휘둘러 땅의 포도송이를 거두라, 그 포도가 익었느니라 하더라. 천사가 낫을 땅에 휘둘러 땅의 포도를 거두어 하나님의 진노의 큰 포도주 틀에 던지매 성 밖에서 그 틀이 밟히니 틀에서 피가 나서 말굴레에까지 닿았고, 천육백 스다디온에 퍼졌더라"(계 14:14-20).

예수님께서 예리한 낫을 가지고 땅의 곡식을 거두는 장면이 나옵니다. 이것은 예수님께서 이 땅을 심판하시는 것을 의미합니다. 7년 대환난 기간 중에 이 땅을 심판하시는데 심판의 결과로 수많은 사람들이 죽임을 당합니다. 어느 정도로 많은 사람들이 죽고, 어느 정도로 많은 피가 흐르는가 하면 그 피가 말굴레에까지 닿았고, 1600 스다디온에 퍼졌다고 말씀하고 있습니다(20절). '말굴레'는 말의 머리에 씌우는 것인데 그 피가 말의 머리 바로 밑까지 찼다는 것입니다. 또 '1,600 스다디온'은 약 300km에 해당되는 거리로 피가 완전히 바다를 이룬 것입니다. 7년 대환난 기간 중에 얼마나 많은 사람들이 죽으면 이런 표현을 쓰겠습니까.

7년 대환난의 심판은 지금 이 순간에도 계속 다가오고 있습니다. 이 기간 중에 이 땅에 남게 되는 사람들은 비극 중의 비극을 경험하게 될 것입니다. 그러나 믿는 사람들에게는 이 기간조차도 기쁨과 승리의 기간이 됩니다. 이미 들림 받아서 공중에서 주님과 함께 있기 때문입니다. 만약 예수님께서 지금이라도 공중에 재림하신다면 믿는 사람들은 모두 공중으로 들림 받을 것이고, 믿지 않는 사람들은 이 땅에 남아서 7년 대환난을 통과하게 될 것입니다.

당신은 어떻게 될 것 같습니까?

당신은 공중에 들림 받을 사람입니까, 이 땅에 남을 사람입니까?

공중으로 들림 받아서 주님과 함께 영생 복락을 누릴 수 있기를 간절히 바랍니다.

18

진노의 일곱 대접

(계 15-16장)

계 15-16장

15장 1 또 하늘에 크고 이상한 다른 이적을 보매 일곱 천사가 일곱 재앙을 가졌으니 곧 마지막 재앙이라 하나님의 진노가 이것으로 마치리로다 2 또 내가 보니 불이 섞인 유리 바다 같은 것이 있고 짐승과 그의 우상과 그의 이름의 수를 이기고 벗어난 자들이 유리 바다 가에 서서 하나님의 거문고를 가지고 3 하나님의 종 모세의 노래 어린 양의 노래를 불러 이르되 주 하나님 곧 전능하신 이시여 하시는 일이 크고 놀라우시도다 만국의 왕이시여 주의 길이 의롭고 참되시도다 4 주여 누가 주의 이름을 두려워하지 아니하며 영화롭게 하지 아니하오리이까 오직 주만 거룩하시니이다 주의 의로우신 일이 나타났으매 만국이 와서 주께 경배하리이다 하더라 5 또 이 일 후에 내가 보니 하늘에 증거 장막의 성전이 열리며 6 일곱 재앙을 가진 일곱 천사가 성전으로부터 나와 맑고 빛난 세마포 옷을 입고 가슴에 금 띠를 띠고 7 네 생물 중의 하나가 영원토록 살아 계신 하나님의 진노를 가득히 담은 금 대접 일곱을 그 일곱 천사들에게 주니 8 하나님의 영광과 능력으로 말미암아 성전에 연기가 가득 차매 일곱 천사의 일곱 재앙이 마치기까지는 성전에 능히 들어갈 자가 없더라

16장 1 또 내가 들으니 성전에서 큰 음성이 나서 일곱 천사에게 말하되 너희는 가서 하나님의 진노의 일곱 대접을 땅에 쏟으라 하더라 2 첫째 천사가 가서 그 대접을 땅에 쏟으매 짐승의 표를 받은 사람들과 그 우상에게 경배하는 자들에게 악하고 독한 종기가 나더라 3 둘째 천사가 그 대접을 바다에 쏟으매 바다가 곧 죽은 자의 피 같이 되니 바다 가운데 모든 생물이 죽더라 4 셋째 천사가 그 대접을 강과 물 근원에 쏟으매 피가 되더라 5 내가 들으니 물을 차지한 천사가 이르되 전에도 계셨고 지금도 계신 거룩하신 이여 이렇게 심판하시니 의로우시도다 6 그들이 성도들과 선지자들의 피를 흘렸으므로 그들에게 피를 마시게 하신 것이 합당하니이다 하더라 7 또 내가 들으니 제단이 말하기를 그러하다 주 하나님 곧 전능하신 이시여 심판하시는 것이 참되시고 의로우시도다 하더라 8 넷째 천사가 그 대접을 해에 쏟으매 해가 권세를 받아 불로 사람들을 태우니 9 사람들이 크게 태움에 태워진지라 이 재앙들을 행하는 권세를 가지신 하나님의 이름을 비방하며 또 회개하지 아니하고 주께 영광을 돌리지 아니하더라 10 또 다섯째 천사가 그 대접을 짐승의 왕좌에 쏟으니 그 나라가 곧 어두워지며 사람들이 아파서 자기 혀를 깨물고 11 아픈 것과 종기로 말미암아 하늘의 하나님을 비방하고 그들의 행위를 회개하지 아니하더라 12 또 여섯째 천사가 그 대접을 큰 강 유브라데에 쏟으매 강물이 말라서 동방에서 오는 왕들의 길이 예비되었더라 13 또 내가 보매 개구리 같은 세 더러운 영이 용의 입과 짐승의 입과 거짓 선지자의 입에서

나오니 14 그들은 귀신의 영이라 이적을 행하여 온 천하 왕들에게 가서 하나님 곧 전능하신 이의 큰 날에 있을 전쟁을 위하여 그들을 모으더라 15 보라 내가 도둑 같이 오리니 누구든지 깨어 자기 옷을 지켜 벌거벗고 다니지 아니하며 자기의 부끄러움을 보이지 아니하는 자는 복이 있도다 16 세 영이 히브리어로 아마겟돈이라 하는 곳으로 왕들을 모으더라 17 일곱째 천사가 그 대접을 공중에 쏟으매 큰 음성이 성전에서 보좌로부터 나서 이르되 되었다 하시니 18 번개와 음성들과 우렛소리가 있고 또 큰 지진이 있어 얼마나 큰지 사람이 땅에 있어 온 이래로 이같이 큰 지진이 없었더라 19 큰 성이 세 갈래로 갈라지고 만국의 성들도 무너지니 큰 성 바벨론이 하나님 앞에 기억하신 바 되어 그의 맹렬한 진노의 포도주 잔을 받으매 20 각 섬도 없어지고 산악도 간 데 없더라 21 또 무게가 한 달란트나 되는 큰 우박이 하늘로부터 사람들에게 내리매 사람들이 그 우박의 재앙 때문에 하나님을 비방하니 그 재앙이 심히 큼이러라

일곱 대접의 심판

요한계시록에 기록된 7년 대환난의 심판은 크게 세 가지입니다. '일곱 인의 심판', '일곱 나팔의 심판', '일곱 대접의 심판'이 그것입니다. 본문 요한계시록 15장과 16장은 마지막 세 번째 심판인 '일곱 대접의 심판'에 대한 말씀입니다.

15장 1절에 보면 "또 하늘에 크고 이상한 다른 이적을 보매 일곱 천사가 일곱 재앙을 가졌으니 곧 마지막 재앙이라. 하나님의 진노가 이것으로 마치리로다"라고 되어 있습니다. '일곱 재앙'은 '일곱 대접의 심판'을 말하는 것인데 이것이 '마지막 재앙'입니다. '일곱 대접의 심판'에 대한 자세한 내용은 요한계시록 16장에 기록되어 있고, 15장에서는 서론적인 이야기를 하고 있는데 어떤 이야기를 하고 있는지 먼저 보도록 하겠습니다.

2-4절입니다.

"또 내가 보니 불이 섞인 유리 바다 같은 것이 있고, 짐승과 그의

우상과 그의 이름의 수를 이기고 벗어난 자들이 유리 바다 가에 서서 하나님의 거문고를 가지고 하나님의 종 모세의 노래, 어린 양의 노래를 불러 이르되 주 하나님 곧 전능하신 이시여 하시는 일이 크고 놀라우시도다. 만국의 왕이시여, 주의 길이 의롭고 참되시도다. 주여 누가 주의 이름을 두려워하지 아니하며, 영화롭게 하지 아니하오리이까. 오직 주만 거룩하시니이다. 주의 의로우신 일이 나타났으매 만국이 와서 주께 경배하리이다 하더라"(계 15:2-4).

이 말씀에 보니 한 무리의 사람들이 하나님을 찬양하고 있습니다. 이 사람들은 '짐승과 그의 우상과 그의 이름의 수를 이기고 벗어난 자들'(2절)이라고 설명합니다. '짐승'은 '적그리스도'이고, 그 '수'는 '666'을 이야기하는 것이지요. 그러므로 이들은 7년 대환난 기간 중에 구원받은 성도들이라는 것을 알 수 있습니다. 그런데 지금 이들이 어디에 있습니까? 공중에 있습니다. 2절에 보면 이들이 '유리 바다 가에 서서'라고 되어 있는데, 헬라어 성경을 보면 '유리 바다 위에 서서'라고 되어 있습니다. '유리 바다'라고 하는 것은 요한계시록 4장 6절에 나왔던 표현으로 하나님의 보좌 앞 광경을 나타내는 것입니다. 그러니까 이들은 지금 공중에 있는 것입니다.

그런데 요한계시록 4장 6절에서는 이 '유리 바다'를 '수정과 같은 유리 바다'라고 했는데 본문에서는 '불이 섞인 유리 바다'라고 했습니다. 왜 '불이 섞인 유리 바다'라고 했을까요? 정확하게는 알 수 없지만 지금 땅에서는 7년 대환난이 계속되고 있는 것을 나타내기 위해서 이렇게 표현한 것이 아닐까 생각합니다.

모세의 노래

그리고 이들이 노래를 부르는데 '모세의 노래와 어린양의 노래'를 불렀다고 말씀하고 있습니다(3a절). '어린 양의 노래'를 부르는 것은 요한계시록 앞부분에서도 나왔고 이해가 되는데 왜 갑자기 '모세의 노래'를 부르는 것일까요? '모세의 노래'는 출애굽기 15장에 기록된 것으로 이스라엘 백성들이 출애굽하여 홍해를 건너고 난 뒤 너무도 감사해서 불렀던 노래입니다. 이들이 하나님 앞에서 '모세의 노래'를 부르는 것은 7년 대환난을 통과한 것을 이스라엘 백성들이 홍해를 통과한 것에 비유했기 때문입니다. '모세의 노래'를 부른 것으로 보아 이들은 주로 이스라엘 사람들이라는 것을 짐작할 수 있습니다. 우리도 하나님의 놀라운 은혜로 구원을 받았지만 그것을 홍해와 연관지어 생각하지는 않습니다. 그러나 이스라엘 백성들은 '하나님의 은혜' 하면 자기 조상들을 기적적으로 출애굽하게 해주시고 홍해를 건너가게 해주신 것을 생각합니다.

7년 대환난 기간 중에는 이방인들도 구원받을 수 있습니다. 그러나 주로 이스라엘 사람들, 유대인들이 구원을 받습니다. 십사만 사천 명, 그들도 다 이스라엘 사람들이고, 그들의 전도로 수많은 유대인들이 주님께로 돌아올 것입니다. 그래서 이들이 7년 대환난 기간 중에 하나님의 은혜로 구원받고, 죽어서 지금 하나님의 보좌 앞 유리 바다 위에 서서 찬양을 하는 것입니다. 노래의 내용은 '하나님은 참으로 놀라운 분이시다. 그리고 하나님은 영광받기에 합당한 분이시다'는 내용으로 하나님을 찬양하는 것을 볼 수 있습니다(3b-4절).

15장 5-8절에는 일곱 천사가 하나님의 진노를 담은 일곱 대접을

받아서 나오는 내용이 나오고, 6장 1절부터는 진노의 일곱 대접을
이 땅 위에 쏟아 붓는 내용이 나옵니다. 이제 이 '일곱 대접의 심판'
이 어떤 것인지 살펴보도록 하겠습니다.

첫째 대접의 심판

먼저 첫 번째 재앙입니다. 16장 2절을 보겠습니다.

"첫째 천사가 가서 그 대접을 땅에 쏟으매 짐승의 표를 받은 사람
들과 그 우상에게 경배하는 자들에게 악하고 독한 종기가 나더라"
(계 16:2).

첫 번째 대접이 쏟아지자 악하고 독한 종기가 사람들에게 생겼습
니다. 그런데 모든 사람들에게 다 생긴 것은 아니고, 짐승의 표를 받
은 사람들과 그 우상에게 경배한 자들에게 생겼습니다. 몸에 악한
종기가 났다고 한 번 생각해 보십시오. 특별히 여기 나오는 종기는
하나님께서 재앙으로 보낸 종기이기 때문에 매우 독한 종기입니다.
얼마나 괴롭고 고통스럽겠습니까.

둘째 대접의 심판

두 번째 재앙은 3절에 나옵니다.

"둘째 천사가 그 대접을 바다에 쏟으매 바다가 곧 죽은 자의 피 같
이 되니 바다 가운데 모든 생물이 죽더라"(계 16:3).

두 번째 재앙은 바다가 죽은 자의 피같이 되는 재앙입니다. 오늘날
의 바다는 얼마나 아름답습니까. 그 아름다운 바다가 일곱 대접의
심판 중 두 번째 재앙이 쏟아지자 죽은 자의 피같이 된다고 합니다.
그리고 바다의 모든 생물들이 다 죽임을 당합니다. 이 재앙은 요한

계시록 8장에서 살펴보았던 둘째 나팔의 재앙과 비슷합니다. 둘째 나팔이 울려 퍼졌을 때 바다의 3분의 1이 피가 되었습니다. 그리고 그 결과로 바다의 3분의 1이 파괴되어 바다 생물 3분의 1이 죽었으며, 바다에 떠 있는 배 3분의 1이 부서졌습니다(계 8:8-9). 그런데 이번에는 바다 전체가 다 피로 변하고 파괴되는 것입니다. 생각만 해도 끔찍하지 않습니까. 지금 우리가 바다에서 얻는 것이 얼마나 많습니까. 우리가 먹는 음식만 하더라도 바다에서 나는 것이 무척 많은데 그런 음식물도 먹을 수 없게 되고, 바다 자원도 활용할 수 없게 되는 것입니다. 뿐만 아니라 바다가 피로 변하고 썩어가기 때문에 거기서 올라오는 악취 또한 대단할 것입니다.

셋째 대접의 심판

세 번째 재앙은 4-7절에 나옵니다.

"셋째 천사가 그 대접을 강과 물 근원에 쏟으매 피가 되더라. 내가 들으니 물을 차지한 천사가 이르되 전에도 계셨고, 지금도 계신 거룩하신 이여, 이렇게 심판하시니 의로우시도다. 그들이 성도들과 선지자들의 피를 흘렸으므로 그들에게 피를 마시게 하신 것이 합당하니이다 하더라. 또 내가 들으니 제단이 말하기를 그러하다 주 하나님 곧 전능하신 이시여, 심판하시는 것이 참되시고 의로우시도다 하더라"(계 16:4-7).

세 번째 재앙은 강과 물 근원이 피로 변하는 재앙입니다. 이 재앙도 셋째 나팔의 재앙과 비슷합니다. 셋째 나팔의 재앙은 강과 물샘의 3분의 1이 피로 변하는 재앙이었습니다(계 8:10-11). 그런데 이번에는 3분의 1만 피로 변하는 것이 아니라 이 땅의 모든 강들과 물 근원이 다 피로 변합니다. 그렇게 되면 이 땅에는 마실 물이 없어지게 됩니다. 그런데 살기 위해서는 물을 마셔야 함으로 피로 변한 물이라도 마실 수밖에 없습니다. 하나님께서 왜 이렇게 가혹한 벌을 주시는 것일까요? 6절에 보면 그들이 성도들과 선지자들의 피를 흘렸기 때문이라고 설명합니다. 7년 대환난 기간 중에 수많은 성도들이 적그리스도와 그를 추종하는 사람들에 의해서 죽임을 당했습니다. 그래서 하나님께서 지금 이들을 심판하시는 것입니다. 하나님의 진노가 정말 무섭습니다.

넷째 대접의 심판
네 번째 재앙은 8-9절에 나옵니다.

"넷째 천사가 그 대접을 해에 쏟으매 해가 권세를 받아 불로 사람들을 태우니 사람들이 크게 태움에 태워진지라. 이 재앙들을 행하는 권세를 가지신 하나님의 이름을 비방하며 또 회개하지 아니하고 주께 영광을 돌리지 아니하더라"(계 16:8-9).

네 번째 재앙은 해가 뜨거워져서 사람들을 태우는 재앙입니다. 넷째 나팔의 재앙은 해와 달과 별들의 3분의 1이 어두워지는 재앙이었습니다(계 8:12). 그런데 이번에는 어두워졌던 그 해가 다시 빛을 내고 열을 내는데 너무 뜨거워서 사람들을 태워 죽입니다. 그런데 마실 물은 없습니다. 해는 뜨겁고 마실 물은 없고, 마시려면 피로 변한 물을 마셔야 하니 그 고통이 얼마나 크겠습니까.

말라기 4장 1절에 보면 이런 말씀이 있습니다.

"용광로 불 같은 날이 이르리니, 교만한 자와 악을 행하는 자는 다 지푸라기 같을 것이라"(말 4:1a).

'용광로 불 같은 날', 바로 그 날이 지금 본문에서 말하는 날입니다. 그래서 악한 자들, 교만한 자들, 하나님을 받아들이지 않던 자들이 그 뜨거운 불볕에 진짜 '지푸라기'와 같은 신세가 되는 것입니다. 그런데도 사람들이 회개를 안 합니다. 얼마나 악한 사람들입니까. 그러므로 하나님의 심판을 받지 않을 수가 없는 것입니다.

다섯째 대접의 심판

다섯 번째 재앙을 보겠습니다. 10-11절입니다.

"또 다섯째 천사가 그 대접을 짐승의 왕좌에 쏟으니 그 나라가 곧 어두워지며 사람들이 아파서 자기 혀를 깨물고, 아픈 것과 종기로 말미암아 하늘의 하나님을 비방하고, 그들의 행위를 회개하지 아니하더라"(계 16:10-11).

이번에는 어두움이 임하는 재앙인데 전 세계적으로 어두움이 다 임하는 것이 아니라 '짐승의 왕좌'가 있는 그 나라에 어두움이 임한다고 말씀하고 있습니다. 짐승의 왕좌가 있는 나라, 즉 적그리스도의 왕좌가 있는 나라가 어디일까요? 그곳은 예루살렘 아니면 로마입니다. 예루살렘은 적그리스도가 성전에 우상을 세워놓고 사람들에게 숭배할 것을 강요하는 곳이고, 로마는 거짓종교단체의 본부가 있는 곳입니다. 요한계시록 17장과 18장에 나오는 '음녀', '바벨론'이 로마와 관련된 표현들입니다. 그러므로 적그리스도의 왕좌가 있는 나라는 이 두 곳 중 한 곳일 것입니다.

그리고 어두움이 임한 후 사람들이 아파한다고 했는데 날이 어두워지거나 밤이 되면 몸이 아픈 사람은 더 아프고, 괴롭습니다. 그렇듯 하나님께서 어두움 속에 그들을 가두고, 아프게 만드는 것입니다. 첫째 대접의 재앙에서는 종기로 고통당하게 하시고, 이번에는 어떤 병인지는 모르지만 하나님께서 이들의 몸을 쳐서 아프게 하십니다. 어두움 속에서 이들이 고통을 당해야 하는 것입니다. 그래서 이들이 너무나 괴로워서 혀를 깨뭅니다. 아마 죽으려고 그러는 것 같습니다. 그러나 회개할 줄은 모릅니다. 오히려 하나님을 비방합니다.

여섯째 대접의 심판

여섯 번째 재앙은 12-14절과 16절에 나옵니다.

"또 여섯째 천사가 그 대접을 큰 강 유브라데에 쏟으매 강물이 말라서 동방에서 오는 왕들의 길이 예비되었더라. 또 내가 보매 개구리 같은 세 더러운 영이 용의 입과 짐승의 입과 거짓 선지자의 입에서 나오니 그들은 귀신의 영이라. 이적을 행하여 온 천하 왕들에게 가서 하나님 곧 전능하신 이의 큰 날에 있을 전쟁을 위하여 그들을 모으더라"(계 16:12-14).

"세 영이 히브리어로 아마겟돈이라 하는 곳으로 왕들을 모으더라"(계 16:16).

여섯 번째 대접을 쏟으니 유프라테스 강이 말랐습니다. 그리고 그 강을 건너서 세계 여러 왕들이 아마겟돈으로 모입니다. 아마겟돈은 이스라엘에 있는 지역인데 사탄(용)과 적그리스도(짐승)와 거짓 선지자가 세상의 왕들을 이곳으로 모으는 것입니다. 그들을 모으는 이유는 '전능하신 이의 큰 날에 있을 전쟁을 위하여'(14)라고 말씀합니다. 이것은 이 땅으로 재림하실 예수 그리스도께 대항하기 위하여 적그리스도가 세상의 왕들을 불러 모으는 것을 이야기하는 것입니다.

그런데 원래 왕들이 모이는 이유는 예루살렘을 공격하기 위해서입니다. 그 말씀은 성경 스가랴서 12장 3절에 나옵니다.

"그 날에는 내가 예루살렘을 모든 민족에게 무거운 돌이 되게 하리니 그것을 드는 모든 자는 크게 상할 것이라. 천하만국이 그것을 치려고 모이리라"(슥 12:3).

'천하만국이 그것을 치려고', 즉 예루살렘을 치려고 모인다는 말씀입니다.

또 스가랴서 14장 1-3절의 말씀도 보겠습니다.

"여호와의 날이 이르리라. 그 날에 네 재물이 약탈되어 네 가운데에서 나누이리라. 내가 이방 나라들을 모아 예루살렘과 싸우게 하리니 성읍이 함락되며, 가옥이 약탈되며, 부녀가 욕을 당하며, 성읍 백성이 절반이나 사로잡혀 가려니와 남은 백성은 성읍에서 끊어지지 아니하리라. 그 때에 여호와께서 나가사 그 이방 나라들을 치시되 이왕의 전쟁 날에 싸운 것 같이 하시리라"(슥 14:1-3).

예루살렘이 다른 나라 사람들에 의해서 짓밟힐 것을 말씀하는 내용입니다. 그러므로 본문에서 왕들이 아마겟돈으로 모이는 것은 예루살렘을 공격하기 위해서라는 것을 먼저 알아야 합니다. 왜 여러 왕들이 예루살렘을 치기 위해서 아마겟돈으로 모이는지 그 정확한 이유는 잘 모르겠습니다. 어쩌면 적그리스도를 공격하기 위해서 예루살렘을 치는 것이 아닌가 하는 생각이 듭니다. 적그리스도는 7년 대환난 기간 중의 세계의 통치자인데 그의 통치가 그렇게 순조로운 것 같지는 않습니다. 여러 왕들이, 또 다른 지도자들이 그 자리를 늘 노리는 것이지요. 그래서 기회를 엿보다가 어느 순간에 적그리스도를 공격하기 위해서 적그리스도가 있는 예루살렘으로 모여드는 것이라고 생각됩니다. 그런데 적그리스도는 그것을 이용하여 재림하시는 예수 그리스도를 공격하도록 유도하는 것입니다. 그렇게 하기 위해서 이적을 행한다고 본문 14절에서 말씀하고 있습니다.

그런데 우리 하나님께서는 그것을 그들을 심판하시는 기회로 사용하십니다. 그것이 스가랴서 14장 3절의 내용입니다.

"그 때에 여호와께서 나가사 그 이방 사람들을 치시되 이왕의 전쟁날에 싸운 것 같이 하시리라"(슥 14:3).

그런데 그들이 모이는 장소가 어디인가 하면 바로 '아마겟돈' 이라는 곳입니다. '아마겟돈' 이라는 말은 '하르' 라는 말과 '므깃도' 라는 말이 합성되어 나온 말입니다. '하르' 는 '언덕' 이라는 뜻이고, '므깃도' 는 이스라엘에 있는 지명 이름입니다. 구약성경에 여러 번 나옵니다. 그러니까 '아마겟돈' 이라는 말은 '므깃도 언덕' 이라는 의미입니다. 이스라엘에 성지순례를 가서 므깃도 언덕에 올라가 보면 그 아래로 넓은 평야가 나옵니다. 그런데 그 평야는 동서남북으로 다 통하는 교통의 요지입니다. 전쟁하기에 매우 좋은 곳이지요. 그래서 역사적으로 많은 전쟁이 그 평야에서 있었습니다. 나폴레옹도 그 평야를 보고 '이 세상에서 전쟁하기에 가장 좋은 곳' 이라고 말했다고 합니다. 마지막 때에 왕들이 그곳으로 전쟁을 하기 위해서 모여드는데 하나님께서는 그곳에서 그들을 심판하시는 것입니다.

요엘서 3장 9-14절의 말씀을 보겠습니다.

"너희는 모든 민족에게 이렇게 널리 선포할지어다. 너희는 전쟁을 준비하고 용사를 격려하고 병사로 다 가까이 나아와서 올라오게 할지어다. 너희는 보습을 쳐서 칼을 만들지어다. 낫을 쳐서 창을 만들

지어다. 약한 자도 이르기를 나는 강하다 할지어다. 사면의 민족들
아 너희는 속히 와서 모일지어다. 여호와여 주의 용사들로 그리로
내려오게 하옵소서. 민족들은 일어나서 여호사밧 골짜기로 올라올
지어다. 내가 거기에 앉아서 사면의 민족들을 다 심판하리로다. 너
희는 낫을 쓰라 곡식이 익었도다. 와서 밟을지어다. 포도주 틀이 가
득히 차고 포도주 독이 넘치니 그들의 악이 큼이로다. 사람이 많음
이여, 심판의 골짜기에 사람이 많음이여, 심판의 골짜기에 여호와의
날이 가까움이로다"(욜 3:9-14).

이 말씀은 아마겟돈에 모인 상황을 설명하는 것입니다. 14절의
'사람이 많음이여, 심판의 골짜기에 사람이 많음이여, 심판의 골짜
기에 여호와의 날이 가까움이로다' 하는 말씀은 수많은 사람들이
모일 것을 이야기하는 것인데, 하나님께서는 '내가 거기에 앉아서
사면의 민족들을 다 심판하리로다'(12b)라고 말씀하십니다. 결국 사
람들이 적그리스도의 꼬임에 빠져서 오실 메시아를 공격하려고 하
지만 하나님께서는 그들을 그 자리에서 다 멸해 버리시는 것입니다.
그 결과 거기에 모인 왕들, 장군들, 장수들이 다 죽임을 당하고 하늘
의 새들이 와서 그들의 시체를 뜯어먹게 됩니다. 그 말씀이 요한계
시록 19장 17-18절에 나와 있습니다.

"또 내가 보니 한 천사가 태양 안에 서서 공중에 나는 모든 새를 향
하여 큰 음성으로 외쳐 이르되 와서 하나님의 큰 잔치에 모여 왕들
의 살과 장군들의 살과 장사들의 살과 말들과 그것을 탄 자들의 살
과 자유인들이나 종들이나 작은 자나 큰 자나 모든 자의 살을 먹으
라 하더라"(계 19:17-18).

이것이 우리가 흔히 말하는 그 유명한 '아마겟돈 전쟁' 입니다. 이

제 아마겟돈 전쟁이 어떤 것인지 이해가 되실 것입니다. 이 아마겟돈 전쟁은 7년 대환난 거의 마지막 부분에 일어나게 됩니다. 많은 나라 왕들이 여기에 개입함으로 이 땅에서 일어나는 마지막 세계대전이라고도 할 수 있겠습니다.

일곱째 대접의 심판

이제 마지막 일곱 번째 재앙이 나오는 17-21절을 보겠습니다.

"일곱째 천사가 그 대접을 공중에 쏟으매 큰 음성이 성전에서 보좌로부터 나서 이르되 되었다 하시니 번개와 음성들과 우렛소리가 있고, 또 큰 지진이 있어 얼마나 큰지 사람이 땅에 있어 온 이래로 이같이 큰 지진이 없었더라. 큰 성이 세 갈래로 갈라지고 만국의 성들도 무너지니 큰 성 바벨론이 하나님 앞에 기억하신 바 되어 그의 맹렬한 진노의 포도주 잔을 받으매 각 섬도 없어지고, 산악도 간 데 없더라. 또 무게가 한 달란트나 되는 큰 우박이 하늘로부터 사람들에게 내리매 사람들이 그 우박의 재앙 때문에 하나님을 비방하니 그 재앙이 심히 큼이러라"(계 16:17-21).

마지막 일곱 번째 재앙은 큰 지진의 재앙입니다. 이 지진은 지금까지 있어온 지진 중에서 가장 큰 지진이 될 것이라고 말씀합니다. 서남아시아의 쓰나미나 중국 쓰촨성의 지진은 비교도 안 될 것입니다. 이 지진이 일어나면 큰 성이 세 갈래로 갈라진다고 했습니다. 지진이 얼마나 크면 큰 도시가 세 갈래로 갈라지겠습니까. 여기서 말하는 큰 성도 역시 예루살렘 아니면 로마를 이야기한다고 생각합니다. 요한계시록 11장 8절에 보면 '예루살렘'을 '큰 성'이라고 표현하고 있습니다. 그러므로 큰 성은 예루살렘 아니면 로마일 것입니다. 그런 큰 성이 지진 때문에 세 갈래로 갈라지고, 만국의 성들이 다 무너지게 됩니다. 지금 이 세상에 큰 도시와 높은 빌딩들이 얼마나 많습니까. 그런데 이 지진으로 인하여 모든 도시의 모든 건물들이 다 무너지게 되고, 각 섬과 산악도 사라지게 됩니다. 엄청난 지형변화가 일어나는 것입니다.

그리고 하늘에서 우박이 떨어지는데 그 우박의 크기가 한 달란트나 된다고 하였습니다. 이것은 60kg정도 되는 무게입니다. 그러니까 바위만한 우박들이 땅으로 마구 떨어져 그것에 사람들이 맞아 죽기도 하고, 자동차나 건물들이 파괴되기도 합니다. 이런 상황이 너무 힘드니까 사람들이 하나님을 비방한다고 했습니다. 자기들의 죄는 모르고 끝까지 악하게 행동하는 것입니다. 그러니까 멸망 당할 수밖에 없고, 지옥에 가는 것이 당연한 것입니다.

일곱 대접의 심판은 7년 대환난의 마지막 부분에 일어나고, 이 심판이 있고 나면 예수 그리스도께서 구름을 타고 이 땅으로 내려오십니다. 그러면 이제 우리는 어떠한 삶을 살아야 하겠습니까? 본문 15절 말씀이 그것에 대한 답입니다.

"보라 내가 도둑 같이 오리니, 누구든지 깨어 자기 옷을 지켜 벌거벗고 다니지 아니하며 자기의 부끄러움을 보이지 아니하는 자는 복이 있도다"(계 16:15).

우리 모두 이 말씀을 생각하면서 항상 깨어있는 삶, 부끄러움을 보이지 않는 삶을 살아갑시다.

19

음녀와 짐승

(계 17장)

계 17장

1 또 일곱 대접을 가진 일곱 천사 중 하나가 와서 내게 말하여 이르되 이리로 오라 많은 물 위에 앉은 큰 음녀가 받을 심판을 내게 보이리라 2 땅의 임금들도 그와 더불어 음행하였고 땅에 사는 자들도 그 음행의 포도주에 취하였다 하고 3 곧 성령으로 나를 데리고 광야로 가니라 네가 보니 여자가 붉은 빛 짐승을 탔는데 그 짐승의 몸에 하나님을 모독하는 이름들이 가득하고 일곱 머리와 열 뿔이 있으며 4 그 여자는 자주 빛과 붉은 빛 옷을 입고 금과 보석과 진주로 꾸미고 손에 금잔을 가졌는데 가증한 물건과 그의 음행의 더러운 것들이 가득하더라 5 그의 이마에 이름이 기록되었으니 비밀이라 큰 바벨론이라 땅의 음녀들과 가증한 것들의 어미라 하였더라 6 또 내가 보매 이 여자가 성도들의 피와 예수의 증인들의 피에 취한지라 내가 그 여자를 보고 놀랍게 여기고 크게 놀랍게 여기니 7 천사가 이르되 왜 놀랍게 여기느냐 내가 여자와 그가 탄 일곱 머리와 열 뿔 가진 짐승의 비밀을 네게 이르리라 8 네가 본 짐승은 전에 있었다가 지금은 없으나 장차 무저갱으로부터 올라와 멸망으로 들어갈 자니 땅에 사는 자들로서 창세 이후로 그 이름이 생명책에 기록되지 못한 자들이 이전에 있었다가 지금은 없으나 장차 나올 짐승을 보고 놀랍게 여기리라 9 지혜 있는 뜻이 여기 있으니 그 일곱 머리는 여자가 앉은 일곱 산이요 10 또 일곱 왕이라 다섯은 망하였고 하나는 있고 다른 하나는 아직 이르지 아니하였으나 이르면 반드시 잠시 동안 머무르리라 11 전에 있었다가 지금 없어진 짐승은 여덟째 왕이니 일곱 중에 속한 자라 그가 멸망으로 들어가리라 12 네가 보던 열 뿔은 열 왕이니 아직 나라를 얻지 못하였으나 다만 짐승과 더불어 임금처럼 한동안 권세를 받으리라 13 그들이 한뜻을 가지고 자기의 능력과 권세를 짐승에게 주더라 14 그들이 어린 양과 더불어 싸우려니와 어린 양은 만주의 주시오 만왕의 왕이시므로 그들을 이기실 터이요 또 그와 함께 있는 자들 곧 부르심을 받고 택하심을 받은 진실한 자들도 이기리로다 15 또 천사가 내게 말하되 네가 본 바 음녀가 앉아 있는 물은 백성과 무리와 열국과 방언들이니라 16 네가 본 바 이 열 뿔과 짐승은 음녀를 미워하여 망하게 하고 벌거벗게 하고 그의 살을 먹고 불로 아주 사르리라 17 이는 하나님이 자기 뜻대로 할 마음을 그들에게 주사 한 뜻을 이루게 하시고 그들의 나라를 그 짐승에게 주게 하시되 하나님의 말씀이 응하기까지 하심이라 18 또 네가 본 그 여자는 땅의 왕들을 다스리는 큰 성이라 하더라

본문을 보면 '음녀' 라는 단어가 4번, 음녀를 일컫는 '여자' 라는 단

어가 7번 나옵니다. 그리고 '짐승'이라는 단어도 10번 나옵니다. 그러므로 본문은 '음녀와 짐승'에 대한 이야기임을 알 수 있습니다. 그렇다면 본문에서 말하는 '음녀'와 '짐승'은 누구를 말하는 것일까요? 결론부터 말하면 '음녀'는 7년 대환난 기간 중에 이 땅 위에 있을 '거짓종교단체'이고, '짐승'은 '적그리스도와 그가 이끌 정부 (왕국)'를 이야기하는 것입니다. 이런 것을 먼저 알고 본문을 보면 이해하기가 한결 쉬워집니다.

앞에서 우리는 요한계시록 16장의 말씀을 살펴보았는데 16장은 7년 대환난의 재앙이 끝나는 내용으로 마지막 부분에 바벨론이 멸망당하는 내용이 기록되어 있었습니다. 19-20절을 보도록 하겠습니다.

"큰 성이 세 갈래로 갈라지고 만국의 성들도 무너지니 큰 성 바벨론이 하나님 앞에 기억하신바 되어 그의 맹렬한 진노의 포도주 잔을 받으매 각 섬도 없어지고 산악도 간 데 없더라"(계 16:19-20).

7년 대환난의 재앙으로 바벨론은 결국 멸망당하고 말았습니다.

14장 8절에는 바벨론이 멸망당할 것을 예고하는 말씀이 있었습니다.

"또 다른 천사 곧 둘째가 그 뒤를 따라 말하되 무너졌도다 무너졌도다 큰 성 바벨론이여 모든 나라에게 그의 음행으로 말미암아 진노의 포도주를 먹이던 자로다 하더라"(계 14:8).

이 '바벨론'이 누구인가 하면 바로 본문에 나오는 '음녀'입니다. 본문 5절에 보면 이 '음녀'의 이름을 '바벨론'이라고 소개해주고 있습니다. 17장과 18장은 이 음녀, 즉 바벨론에 대해서 상세하게 기록하고 있는 내용입니다.

많은 물 위에 앉은 큰 음녀

그럼 본문 1절부터 살펴보도록 하겠습니다.

"또 일곱 대접을 가진 일곱 천사 중 하나가 와서 내게 말하여 이르되 이리로 오라. 많은 물 위에 앉은 큰 음녀가 받을 심판을 내게 보이리라"(계 17:1).

여기에 '큰 음녀'가 나오는데 이 음녀는 '거짓종교단체'라고 말씀드렸습니다. 그런데 이 음녀가 많은 물 위에 앉아 있습니다. 여기서 말하는 '물'은 '이 세상'을 이야기하는 것입니다. 본문 15절에서 그것을 밝혀 주고 있습니다.

"또 천사가 내게 말하되 네가 본 바 음녀가 앉아 있는 물은 백성과 무리와 열국과 방언들이니라"(계 17:15).

그러니까 물 위에 앉아 있다는 것은 이 세상 가운데 있다는 말씀입니다.

이 음녀가 어떤 일을 하는지 2절을 보겠습니다.

"땅의 임금들도 그와 더불어 음행하였고, 땅에 사는 자들도 그 음행의 포도주에 취하였다 하고"(계 17:2).

음녀가 땅의 임금들과 음행을 했다고 말씀하고 있는데 이것은 이 종교단체가 세상의 권력과 짝하고 지낸 것을 나타내는 것입니다. 참된 하나님의 교회는 세상 권력과 절대로 짝하지 않습니다. 정치와 종교, 교회와 정부는 분리되어야 합니다. 그러므로 될 수 있으면 목사는 정치 쪽으로 가까이 가지 않는 것이 좋습니다. 교회도 정부와 짝하려고 하면 안 됩니다. 왜냐하면 그렇게 되면 정치도, 종교도 결국은 타락하게 되어 있기 때문입니다.

또 '땅에 사는 자들도 그 음행의 포도주에 취하였다'고 말씀하고

있습니다. 이것은 이 땅의 많은 사람들이 이 종교를 믿고 따른 것을
이야기하는 것입니다. 많은 사람들이 이 종교를 믿고, 권력도 업고
있으니 물질적으로 매우 부유한 단체입니다. 4절이 그것을 말해주
고 있습니다.

"그 여자는 자주 빛과 붉은 빛 옷을 입고 금과 보석과 진주로 꾸미
고 손에 금잔을 가졌는데 가증한 물건과 그의 음행의 더러운 것들이
가득하더라"(계 17:4).

이 여자가 매우 사치스럽게 자신을 꾸미고 있습니다. 금, 보석, 진
주, 자주 빛과 붉은 빛 옷으로 멋지게 꾸미고, 그 손에는 금잔을 들
고 있는데 이는 이 종교단체가 매우 부자라는 것을 보여주는 것입니
다.

음녀의 이름은 큰 바벨론

이 음녀의 이름이 '큰 바벨론' 입니다. 5절 말씀을 보겠습니다.

"그의 이마에 이름이 기록되었으니 비밀이라, 큰 바벨론이라, 땅
의 음녀들과 가증한 것들과 어미라 하였더라"(계 17:5).

'큰 바벨론' 이라는 말에는 두 가지 의미가 있습니다. 첫째, 이 단
체는 하나님을 대적하는 마귀의 단체이고, 둘째, 이 단체가 있는 곳
이 바벨론이라는 것입니다. 옛날 고대에 바벨론제국이 있었습니다.
세계사 시간에 배운 기억이 날 것입니다. 그런데 이 바벨론제국은
하나님께서 미워하시는 제국이었습니다. 예레미야 51장 6-7절을
보면 알 수 있습니다.

"바벨론 가운데서 도망하여 나와서 각기 생명을 구원하고 그의 죄
악으로 말미암아 끊어짐을 보지 말지어다. 이는 여호와의 보복의 때

니 그에게 보복하시리라. 바벨론은 여호와의 손에 잡혀 있어 온 세계가 취하게 하는 금잔이라. 뭇 민족이 그 포도주를 마심으로 미쳤도다"(렘 51:6-7).

여기 나오는 바벨론은 옛날 이스라엘이 포로생활을 했던 그 바벨론을 이야기하는 것인데 그 사람들이 죄악을 범했다고 말씀하고 있습니다. 요한계시록에 나오는 내용과 비슷한 내용이 7절 하반절에 기록되어 있습니다. '온 세계가 취하게 하는 금잔이라. 뭇 민족이 그 포도주를 마심으로 미쳤도다.'

'바벨론'은 하나님께서 미워하시는 나라였기 때문에 본문에 나오는 '음녀', '거짓종교단체'를 '바벨론'이라고 하나님께서 이름 붙여 주신 것입니다. '바벨론'이라는 이름은 창세기에 나오는 '바벨탑'의 '바벨'에서 나온 이름입니다. 그 바벨탑도 결국 인간들이 하나님을 대적하기 위해 만든 것이었습니다. 음녀의 이름이 바벨론이라는 것은 이 단체가 하나님을 대적하는 단체, 하나님이 미워하시는 단체라는 의미입니다. 그리고 이 종교단체가 있는 곳이 바벨론이라는 것인데 그 곳이 어디일까요? 그 곳은 로마입니다. 베드로전서 5장 13절을 보겠습니다.

"택하심을 함께 받은 바벨론에 있는 교회가 너희에게 문안하고 내 아들 마가도 그리 하느니라"(벧전 5:13).

여기에 나오는 '바벨론'은 '로마'를 이야기하는 것입니다. 베드로전서는 사도 베드로가 로마에서 기록했는데 로마 교회의 안부를 전하면서 '로마에 있는 교회'라고 하지 않고 '바벨론에 있는 교회'라고 이야기하고 있습니다. 여기 나오는 바벨론은 진짜 바벨론이 아니라 로마를 이야기하는 것입니다. 지금 이 세상에 있는 종교단체들 중에서 그 본부가 로마에 있는 것이 하나 있지요? 로마 카톨릭(천주교)입니다. 제가 믿기에 직접적으로든 간접적으로든 본문에 나오는 거짓종교단체와 로마 카톨릭은 관계가 있습니다. 본문에서 설명하고 있는 내용을 보면 로마 카톨릭을 연상케 하는 부분들이 많이 나옵니다. 예를 들면 정치와 짝하는 것, 많은 사람들이 믿고 따르는 것, 돈이 많은 것 등 입니다. 그리고 6절에 보면 이 종교단체가 성도를 핍박하는 내용이 나오는데 그것도 상당히 비슷합니다. 6절을 보겠습니다.

"또 내가 보매 이 여자가 성도들의 피와 예수의 증인들의 피에 취한지라"(계 17:6a).

이 말씀은 음녀가 하나님의 사람들과 하나님의 참된 교회, 믿는 사람들을 많이 핍박하고 죽인 것을 이야기하는 내용입니다. 그런데 역사적으로 보면 카톨릭이 수많은 하나님의 신실한 성도들을 핍박하고 죽였습니다. 자기들을 따르지 않는다고 죽이고, 자기들과 다르다고 죽이고, 자기들의 잘못을 지적한다고 죽였는데 특별히 침례교도들을 많이 죽였습니다. 왜냐하면 침례교도들은 유아세례와 세례를 믿지 않았기 때문입니다. 카톨릭에서는 세례를 받으면 천국에 간다고 가르쳤지만 성경을 보면 그렇지 않습니다. 그래서 그들은 어릴 때 카톨릭에서 유아세례를 받았어도 나중에 구원받고나서 그것이 잘못되었다는 것을 깨닫고 다시 성경적인 침례를 받았습니다. 이런 연유에서 그들을 일컬어 '재침례파', '재침례교도' 라고 했는데 그들이 바로 오늘날 침례교도들의 조상입니다. 그들이 카톨릭으로부터 엄청난 핍박을 당하고 죽임을 당했습니다.

여자가 붉은 빛 짐승을 탔는데

이번에는 짐승에 대해서 보도록 하겠습니다,

"곧 성령으로 나를 데리고 광야로 가니라. 내가 보니 여자가 붉은 빛 짐승을 탔는데 그 짐승의 몸에 하나님을 모독하는 이름들이 가득하고 일곱 머리와 열 뿔이 있으며"(계 17:3).

3절에 음녀가 타고 있는 짐승이 나옵니다. 이 짐승은 '적그리스도와 그의 정부'를 이야기하는 것입니다. 8절 말씀을 보겠습니다.

"네가 본 짐승은 전에 있었다가 지금은 없으나 장차 무저갱으로부터 올라와 멸망으로 들어갈 자니 땅에 사는 자들로서 창세 이후로 그 이름이 생명책에 기록되지 못한 자들이 이전에 있었다가 지금은 없으나 장차 나올 짐승을 보고 놀랍게 여기리라"(계 17:8).

이 말씀에도 짐승이 나오는데 '이전에 있었다가 지금은 없으나 장차 나올 짐승'이라고 설명하고 있습니다. 이 짐승이 '로마'를 이야기하는 것입니다. 옛날에 로마제국이 있었는데 멸망하여 없어졌지요. 그런데 또 다시 생겼습니다. 신흥로마제국입니다. 오늘날의 EU가 신흥로마제국이라는 생각이 듭니다. 앞으로 적그리스도가 이 신흥로마제국으로부터 출현하게 됩니다. 8절의 '무저갱으로부터 올라와 멸망으로 들어갈 자'라는 표현을 보면 적그리스도를 이야기하고 있다는 것을 알 수 있습니다. 또 3절에 '그 짐승의 몸에 하나님을 모독하는 이름들이 가득하다'고 설명하고 있는데 적그리스도는 하나님을 대적하는 자이므로 하나님의 이름을 모독하는 것이 당연한 일이겠지요.

일곱 머리와 열 뿔

이 짐승은 '일곱 머리와 열 뿔'이 있다고 이야기하고 있습니다. 이런 표현은 요한계시록 12장 3절에서도 나왔습니다.

"하늘에 또 다른 이적이 보이니 보라 한 큰 붉은 용이 있어 머리가 일곱이요, 뿔이 열이라"(계 12:3a).

이 용은 사탄을 상징하는 것입니다. 13장 1절도 보겠습니다.

"내가 보니 바다에서 한 짐승이 나오는데 뿔이 열이요, 머리가 일곱이라"(계 13:1a).

여기도 보니 또 다른 한 짐승이 나오는데 '머리가 일곱, 뿔이 열' 똑같이 생겼습니다. 이 짐승은 적그리스도인데 똑같이 생긴 짐승이 요한계시록 17장에도 나옵니다. 그러면 '일곱 머리와 열 뿔'은 도대체 무엇을 의미하는 것일까요? 그에 대한 설명이 본문 9-10절에 나옵니다.

"지혜 있는 뜻이 여기 있으니 그 일곱 머리는 여자가 앉은 일곱 산이요, 또 일곱 왕이라. 다섯은 망하였고, 하나는 있고, 다른 하나는 아직 이르지 아니하였으나 이르면 반드시 잠시 동안 머무르리라"(계 17:9-10).

'일곱 머리'에 대해서 두 가지로 설명하는데 첫 번째는 '일곱 산', 두 번째는 '일곱 왕'이라고 설명하고 있습니다. 이 여자가 앉아 있는 '일곱 산'은 어디를 이야기하는 것일까요? 이것도 역시 '로마'를 이야기하는 것입니다. 당시 '로마'는 '일곱 산의 도시'로 통했기 때문에 사람들은 '일곱 산의 도시'라고 하면 '로마'라는 것을 알았습니다. 키케로 같은 로마 작가들의 글에도 '로마'를 '일곱 산의 도시'로 표현한 것이 있습니다.

또 '일곱 머리'는 '일곱 왕'이라고 설명하고 있습니다. 여기의 '왕'은 '왕국'이라고 이해하면 되겠습니다. 그런데 10절을 계속 보면 이 '일곱 왕국' 중 '다섯은 망하였고, 하나는 있고, 다른 하나는 아직 이르지 않았다'고 말씀하고 있습니다. 망한 다섯 왕국은 이집트, 앗시리아, 바벨론, 페르시아, 그리이스를 이야기하는 것입니다. 그리고 지금 있는 한 왕국은 '로마'를 이야기하는 것이고, 아직 이르지 아니한 한 왕국은 장차 적그리스도가 출현하게 될 '신흥로마제국'을 이야기하는 것입니다. 이것이 일곱 머리에 대한 설명입니다.

그리고 '열 뿔'은 '열 왕'이라고 12절에서 설명해 주고 있습니다.

"네가 보던 열 뿔은 열 왕이니 아직 나라를 얻지 못하였으나 다만 짐승과 더불어 임금처럼 한동안 권세를 받으리라"(계 17:12).

그런데 13절을 보면 열 왕이 능력과 권세를 짐승에게 다 위임한다고 말씀하고 있습니다.

"그들이 한 뜻을 가지고 자기의 능력과 권세를 짐승에게 주더라"(계 17:13).

무슨 말인가 하면 신흥로마제국의 열 명의 통치자들이 자신들의 모든 권력을 적그리스도에게 주고, 적그리스도로 하여금 온 세상을 다스리게 한다는 의미입니다. 만약에 신흥로마제국이 EU(유럽연합)라면 나라 수가 조금 안 맞습니다. 지금 유럽연합에 가입되어 있는 나라 수는 27개국입니다. 그런데 본문에 의하면 10개국으로 차이가 있습니다. 이것은 앞으로 이 나라들이 크게 열 덩어리로 뭉쳐져서 그렇게 되는 것인지, 아니면 다 이탈하고 열 나라만 남게 되어서 그렇게 되는 것인지 지금으로서는 알 수가 없습니다. 어쨌든 이

후에 각 나라의 통치자들이 모든 권력을 최종적으로 적그리스도에게 준다는 것입니다.

짐승은 여덟째 왕, 일곱 중에 속한 자

11절 말씀을 계속 보겠습니다. 이 말씀은 본문 중에서도 제일 어려운 부분입니다.

"전에 있었다가 지금 없어진 짐승은 여덟째 왕이니 일곱 중에 속한 자라. 그가 멸망으로 들어가리라"(계 17:11).

여기 보면 짐승을 '여덟째 왕'이라고 표현하고 있습니다. 그리고 이 여덟째 왕을 '일곱 중에 속한 자'라고 설명하고 있습니다. 여기의 '일곱'은 '일곱 번째 왕국' 즉 '신홍로마제국'을 이야기하는 것입니다. 이 나라에서 적그리스도가 나오게 되지요. 그래서 '여덟째 왕'을 '일곱 중에 속한 자'라고 설명하는 것입니다.

그런데 적그리스도가 여덟째 왕이라고 하면 그의 왕국은 여덟 번째 왕국이 되어야 합니다. 여섯 번째 왕국이 로마이고, 일곱 번째 왕국이 신홍로마제국이라는 것은 이미 설명을 드렸습니다. 그리고 이제 적그리스도가 대장으로 있는 그의 왕국이 여덟 번째 왕국이 되는 것입니다. 그런데 그의 왕국을 일곱 번째 신홍로마제국과 구별하는 이유는 그의 왕국이 신홍로마제국과는 성격이 또 다르기 때문에 이렇게 구분한다고 생각합니다.

어린 양이 그들을 이기실 터이요

그러나 11절 끝부분을 보면 적그리스도도, 그의 왕국도 결국은 멸망당하게 되어 있습니다. 멸망당하기 전에 적그리스도와 그의 세력들이 어린 양과 더불어 싸움을 하게 되는데 14절을 보겠습니다.

"그들이 어린 양과 더불어 싸우려니와 어린 양은 만주의 주시오, 만왕의 왕이시므로 그들을 이기실 터이요, 또 그와 함께 있는 자들 곧 부르심을 받고 택하심을 받은 진실한 자들도 이기리로다"(계 17:14).

어린 양에 대항해서 적그리스도와 그의 세력들이 왕들을 불러 모아 전쟁을 일으키는데 그 장소가 16장에 나오는 아마겟돈입니다. 이 '아마겟돈 전쟁'의 결과는 어린 양의 승리로 돌아갑니다. 왜냐하면 어린 양은 '만왕의 왕'이시고, '만주의 주'이시기 때문입니다. 이 싸움에 대한 더 자세한 결과는 요한계시록 19장에서 살펴보도록 하겠습니다.

짐승은 음녀를 미워하여 망하게 하고

이제 짐승과 음녀와의 관계에 대해서 보겠습니다. 적그리스도와 거짓종교단체는 처음에는 협력을 잘 합니다. 종교단체는 정치의 힘이 필요하고, 정치는 또 종교의 힘이 필요함으로 서로 협력하면서 사이좋게 잘 지냅니다. 그런데 나중에는 적그리스도가 음녀를 미워하게 되고 결국은 망하게 만들어 버립니다. 16절에 그런 말씀이 나옵니다.

"네가 본 바 이 열 뿔과 짐승은 음녀를 미워하여 망하게 하고, 벌거벗게 하고, 그의 살을 먹고, 불로 아주 사르리라"(계 17:16).

결국 적그리스도가 음녀를 망하게 하는데 7년 대환난 중간시점에 그런 일이 일어나리라 생각됩니다. 7년 대환난의 전반 3년 반 동안에는 그들의 사이가 좋습니다. 처음에는 적그리스도가 상당히 좋은 인물로 사람들 앞에 나옵니다. 요한계시록 6장 2절에 보면 적그리스도가 백마를 타고 출현한다고 나와 있습니다. 백마는 평화를 상징하는 것이지요. 그래서 처음에는 종교의 자유도 주고, 유대인들도 성전에 와서 제사할 수 있도록 해줍니다. 다른 종교도 어느 정도 종교 활동을 할 수 있도록 허락해 주고, 모든 음녀들의 어미가 되는 거짓종교단체도 어느 정도 편안한 가운데서 지내게 해줍니다.

그러나 7년 대환난 중간시점에 적그리스도가 본색을 드러내 모든 종교들을 탄압하기 시작합니다. 그리고 그 때부터는 자기가 하나님이라고 하면서 다른 종교는 용납해주지 않습니다. 오직 적그리스도와 사탄만을 섬기도록 만듭니다. 그래서 이 때 쯤 거짓종교단체도 해체되지 않을까 생각됩니다. 이 거짓종교단체의 리더가 거짓 선지자인데 그 때부터 이 사람은 자기의 종교단체를 잃어버리고 적그리스도의 오른팔이 되어서 그 시녀 역할을 하게 되지요. 그의 활동에 대해서는 요한계시록 13장에서 이미 살펴본 바 있습니다.

이는 하나님이 자기 뜻대로 할 마음을 그들에게 주사

그런데 이 모든 일들이 사탄에 의해서 다 이루어지는 것 같지만 사실은 하나님의 허락하심 가운데서 이루어진다는 것입니다. 17절을 보겠습니다.

"이는 하나님이 자기 뜻대로 할 마음을 그들에게 주사 한 뜻을 이루게 하시고, 그들의 나라를 그 짐승에게 주게 하시되 하나님의 말씀이 응하기까지 하심이라"(계 17:17).

그러니까 신흥로마제국의 통치자들이 자기들의 모든 권력을 적그리스도에게 주는 것도 하나님의 뜻 가운데서 이루어지는 것이고,

적그리스도가 거짓종교단체를 탄압하는 것도 하나님의 뜻 가운데에서 이루어진다는 것입니다. 그렇다면 지금 이 세상도 결국 하나님의 뜻 가운데서 그 끝을 향해 가고 있다고 말할 수 있겠지요. 지금 이 세상은 종말을 향해 가고 있습니다. 앞으로 세상은 점점 더 악해질 것입니다. 그런데 그 모든 것이 우연히 그렇게 되거나, 사탄에 의해서 그렇게 되는 것이 아니라 하나님의 계획과 뜻 가운데에서 그렇게 되는 것임을 알아야 합니다.

예수님은 성경에 기록된 대로 하나님의 계획에 의해서 반드시 이 땅으로 다시 오십니다. 이 땅으로 오시기 전에 먼저 공중으로 재림하시는데 그 때 구원받은 하나님의 백성들은 공중으로 다 들림 받게 됩니다. 그러나 믿지 않는 사람들은 이 땅에 남아서 7년 대환난을 통과해야 합니다. 이런 내용들을 믿을 것이냐, 말 것이냐 하는 것은 각자 결정해야 될 문제이지만 성경에 기록된 것은 지금까지 하나도 예외 없이 다 이루어졌다는 사실입니다. 그렇다면 이러한 일들도 언젠가는 이루어진다는 것을 알아야 합니다. 본문에 보면 거짓종교단체가 로마에 있을 것이라고 이야기하고 있는데 그 내용이 오늘날의 카톨릭과 비슷한 것이 신기하지 않습니까? 어떻게 이렇게 비슷하게 기록될 수 있을까요? 그것은 성경이 하나님께서 기록하신 진리의 책이기 때문에 그렇습니다. 언젠가는 본문 말씀이 실제적으로 이루어지게 될 것입니다.

20
무너진 바벨론

(계 18장)

계 18장

1 이 일 후에 다른 천사가 하늘에서 내려오는 것을 보니 큰 권세를 가졌는데 그의 영광으로 땅이 환하여지더라 2 힘찬 음성으로 외쳐 이르되 무너졌도다 무너졌도다 큰 성 바벨론이여 귀신의 처소와 각종 더러운 영이 모이는 곳과 각종 더럽고 가증한 새들이 모이는 곳이 되었도다 3 그 음행의 진노의 포도주로 말미암아 만국이 무너졌으며 또 땅의 왕들이 그와 더불어 음행하였으며 땅의 상인들도 그 사치의 세력으로 치부하였도다 하더라 4 또 내가 들으니 하늘로부터 다른 음성이 나서 이르되 내 백성아, 거기서 나와 그의 죄에 참여하지 말고 그가 받을 재앙들을 받지 말라 5 그의 죄는 하늘에 사무쳤으며 하나님은 그의 불의한 일을 기억하신지라 6 그가 준 그대로 그에게 주고 그의 행위대로 갑절을 갚아 주고 그가 섞은 잔에도 갑절이나 섞어 그에게 주라 7 그가 얼마나 자기를 영화롭게 하였으며 사치하였든지 그만큼 고통과 애통함으로 갚아주라 그가 마음에 말하기를 나는 여왕으로 앉은 자요 과부가 아니라 결단코 애통함을 당하지 아니하리라 하니 8 그러므로 하루 동안에 그 재앙들이 이르리니 곧 사망과 애통함과 흉년이라 그가 또한 불에 살라지리니 그를 심판하시는 주 하나님은 강하신 자이심이라 9 그와 함께 음행하고 사치하던 땅의 왕들이 그가 불타는 연기를 보고 위하여 울고 가슴을 치며 10 그의 고통을 무서워하여 멀리 서서 이르되 화 있도다 화 있도다 큰 성, 견고한 성 바벨론이여 한 시간에 네 심판이 이르렀다 하리로다 11 땅의 상인들이 그를 위하여 울고 애통하는 것은 다시 그들의 상품을 사는 자가 없음이라 12 그 상품은 금과 은과 보석과 진주와 세마포와 자주 옷감과 비단과 붉은 옷감이요 각종 향목과 각종 상아그릇이요 값진 나무와 구리와 철과 대리석으로 만든 각종 그릇이요 13 계피와 향료와 향과 향유와 유향과 포도주와 감람유와 고운 밀가루와 밀이요 소와 양과 말과 수레와 종들과 사람의 영혼들이라 14 바벨론아 네 영혼이 탐하던 과일이 네게서 떠났으며 맛있는 것들과 빛난 것들이 다 없어졌으니 사람들이 결코 이것들을 다시 보지 못하리로다 15 바벨론으로 말미암아 치부한 이 상품의 상인들이 그의 고통을 무서워하여 멀리 서서 울고 애통하여 16 이르되 화 있도다 화 있도다 큰 성이여 세마포 옷과 자주 옷과 붉은 옷을 입고 금과 보석과 진주로 꾸민 것인데 17 그러한 부가 한 시간에 망하였도다 모든 선장과 각처를 다니는 선객들과 선원들과 바다에서 일하는 자들이 멀리 서서 18 그가 불타는 연기를 보고 외쳐 이르되 이 큰 성과 같은 성이 어디 있느냐 하며 19 티끌을 자기 머리에 뿌리고 울며 애통하여 외쳐 이르되 화 있도다 화 있도다 이 큰 성이여 바다에서 배 부리는 모든 자들이 너의 보배로운 상품으로 치부하였더니 한 시간에 망하였도다 20 하늘과 성도들과 사도들과

선지자들아, 그로 말미암아 즐거워하라 하나님이 너희를 위하여 그에게 심판을 행하셨음이라 하더라 21 이에 한 힘 센 천사가 큰 맷돌 같은 돌을 들어 바다에 던져 이르되 큰 성 바벨론이 이같이 비참하게 던져져 결코 다시 보이지 아니하리로다 22 또 거문고 타는 자와 풍류하는 자와 퉁소 부는 자와 나팔 부는 자들의 소리가 결코 다시 네 안에서 들리지 아니하고 어떠한 세공업자든지 결코 다시 네 안에서 보이지 아니하고 또 맷돌소리가 결코 다시 네 안에서 들리지 아니하고 23 등불 빛이 결코 다시 네 안에서 비치지 아니하고 신랑과 신부의 음성이 결코 다시 네 안에서 들리지 아니 하리로다 너의 상인들은 땅의 왕족들이라 네 복술로 말미암아 만국이 미혹되었도다 24 선지자들과 성도들과 및 땅 위에서 죽임을 당한 모든 자의 피가 그 성 중에서 발견되었느니라 하더라

요한계시록 18장 말씀은 17장에서 계속 이어지는 내용으로 바벨론 (음녀)이 망하는 내용을 조금 더 상세하게 기록하고 있습니다. 그런데 어떤 분들은 요한계시록 17장과 18장 내용을 어떻게 생각하는가 하면 17장은 거짓종교단체가 망하는 것을 기록한 것이고, 18장은 적그리스도의 세계, 즉 정치와 경제체제가 망하는 것을 기록한 것이라고 봅니다. 그러니까 한 사건으로 보지 않고, 두 사건으로 보는 것입니다. 그렇게 보는 이유는 18장 1절이 '이 일 후에'라는 말로 시작하기 때문입니다. 그래서 17장 말씀은 7년 대환난 중간시점에 일어날 일이고, 18장 말씀은 7년 대환난 마지막 부분에 일어날 일이라고 생각하는데, 제가 볼 때는 17장에 기록된 말씀이나 18장에 기록된 말씀이 결국은 같은 맥락의 말씀입니다. 그런데 왜 '이 일 후에'라는 표현을 썼는가 하면 17장 내용을 환상으로 본 시각과 18장 내용을 환상으로 본 시각에 시간적인 차이가 있기 때문이라고 생각합니다. 그러니까 18장에 기록된 말씀은 17장의 환상을 보여주고 난 뒤 보여 주셨는데 결국은 같은 내용으로 조금 더 추가해서 상세하게 설명하

는 내용이라는 것입니다. 그리고 18장에 기록된 말씀이 7년 대환난 마지막 부분에 일어난 일로 볼 수 없는 것은 17b-19절의 말씀 때문에 그렇습니다.

"모든 선장과 각처를 다니는 선객들과 선원들과 바다에서 일하는 자들이 멀리 서서 그가 불타는 연기를 보고 외쳐 이르되 이 큰 성과 같은 성이 어디 있느냐 하며 티끌을 자기 머리에 뿌리고 울며 애통하여 외쳐 이르되 화 있도다, 화 있도다, 이 큰 성이여, 바다에서 배 부리는 모든 자들이 너의 보배로운 상품으로 치부하였더니 한 시간에 망하였도다"(계 18:17b-19).

여기 보면 바다의 선원들과 승객들이 바다 위에서 바벨론이 멸망하는 모습, 불타는 모습을 보고 가슴 아파하고 있습니다. 이 말씀에 의하면 바다의 상태는 아직 괜찮습니다. 그런데 요한계시록 16장 3절에서 어떤 일이 있었습니까?

"둘째 천사가 그 대접을 바다에 쏟으매 바다가 곧 죽은 자의 피 같이 되니 바다 가운데 모든 생물이 죽더라"(계 16:3).

이 말씀은 7년 대환난 마지막 부분에 일어날 일입니다. 일곱 대접의 심판 내용인데 이 재앙으로 온 바다가 피로 변했다고 말씀하고 있습니다. 그런데 18장에 나오는 바다는 아직까지 피로 변하지 않았습니다. 그러니까 18장 말씀이 7년 대환난의 마지막 부분이 아니라는 것입니다. 16장에서 그 마지막 광경을 설명할 때는 이미 바다가 피로 변했거든요. 그런데 18장에서는 그렇지가 않습니다. 그래서 17장과 18장은 같은 사건을 이야기하는 것이고, 일어날 시점은 7년 대환난 중간쯤이라는 것입니다.

다시 그들의 상품을 사는 자가 없음이라

요한계시록 17장 말씀을 설명할 때 거짓종교단체는 로마 카톨릭과 직접 또는 간접적으로 관계가 있을 것이라고 말씀드렸습니다. 이 단체가 정치와 짝하고, 많은 사람들이 이 종교를 믿으며, 돈이 많고, 성도들을 핍박한 것이 카톨릭과 흡사하다는 말씀을 드렸지요. 그런데 18장에서도 그와 비슷한 내용들을 발견할 수 있습니다. 16-17절을 보겠습니다.

"이르되 화 있도다, 화 있도다, 큰 성이여. 세마포 옷과 자주 옷과 붉은 옷을 입고 금과 보석과 진주로 꾸민 것인데 그러한 부가 한 시간에 망하였도다"(계 18:16-17a).

이 음녀, 거짓종교단체가 세마포 옷, 자주 옷, 붉은 옷, 그리고 금과 보석과 진주로 꾸미고 있습니다. 이런 것을 보면 이 단체가 굉장히 돈이 많고 부유한 것을 알 수 있습니다. 오늘날의 카톨릭이 그렇지 않습니까?

11-13절 말씀을 보겠습니다.

"땅의 상인들이 그를 위하여 울고 애통하는 것은 다시 그들의 상품을 사는 자가 없음이라. 그 상품은 금과 은과 보석과 진주와 세마포와 자주 옷감과 비단과 붉은 옷감이요, 각종 향목과 각종 상아그릇이요, 값진 나무와 구리와 철과 대리석으로 만든 각종 그릇이요, 계피와 향료와 향과 향유와 유향과 포도주와 감람유와 고운 밀가루와 밀이요, 소와 양과 말과 수레와 종들과 사람의 영혼들이라"(계 18:11-13).

여기도 보면 땅의 상인들이 이 단체와 거래한 상품들을 열거하고 있는데 그 물건들이 굉장히 값비싼 것들임을 알 수 있습니다. 그러므로 이 단체가 굉장히 부자이고 화려하다는 것을 알 수 있습니다. 바로 로마 카톨릭이 그렇습니다.

작년에 저는 우리 교회 성도님들과 성지순례를 다녀왔습니다. 그때 로마 카톨릭의 본부가 있는 바티칸을 구경하며 박물관에 들어가보았습니다. 그곳에서 '천지창조'를 비롯한 유명한 작품들을 구경할 수 있었습니다. 그런데 그 박물관을 구경하려는 사람들이 얼마나 많던지, 밖에서부터 줄이 늘어서 있었고, 안에 들어가서도 앞사람 머리만 보면서 구경을 해야 했습니다. 잘못 하면 일행을 잃어버릴 수 있을 정도로 사람이 많았습니다. 그런데 그곳의 입장료가 상당히 비쌌습니다. 그래서 제가 그것을 보며 '카톨릭이 진짜 돈을 잘 버는구나!'라고 느꼈지요. 그곳의 하루 입장료만 하더라도 엄청날 것입니다. 그런데 그곳을 1년 열두 달, 그렇게 많은 관광객들이 비싼 돈을 주면서 구경하러 오는 것입니다. 그리고 그 박물관에 소장된 그림들, 조각품들을 모두 돈으로 환산해 본다면 카톨릭이 얼마나 부자인지 짐작할 수 있을 것입니다. 우리나라에도 카톨릭 성당이 참 많은데 대부분 땅을 넓게 차지하고 있고, 건물도 잘 지어놓았습니다. 그 재산이 엄청난 것입니다. 전 세계적으로 카톨릭의 재산을 계산한다면 그것은 상상을 초월하는 액수일 것입니다. 어마어마하게 부자인 것을 알 수 있습니다.

앞에서 읽은 13절 말씀에 의하면 이들이 매매한 물건들 중에는 '사람의 영혼들'까지 있었다고 이야기하고 있습니다. 이 말씀을 읽을 때 저는 중세시대 때 로마 카톨릭이 면죄부를 판매한 것이 생각났습니다. 면죄부라고 하는 것이 결국 무엇입니까? 돈 주고 영혼을 사고 파는 것 아닙니까? 카톨릭이 그런 일을 했습니다. 이런 표현들을 보면 이 단체는 확실히 카톨릭과 연관이 있는 것을 알 수 있습니다.

신랑과 신부의 음성이 다시 들리지 아니하리로다

22-24절을 보겠습니다.

"또 거문고 타는 자와 풍류하는 자와 퉁소 부는 자와 나팔 부는 자들의 소리가 결코 다시 네 안에서 들리지 아니하고 어떠한 세공업자든지 결코 다시 네 안에서 보이지 아니하고 또 맷돌 소리가 결코 다시 네 안에서 들리지 아니하고 등불 빛이 결코 다시 네 안에서 비치지 아니하고 신랑과 신부의 음성이 결코 다시 네 안에서 들리지 아니하리로다. 너의 상인들은 땅의 왕족들이라. 네 복술로 말미암아 만국이 미혹되었도다. 선지자들과 성도들과 및 땅 위에서 죽임을 당한 모든 자의 피가 그 성 중에서 발견되었느니라 하더라"(계 18:22-24).

23절에 보면 이 단체가 망하고 난 뒤에는 신랑과 신부의 음성도 들리지 아니할 것이라고 말씀합니다. 로마에 있는 이 단체의 건물에서 얼마나 많은 신랑신부들이 결혼을 했겠습니까. 그런데 망하고 나면 결혼식 소리도 다 사라진다는 말입니다.

또 24절을 보면 성도들을 핍박하고 죽인 것에 대해서도 이야기하고 있습니다. '선지자들과 성도들과 땅위에서 죽임을 당한 모든 자들의 피가 그 성 중에서 발견되었' 고 말씀하고 있습니다. 이 성은 결국 로마를 이야기하는 것인데 로마에서 수많은 그리스도인들이 죽임을 당했습니다. 사도 바울, 사도 베드로, 그 외에도 수많은 그리스도인들이 로마에서 피를 흘리며 순교하였습니다.

큰 성의 부가 한 시간에 망하였도다

그런데 이 단체가 결국은 한 순간에 망하고 맙니다. 본문에 보면 '한 시간에 네 심판이 이르렀다', '한 시간에 망하였다' 는 말씀이 있습니다. 9-10절, 17a절, 19b절을 보겠습니다.

"그와 함께 음행하고 사치하던 땅의 왕들이 그가 불타는 연기를 보고 위하여 울고 가슴을 치며 그의 고통을 무서워하여 멀리 서서 이르되 화 있도다, 화 있도다, 큰 성 견고한 성 바벨론이여, 한 시간에 네 심판이 이르렀다 하리로다"(계 18:9-10).

"그러한 부가 한 시간에 망하였도다"(계 18:17a).

"너의 보배로운 상품으로 치부하였더니 한 시간에 망하였도다"(계 18:19b).

여기서 말하는 '한 시간' 은 '한 순간' 을 이야기하는 것입니다. 멸망할 것 같지 않던 이 단체가 어느 한 순간에 망하게 된다는 것입니다. 그런데 이 단체뿐 아니라 이 세상도 마찬가지입니다. 이 세상을 보면 전혀 종말이 안 올 것 같지요? 그러나 언젠가는 이 세상도 한 순간에 망하게 될 것입니다. 성경을 읽어 보면 노아의 때에 사람들이 흥청망청 먹고, 마시고, 즐기며 살았습니다. 노아가 아무리 방주 안으로 들어오라고 해도 사람들은 믿지 않았습니다. 그러다가 결국은 홍수가 나서 그 당시 모든 사람들이 멸망당하고 말았던 것처럼 이 세상의 종말도 그렇게 임할 것입니다. 이 세상의 종말은 예수님의 공중재림과 함께 시작되는데 예수님의 공중재림도 예기치 않은 어느 순간에 갑자기 이루어질 것입니다.

노아의 때와 같이 인자의 임함도 그러하리라

마태복음 24장 37-39절을 보면 이런 말씀이 있습니다.

"노아의 때와 같이 인자의 임함도 그러하리라. 홍수 전에 노아가 방주에 들어가던 날까지 사람들이 먹고, 마시고, 장가들고, 시집가고 있으면서 홍수가 나서 그들을 다 멸하기까지 깨닫지 못하였으니 인자의 임함도 이와 같으리라"(마 24:37-39).

우리 예수님도 어느 날 갑자기 임하신다는 것입니다. 그리고 이 세상은 종말로 치닫게 되면서 갑자기 멸망하게 되는 것입니다. 이것이 이 세상의 운명입니다. 개인의 운명도 마찬가지입니다. 개인의 종말도 언젠가는 이렇게 갑자기 찾아오는 것입니다. 세상의 종말 이야기를 하니까 그것은 나와 관계 없는 이야기다, 죽고 난 뒤의 이야기다, 이렇게 생각할지 모르지만 우리 개인에게도 다 종말의 순간이 있습니다. 언젠가는 그 종말의 순간을 맞이해야 할 것입니다. 건강했던 사람이 어느 날 갑자기 쓰러지고, 오래 살 것 같던 사람이 어느 날 갑자기 세상을 떠났다는 이야기를 우리가 듣습니다, 그러므로 우리도 항상 준비하고 살아야 하는 것입니다. 언제 나의 종말이 찾아올지 모르기 때문입니다.

당신은 당신의 종말을 맞이할 준비가 되어 있습니까?

죽음이 찾아온다고 해도 괜찮으시겠습니까?

만약에 죽음에 대해서 두렵고, 준비가 되어 있지 않다면 구원받으셔야 합니다. 구원 받아야 죽음이 와도 두렵지 않고, 세상에 종말이 와도 두렵지 않은 것입니다. 히브리서 9장 27절에 "한 번 죽는 것은 사람에게 정해진 것이요, 그 후에는 심판이 있다"고 말씀하고 있습니다. 죽음으로 모든 것이 끝나는 게 아닙니다. 죽은 뒤에는 하나님의 심판이 있습니다. 한 사람, 한 사람 그들의 행위에 따라서 하나님께서 심판하십니다. 본문을 보면 이 단체를 하나님께서 그의 행위대로 심판하신다는 말씀이 있습니다.

너희 각 사람의 행위대로 갚아 주리라

5-7절을 보겠습니다.

"그의 죄는 하늘에 사무쳤으며 하나님은 그의 불의한 일을 기억하신지라. 그가 준 그대로 그에게 주고, 그의 행위대로 갑절을 갚아 주고, 그가 섞은 잔에도 갑절이나 섞어 그에게 주라. 그가 얼마나 자기를 영화롭게 하였으며 사치하였든지 그만큼 고통과 애통함으로 갚아주라"(계 18:5-7a).

하나님께서 이 거짓종교단체를 그의 행위대로, 그들이 행한 것만큼 거기에 비례해서 심판하시겠다고 말씀합니다. 그런데 이 단체뿐 아니라 이 세상을 살아가는 모든 사람들에게도 똑같이 하십니다. 그러므로 우리는 하나님을 두려워하며 살아야 합니다. 우리 마음대로 살아서는 안 됩니다. 왜냐하면 하나님은 우리의 행위대로 심판하시는 분이기 때문에 그렇습니다.

"또 내가 사망으로 그의 자녀를 죽이리니 모든 교회가 나는 사람의 뜻과 마음을 살피는 자인 줄 알지라. 내가 너희 각 사람의 행위대로 갚아 주리라"(계 2:23).

이 말씀 끝부분에 '내가 너희 각 사람의 행위대로 갚아 주리라' 고 하셨습니다. 하나님은 각 사람의 행위대로 갚아 주시는 분이십니다. 요한계시록 20장 12-14절에도 이런 말씀이 있습니다.

"죽은 자들이 자기 행위를 따라 책들에 기록된 대로 심판을 받으니 바다가 그 가운데에서 죽은 자들을 내주고, 또 사망과 음부도 그 가운데에서 죽은 자들을 내주매 각 사람이 자기의 행위대로 심판을 받고, 사망과 음부도 불못에 던져지니 이것은 둘째 사망 곧 불못이라"(계 20:12b-14).

여기에도 보면 각 사람의 행위대로 하나님께서 심판하시겠다고 말씀하고 있습니다. 그리고 본문 8절 하반절에 '그를 심판하시는 주 하나님은 강하신 자이심이라' 라고 말씀하고 있습니다. 무서운 말씀 아닙니까? 강하신 우리 하나님께서 각 사람의 행위에 따라서 그대로 갚아주시겠다는 말씀입니다. 이런 두려운 하나님을 생각하면서 하나님 앞에서 바로 살아야 하겠습니다.

내 백성아, 거기서 나와 그의 죄에 참여하지 말고

본문에는 하나님의 백성들에게 주시는 말씀도 기록되어 있습니다. 4절입니다.

"또 내가 들으니 하늘로부터 다른 음성이 나서 이르되 내 백성아, 거기서 나와 그의 죄에 참여하지 말고 그가 받을 재앙들을 받지 말라"(계 18:4).

이 말씀은 음녀에 대한 말씀이 아니라 하나님의 백성들에게 주시는 말씀입니다. 이 음녀가 멸망당하는 일이 7년 대환난 중간쯤에 있을 것이라고 말씀드렸습니다. 그런데 그 시점에 믿는 사람들도 이 땅에 있습니다. 십사만 사천 명이 전도해서 구령한 사람들이 이 땅에 있는 것입니다. 그런데 그 사람들이 자칫 잘못하면 이 거짓종교 단체에 미혹될 가능성이 있겠지요. 그래서 하나님께서 '내 백성아, 거기서 나와 그의 죄에 참여하지 말고 그가 받을 재앙들을 받지 말라'고 하시는 것입니다. 이 말씀은 오늘날 우리도 잘 새겨들어야 할 말씀입니다.

우리 교회는 '교회연합운동'(에큐메니칼 운동)에 참여하지를 않습니다. 안 하는 이유가 무엇입니까? '교회연합운동'을 하다 보면 교단 간에 하나가 되어야 할 뿐 아니라, 나중에는 카톨릭과도 하나가 되어야 할 것이기 때문입니다. 그런데 우리는 그렇게 할 수가 없습니다. 그래서 '교회연합운동'(에큐메니칼 운동)을 하지 않는 것입니다.

우리 하나님은 교회가 정말 순수하게 남아 있기를 원하십니다. 그래서 우리는 다른 교회들, 특별히 우리와 믿음을 같이 하지 않는 교회들과는 하나 되지 않는 것입니다. 믿지 않는 사람들과 하나 되지 않는 것은 두말할 필요도 없습니다(고후 6:14-18).

사랑하는 성도 여러분!

이 세상 돌아가는 것을 볼 때 우리 주님께서 오실 날이 그리 멀지 않은 것을 느낄 수 있습니다. 지금 세계 경제가 휘청거리고 있는데 이러다가 온 세계 경제가 순식간에 무너질 수도 있겠다는 생각이 들지 않습니까? 그런데 언젠가는 실제로 그런 일이 일어날 것입니다. 정치, 경제 다 망하고, 이 세상도 종말을 고하게 될 것입니다. 그런데 그전에 예수님께서 오십니다. 우리 주님께서 오실 날을 대비하며, 또 우리 각 개인에게 임할 그 종말의 날도 대비하며 살아갑시다.

21
하늘의 할렐루야 찬양

(계 19:1-10)

계 19:1-10

1 이 일 후에 내가 들으니 하늘에 허다한 무리의 큰 음성 같은 것이 있어 이르되 할렐루야 구원과 영광과 능력이 우리 하나님께 있도다 2 그의 심판은 참되고 의로운지라 음행으로 땅을 더럽게 한 큰 음녀를 심판하사 자기 종들의 피를 그 음녀의 손에 갚으셨도다 하고 3 두 번째로 할렐루야 하니 그 연기가 세세토록 올라가더라 4 또 이십사 장로와 네 생물이 엎드려 보좌에 앉으신 하나님께 경배하여 이르되 아멘 할렐루야 하니 5 보좌에서 음성이 나서 이르시되 하나님의 종들 곧 그를 경외하는 너희들아 작은 자나 큰 자나 다 우리 하나님께 찬송하라 하더라 6 또 내가 들으니 허다한 무리의 음성과도 같고 많은 물소리와도 같고 큰 우렛소리와도 같은 소리로 이르되 할렐루야 주 우리 하나님 곧 전능하신 이가 통치하시도다 7 우리가 즐거워하고 크게 기뻐하며 그에게 영광을 돌리세 어린 양의 혼인기약이 이르렀고 그 아내가 자신을 준비하였으므로 8 그에게 빛나고 깨끗한 세마포를 입게 하셨으니 이 세마포 옷은 성도들의 옳은 행실이로다 하더라 9 천사가 내게 말하기를 기록하라 어린 양의 혼인잔치에 청함을 받은 자들이 복이 있도다 하고 또 내게 말하되 이것은 하나님의 참되신 말씀이라 하기로 10 내가 그 발 앞에 엎드려 경배하려 하니 그가 나에게 말하기를 나는 너와 및 예수의 증언을 받은 네 형제들과 같이 된 종이니 삼가 그리하지 말고 오직 하나님께 경배하라 예수의 증언은 예언의 영이라 하더라

저는 음악에 대해서 잘 모릅니다. 그러나 들을 때마다 제게 큰 감동을 주는 합창곡이 하나 있는데 바로 헨델의 오라토리오 '메시아'에 나오는 '할렐루야 합창'입니다. "할렐루야, 할렐루야, 할렐루야, 할렐루야……." 여러분들도 다 아시지요. 이 합창을 들을 때 얼마나 감동이 됩니까. 이 곡이 영국 런던에서 초연되었을 때 이 곡을 듣고 있던 왕이 자리에서 벌떡 일어났다고 하지요. 얼마나 감동이 되고 감격적이었으면 그렇게 했겠습니까. 아마도 이 세상에서 가장 위대한 합창곡이 이 '할렐루야 합창'이 아닌가 생각됩니다.

할렐루야 구원과 영광과 능력이 우리 하나님께 있도다

그런데 본문을 보면 헨델의 할렐루야가 아닌 또 다른 할렐루야 찬양이 울려 퍼지는 것을 볼 수 있습니다.

"이 일 후에 내가 들으니 하늘에 허다한 무리의 큰 음성 같은 것이 있어 이르되 할렐루야 구원과 영광과 능력이 우리 하나님께 있도다"(계 19:1).

큰 무리가 하나님을 찬양하는데 '할렐루야' 하면서 찬양했다고 기록되어 있습니다. 3절에도 나옵니다.

"두 번째로 할렐루야 하니 그 연기가 세세토록 올라가더라"(계 19:3).

여기에도 '할렐루야' 라는 말이 나오지요. 4절 말씀도 보겠습니다.

"또 이십사 장로와 네 생물이 엎드려 보좌에 앉으신 하나님께 경배하여 이르되 아멘 할렐루야 하니"(계 19:4)

여기도 '할렐루야' 가 나옵니다. 또 6절 말씀도 보겠습니다.

"또 내가 들으니 허다한 무리의 음성과도 같고, 많은 물소리와도 같고, 큰 우렛소리와도 같은 소리로 이르되 할렐루야 주 우리 하나님 곧 전능하신 이가 통치하시도다"(계 19:6).

이 말씀에도 큰 우렛소리와도 같은 소리로 '할렐루야' 하면서 하나님을 찬양하는 것을 볼 수 있습니다.

지금 읽은 이 말씀들에 '할렐루야' 가 4번 나왔습니다. 신약성경에 '할렐루야' 라는 단어가 4번 나오는데 본문 속에 다 들어 있습니다. '할렐루야' 라는 말은 히브리어인데 '할렐루' 라는 말은 '찬양하라' 는 의미이고, '야' 는 '야훼' 즉 '여호와' 를 뜻하는 것입니다. 그래서 '할렐루야' 는 '여호와를 찬양하라', '하나님을 찬양하라' 는 말입니다.

'할렐루야'라는 말은 시편에 많이 나옵니다. 구약에서는 시편에만 나오고, 신약에서는 요한계시록에만 나옵니다. 시편에 '할렐루야'가 몇 번 나오는지 세어 보았더니 23번이었습니다. 시편에 나오는 '할렐루야'를 우리나라 성경에서는 '할렐루야'라고 그대로 번역했는데, 영어성경에서는 'Praise the Lord'라고 번역을 했습니다. 'Praise the Lord'는 '주님을 찬양하라'는 의미이지요. '할렐루야'라는 말의 의미를 직역하면 '여호와를 찬양하라', '야훼를 찬양하라'인데 왜 영어성경에서는 '주님을 찬양하라'로 번역을 했을까요?

이스라엘 사람들은 성경을 읽다가 '여호와'라는 말이 나오면 읽지를 않습니다. 혹시 하나님의 이름을 망령되이 부를까봐 '주님'으로 바꿔 읽든가 아니면 '하나님'으로 바꿔 읽습니다. 그래서 미국 사람들이 그 전통을 따라 성경을 번역할 때 '할렐루야'라는 시편의 말이 나오면 이스라엘 사람들이 읽는 그대로 'Praise the Lord(주님을 찬양하라)'라고 번역해 놓은 것입니다. 그런데 요한계시록에는 우리나라 성경도 '할렐루야'라고 되어 있고, 영어성경도 '할렐루야'라고 되어 있습니다. 그것은 구약성경은 히브리어로 기록되었고, 신약성경은 헬라어로 기록되었기 때문입니다. 헬라어 성경에는 '할렐루야'가 헬라어로 '할렐루야'라고 기록되어 있습니다. 그래서 우리나라 성경도, 미국 성경도 '할렐루야'라고 번역을 한 것입니다.

헨델이 '할렐루야 합창'을 작곡할 때 바로 이 본문에서 영감을 얻었다고 생각합니다. 특별히 6절 말씀이 그에게 결정적으로 영향을 미친 것 같습니다.

"또 내가 들으니 허다한 무리의 음성과도 같고 많은 물소리와도 같고 큰 우렛소리와도 같은 소리로 이르되 할렐루야 주 우리 하나님 곧 전능하신 이가 통치하시도다"(계 19:6).

공중에서 불리어질 '할렐루야 찬양'

이제 본문을 살펴보도록 하겠습니다. 본문의 '할렐루야 찬양'은 공중에서 불리어질 찬양입니다. 요한계시록 6장부터 18장까지는 이 땅 위에서 일어날 7년 대환난에 대한 말씀인데 19장에 들어오면서 장소가 공중으로 바뀝니다. 예수님께서 공중에 재림하시면 이 땅에 있는 교회, 즉 하나님의 사람들은 공중으로 다 들림 받게 됩니다. 그리고 7년 동안 공중에서 우리 주님과 함께 지내며 우리 하나님을 찬양하게 됩니다. 공중으로 들림 받은 하나님의 백성들이 하나님을 찬양하는 내용에 대해서는 요한계시록 4장과 5장에서 이미 살펴본 바 있습니다. 그런데 19장에 와서 다시 공중의 모습을 보여주는데 사람들이 계속 하나님을 찬양하고, 예배하고 있습니다. 사실은 저와 여러분도 이 무리 중에 들어갈 사람들입니다. 왜냐하면 구원받은 저와 여러분도 주님이 오실 때 공중으로 들림 받을 것이고, 이 무리 속에 포함될 것이기 때문입니다. 그러므로 본문은 다른 사람들의 이야기가 아니라 우리들의 이야기이고, 우리들이 하게 될 일들입니다.

이런 것을 생각하면 예배가 얼마나 중요한지 모릅니다. 지금 우리가 이 땅에서 드리는 예배는 공중에서 드릴 예배의 예행연습이라고 볼 수 있습니다. 우리는 공중에서 뿐 아니라 천국에서도 영원히 하나님을 찬양하고 예배하는 삶을 살게 될 것입니다. 그러므로 우리는 이 땅에서의 예배부터 잘 드려야 할 것입니다. 이 땅에서의 예배는 때로는 졸리기도 하고 지루하게 느껴질 수도 있겠지만 공중에서의 예배, 천국에서의 예배는 전혀 그렇지가 않습니다. 주님을 직접 보면서 기쁨과 환희 가운데 예배를 드리게 되니 얼마나 감격적이겠습니까. 이것이 우리가 공중에서, 그리고 천국에서 영원토록 할 일입니다.

그런데 본문에서 큰 무리의 사람들과 천사들이 하나님을 찬양하는 이유가 무엇일까요? 4절에 보면 '이십사 장로와 네 생물이 하나님을 찬양했다'고 말씀하고 있습니다. 여기서 말하는 '이십사 장로'는 '구원받은 하나님의 사람들을 대표하는 사람들'이고, '네 생물'은 '천사들'을 이야기하는 것입니다. 또 1절과 6절에 보면 '허다한 무리가 하나님을 찬양했다'고 하는데 이들은 '7년 대환난 중에 구원받은 사람들'이라고 생각합니다. 7년 대환난 기간 중에 복음을 듣고 구원 받았는데 적그리스도에 의해서 죽임을 당하고 주님 앞에 선 사람들일 것입니다. 요한계시록 7장 9절에 '큰 무리'가 나오는데 그들은 7년 대환난 때 순교 당한 사람들입니다. 그런데 본문에서도 '허다한 무리'라고 말하고 있습니다. 아마도 같은 사람들일 것입니다. 그런데 왜 이들이 하나님을 예배하고 찬양하고 있을까요? 그것에 대한 네 가지 이유를 발견할 수 있습니다.

할렐루야 구원과 영광과 능력이 우리 하나님께 있도다

첫 번째 이유는 1절 중간에 나옵니다.

"할렐루야 구원과 영광과 능력이 우리 하나님께 있도다"(계 19:1b).

이 말씀 그대로 '구원과 영광과 능력'이 우리 하나님께 있기 때문에 하나님을 찬양하는 것입니다. 사람에게는 구원이 필요합니다. 우리 모두가 구원이 필요한 사람들입니다. 그런데 사람을 구원해 줄 수 있는 유일한 분이 하나님이십니다. 사람에게는 스스로 구원할 능력이 없습니다. 그리고 다른 사람도 나를 구원해줄 수 없습니다. 사람을 구원해줄 수 있는 분은 오직 하나님 한 분 뿐이시기 때문에 구원이 하나님께 있다고 하면서 하나님을 찬양하는 것입니다. 또 영광이 하나님께 있다고 말씀하고 있습니다. 이 세상에 훌륭한 분들이 많이 있었지만 사람들의 모든 영광을 받기에 합당한 유일하신 분은 하나님이십니다. 그러므로 우리가 찬양하지 않을 수 없는 것이지요. 또 능력이 하나님께 있다고 말씀하고 있습니다. 사람은 능력이 있는 것 같지만 가만히 보면 사람처럼 무기력한 존재가 없습니다. 진짜 결정적인 순간에 사람이 할 수 있는 일은 아무 것도 없습니다. 암에 걸려서 죽어가고 있는 사람이 그의 의지로 살아날 수 있습니까? 우리에게는 능력이 없습니다. 그러나 우리 하나님은 무한한 능력을 가지신 분이십니다. 이런 이유 때문에 우리도 하나님을 찬양하는 것입니다.

공의의 하나님, 참되고 의로운 심판을 하시는 분

두 번째 이유는 2-3절에 나와 있습니다.

"그의 심판은 참되고 의로운지라. 음행으로 땅을 더럽게 한 큰 음녀를 심판하사 자기 종들의 피를 그 음녀의 손에 갚으셨도다 하고 두 번째로 할렐루야 하니 그 연기가 세세토록 올라가더라"(계 19:2-3).

여기 보면 하나님은 공의의 하나님이시고, 참되고 의로운 심판을 하시는 분이시기 때문에 하나님을 찬양하는 것을 볼 수 있습니다.

요한계시록 17장과 18장에 하나님께서 음녀를 심판하시는 내용이 기록되어 있었습니다. 19장 본문에서는 하늘에 있는 천사들과 하늘에 있는 하나님의 백성들이 하나님께서 음녀를 심판하신 사실로 인하여 하나님을 찬양하고 있습니다. 왜냐하면 이 음녀가 하나님의 사람들을 많이 죽였고, 이 땅을 죄악으로 물들게 했으며, 사람들로 하여금 잘못된 길을 가도록 했기 때문입니다. 그래서 하나님께서 음녀를 심판하신 것입니다.

그런데 하나님은 음녀만 심판하시는 것이 아니라 이 땅의 불의와 불법에 대해서, 범죄하는 인간들에 대해서도 심판하실 것입니다. 만약 하나님께서 불의와 불법에 대해서 심판하지 않으시고 내버려 두신다면 공의의 하나님이라고 말할 수 없겠지요. 그러나 우리 하나님은 공의의 하나님이십니다. 의인에 대해서는 반드시 합당한 상급을 주시고, 죄인에 대해서는 반드시 합당한 벌을 주시는 분이십니다. 그렇기 때문에 우리는 이러한 사실을 생각하면서 하나님을 찬양해야 하는 것입니다.

주 우리 하나님, 전능하신 이가 통치하시도다

세 번째 이유는 6절에 나와 있습니다.

"할렐루야 주 우리 하나님, 곧 전능하신 이가 통치하시도다"(계 19:6b).

하나님은 통치하시는 하나님이시기 때문에 하나님을 찬양하는 것을 볼 수 있습니다. 지금 이 세상을 누가 통치하는지 아십니까? 하나님께서 통치하고 계십니다. 때로는 마귀가 통치하는 것 같고, 마귀의 세력이 너무 강한 것 같기도 하지만 그래도 이 세상은 하나님께서 다스리고 계십니다. 어떤 나라가 일어나기도 하고 망하기도 하며, 또 개인이 잘되기도 하고 못되기도 하며, 태어나기도 하고 죽기도 하는 것, 이 모든 것들이 하나님께서 주장하시는 것입니다. 인간들이나 힘 있는 지도자가 하는 것이 아닙니다. 우리 인간 사회에서 일어나는 모든 일들은 하나님의 뜻 가운데서, 하나님께서 섭리 가운데서 그렇게 되는 것입니다. 그러므로 우리 그리스도인들은 어떤 일이 안 좋게 일어난다고 해도 불평해서는 안 됩니다. 하나님께서 뜻이 있으셔서 그렇게 하시는데 감히 뭐라고 말할 수 있겠습니까.

하나님께서 이 세상을 다스리고 계시는 것을 생각하면 기쁘지 않습니까? 하나님께서 지금 이 순간에도 가장 높은 곳에서 이 세상을 다스리고 계십니다. 그리고 우리는 하나님의 자녀들입니다. 이런 것을 생각하면 얼마나 감사하고 다행스러운 일인지요. 시편 97편 1절에 보면 이런 말씀이 있습니다.

"여호와께서 다스리시나니 땅은 즐거워하며 허다한 섬은 기뻐할지어다"(시 97:1).

하나님께서 통치하시는 이 사실로 인해서 우리가 감사하고 기뻐할 수 있기를 바랍니다. 인간이 통치한다면 얼마나 문제가 많겠습니까. 또 사탄이 다스린다면 우리에게 얼마나 불리하겠습니까. 그런데 우리 아버지 되시는 하나님께서 이 땅을 다스리신다는 사실입니다. 그러므로 우리는 하나님을 찬양해야 하는 것입니다.

그에게 영광을 돌리세, 어린 양의 혼인기약이 이르렀고
네 번째 이유는 7-8절에 나와 있습니다.
"우리가 즐거워하고 크게 기뻐하며 그에게 영광을 돌리세. 어린 양의 혼인기약이 이르렀고 그 아내가 자신을 준비하였으므로 그에게 빛나고 깨끗한 세마포를 입게 하셨으니 이 세마포 옷은 성도들의 옳은 행실이로다 하더라"(계 19:7-8).

공중에 있는 이 무리가 지금 기뻐하고 하나님께 찬양과 영광을 돌리는 것은 어린 양의 혼인 기약이 이르렀기 때문이라고 말씀하고 있습니다. 성경에는 예수님과 교회의 관계, 예수님과 성도의 관계를 신랑과 신부, 또는 남편과 아내의 관계로 종종 설명하는 것을 볼 수 있습니다. 왜 하필이면 신랑과 신부 또는 남편과 아내의 관계일까요? 그것은 신랑과 신부 또는 남편과 아내의 관계는 굉장히 친밀한 관계이고, 서로 깊이 사랑하는 관계이기 때문입니다. 이런 이유에서 하나님께서는 교회와 예수님의 관계를 신랑과 신부, 또는 남편 아내의 관계로 설명하는 것입니다.

그런데 지금 우리는 예수 그리스도의 신부이고, 아내이지만 같이 살고 있지는 않습니다. 마음으로는 같이 살고 있지만 사실 엄격히 말하면 같이 살고 있는 것은 아닙니다. 그럼 언제 만나서 같이 살게 되는 것일까요? 예수님께서 공중에 재림하실 때 우리가 들림 받아서 그 때부터 영원토록 함께 살게 되는 것입니다. 그 때 공중에서 '어린 양의 혼인잔치'(9절)가 있게 되는 것입니다.

그리고 또 한 가지 할 일이 있는데 그것은 그리스도의 심판대 앞에서 심판을 받는 것입니다. 고린도후서 5장 10절이나 로마서 14장 10절을 보면 '그리스도의 심판대'라는 말이 나오고, 그리스도인들도 심판받을 것에 대해서 이야기하고 있습니다. 언제 심판받는가 하면 공중에 들림 받았을 때입니다. 그리고 그 심판이 끝나고 난 뒤 혼인잔치를 하게 되는 것입니다. (그리스도인들의 심판에 대해서는 본문에 언급되어 있지 않는데, 제가 쓴 책 '성경이 말하는 세상 끝날의 일들'에 자세히 설명해 놓았습니다.)

우리가 예수 그리스도의 신부가 되어서 혼인잔치에 참석할 것을 한 번 생각해 보십시오. 얼마나 감사하고 기쁜 일입니까. 그래서 9절에 "어린 양의 혼인잔치에 청함을 받은 자들이 복이 있도다"라고 말씀하는 것입니다.

그런데 여기서 '혼인잔치에 청함을 받은 자들'은 누구를 이야기하는 것일까요? 이들을 신부로 보는 사람들도 있고, 하객으로 보는 사람들도 있습니다. 어떤 성경학자들은 신부는 주인공이니까 청함을 받은 사람이 아니고, 하객들이 청함을 받은 자들이라고 말합니다. 그리고 '신부'는 '신약 시대에 구원받은 사람들'이고, '청함 받은 사람들'은 '구약시대의 성도들'과 '7년 대환난 기간 중에 구원받은 성도들'이라고 합니다. 해석을 어떻게 하든지 간에 중요한 것은 혼인잔치 자리에 있는 것이 복이라는 것입니다. 우리도 이 혼인잔치에 신부로 참여할 사람들인데 이것은 보통 축복이 아닙니다.

또 어떤 분들은 이 혼인잔치가 공중에서 일어날 일이 아니고, 지상으로 내려와 천년왕국에 가서 일어날 일이라고 생각하는데 이것도 그렇게 중요한 문제는 아니라고 생각합니다. 저는 개인적으로 공중에서 혼인잔치가 있을 것으로 생각합니다. 그러나 이 땅에 내려와서도 혼인잔치가 계속 이어질 수 있겠다는 생각도 듭니다. 사실 천국 생활 자체가 잔치 아닙니까? 우리 주님과 함께 영원한 잔치 속에서 살아가는 것이지요. 중요한 것은 이 잔치에 우리가 함께 한다는 사실입니다. 이것이 복이고, 감사할 일인 줄 믿습니다.

빛나고 깨끗한 세마포를 입게 하셨으니

그렇다면 여러분, 이제 우리는 어떻게 살아야 될까요?

아직 주님을 정식으로 만난 것은 아니지만 우리는 이미 그리스도의 신부가 되었습니다. 그렇다면 과연 우리는 어떻게 살아야 하겠습니까?

8절에 보면 이런 말씀을 하고 있습니다.

"그에게 빛나고 깨끗한 세마포를 입게 하셨으니 이 세마포 옷은 성도들의 옳은 행실이로다"(계 19:8).

그리스도의 신부들에게는 빛나고 깨끗한 세마포 옷을 입혀주신다고 말씀하고 있습니다. 하얀색 세마포 옷일 것입니다. 그런데 이것의 의미가 무엇인가 하면 '성도들의 옳은 행실'이라고 말씀합니다. 우리가 이 땅에서 살아갈 때 이렇게 살아야 하는 것입니다. 그리스도의 신부라고 하면서 행실이 엉망이라든지, 믿는 사람인지 아닌지 구분이 안 간다든지 한다면 이것은 안 되는 일이지요.

고린도후서 11장 2절에 이런 말씀이 있습니다.

"내가 하나님의 열심으로 너희를 위하여 열심을 내노니 내가 너희를 정결한 처녀로 한 남편인 그리스도께 드리려고 중매함이로다"(고후 11:2).

사도 바울이 성도들을 남편 되신 예수 그리스도에게 정결한 처녀로 중매했다고 말씀하고 있습니다. 그러므로 우리는 정결한 상태로 살아야 하는 것입니다.

또 요한1서 3장 3절에서는 이렇게 말씀하고 있습니다.

"주를 향하여 이 소망을 가진 자마다 그의 깨끗하심과 같이 자기를 깨끗하게 하느니라"(요일 3:3).

이것도 역시 같은 말씀입니다. 주님을 만날 소망이 있는 사람들은 자기를 깨끗하게 관리하면서 살아야 된다는 것이지요. 지금 여러분은 그렇게 살고 계십니까? 결혼식을 앞 둔 신부를 한 번 보십시오. 얼마나 자기 관리를 잘합니까. 마사지도 받고 피부 관리도 받으면서 몸 관리를 하고, 마음 관리도 잘 하는 것을 볼 수 있습니다. 이것이 신부의 바른 자세입니다. 우리 그리스도인들도 주님의 신부라는 것을 명심하면서 우리의 몸과 마음, 또 영적인 모든 상태가 정말 정결하도록 힘써야 할 것입니다.

사랑하는 성도 여러분!

예수님은 반드시 다시 오십니다. 여러분은 지금 그 날을 기다리고 계십니까? 그 날을 정말 사모하면서 살아갈 수 있기를 바랍니다. 우리가 공중으로 들림 받아 주님을 만나고, 또 먼저 가 있는 사랑하는 성도들을 만날 것을 한 번 상상해 보십시오. 그 날이야말로 우리 생애 최고의 날, 가장 영광스러운 날이 될 것입니다.

여러분은 그 날에 대해서 준비가 되어 있으십니까?

늘 주님 만날 준비를 하면서, 그 날을 사모하면서 열심히 신앙생활을 하시기 바랍니다. 무엇보다도 예배생활을 잘 하십시오. 하나님을 찬양하는 생활을 잘 하시기 바랍니다. 요한계시록 19장 5절에 이런 말씀을 하고 있습니다.

"보좌에서 음성이 나서 이르시되 하나님의 종들, 곧 그를 경외하는 너희들아, 작은 자나 큰 자나 다 우리 하나님께 찬송하라 하더라"(계 19:5).

주님께서 그토록 원하시는 것이 예배이고, 우리가 공중에서, 그리고 천국에서 영원히 할 일이 예배인데 예배생활을 제대로 안 하면 안 되겠지요.

7절 말씀도 보겠습니다.

"우리가 즐거워하고 크게 기뻐하며 그에게 영광을 돌리세"(계 19:7a).

이것 또한 우리 그리스도인들이 이 땅에서 살아야 할 모습입니다. 즐거워하고, 크게 기뻐하며, 하나님께 영광을 돌리며 사시기 바랍니다. 환경을 생각하면 기뻐하지 못할 수도 있습니다. 그러나 주님을 생각하면 기뻐할 수 있습니다. 주님께서는 여러분이 항상 기쁘게 살기를 원하십니다. 기뻐하고 즐거워하시기 바랍니다. 그리고 항상 하나님께 영광 돌리는 삶을 사십시오. 그렇게 할 때 본문에 기록된 것처럼 공중에서 주님을 만나 큰 소리로 '할렐루야!' 찬양을 부를 수 있을 것입니다.

22

인류 최후의 날

(계 19:11-21)

계 19:11-21

11 또 내가 하늘이 열린 것을 보니 보라 백마와 그것을 탄 자가 있으니 그 이름은 충신과 진실이라 그가 공의로 심판하며 싸우더라 12 그 눈은 불꽃 같고 그 머리에는 많은 관들이 있고 또 이름 쓴 것 하나가 있으니 자기 밖에 아는 자가 없고 13 또 그가 피 뿌린 옷을 입었는데 그 이름은 하나님의 말씀이라 칭하더라 14 하늘에 있는 군대들이 희고 깨끗한 세마포 옷을 입고 백마를 타고 그를 따르더라 15 그의 입에서 예리한 검이 나오니 그것으로 만국을 치겠고 친히 그들을 철장으로 다스리며 또 친히 하나님 곧 전능하신 이의 맹렬한 진노의 포도주 틀을 밟겠고 16 그 옷과 그 다리에 이름을 쓴 것이 있으니 만왕의 왕이요 만주의 주라 하였더라 17 또 내가 보니 한 천사가 태양 안에 서서 공중에 나는 모든 새를 향하여 큰 음성으로 외쳐 이르되 와서 하나님의 큰 잔치에 모여 18 왕들의 살과 장군들의 살과 장사들의 살과 말들과 그것을 탄 자들의 살과 자유인들이나 종들이나 작은 자나 큰 자나 모든 자의 살을 먹으라 하더라 19 또 내가 보매 그 짐승과 땅의 임금들과 그들의 군대들이 모여 그 말 탄 자와 그의 군대와 더불어 전쟁을 일으키다가 20 짐승이 잡히고 그 앞에서 표적을 행하던 거짓 선지자도 함께 잡혔으니 이는 짐승의 표를 받고 그의 우상에게 경배하던 자들을 표적으로 미혹하던 자라 이 둘이 산 채로 유황불 붙는 못에 던져지고 21 그 나머지는 말 탄 자의 입으로부터 나오는 검에 죽으매 모든 새가 그들의 살로 배불리더라

'서기 몇 년' 할 때 '서기(西紀)'는 '서력기원(西曆紀元)'이라는 말의 준말입니다. '서력기원'은 '예수 그리스도의 탄생'을 그 기원으로 하고 있습니다. 예수 그리스도의 탄생 이전을 '기원전(紀元前)'이라고 하고, 예수 그리스도의 탄생 이후를 '기원후(紀元後)'라고 하지요. 그런데 '기원후'라는 말은 일반적으로 잘 쓰지 않고 '서기 몇 년' 이런 식으로 이야기합니다.

'기원전'은 영어로 'BC'라고 하는데 이것은 'Before Christ', 즉 '그리스도 이전', 또는 '주전(主前)'이라는 말입니다. 그리고 '기원후'는 'AD'라고 하는데 이것은 'Anno Domini'라는 라틴말로, '우

리 주님의 해(年)에서', 또는 '주후(主後)'라는 말입니다. 이렇게 인류의 역사는 BC와 AD로 나누어지는데 그 중앙에 예수 그리스도께서 계시는 것입니다. 어떤 사람들은 '인류의 역사, history는 His story, 그의 이야기이다'라고 말하기도 합니다. 그러면 누가 세계의 역사를 예수 그리스도 중심으로 만들어 놓았을까요? 누가 세계 역사의 중앙에 예수 그리스도가 있게 했을까요?

그분은 하나님이십니다. 물론 서력기원을 처음 만든 사람은 로마의 디오니시우스 엑시구우스라는 사람이지만 그로 하여금 서력기원을 만들게 하셨고, 또 온 세계로 하여금 그것을 사용하게 하신 분은 하나님이십니다.

예수 그리스도의 재림과 함께 끝이 나는 인류의 역사

그렇다면 BC에서 AD로 이어져 온 인류의 역사는 언제, 어떻게 끝이 날까요?

성경을 보면 우리가 알고 싶어 하는 모든 질문들의 답이 다 나와 있습니다. 이 세상이 어떻게 만들어졌고, 인류가 어떻게 시작되었으며, 인류가 언제 어떻게 끝이 나는지 다 기록하고 있는데, 성경을 잘 보면 인류의 역사는 예수 그리스도의 재림과 함께 끝나는 것을 알 수 있습니다. 참 놀랍지 않습니까? 역사의 중앙에 예수 그리스도께서 계시고, 마무리도 결국은 예수 그리스도께서 하신다는 것입니다.

예수 그리스도의 재림은 두 단계에 걸쳐서 이루어집니다. 먼저 예수님께서 공중에 재림하셔서 7년 동안 공중에 계시다가 이 땅으로 내려오십니다. 그래서 공중으로 재림하시는 것을 '공중재림'이라고 하고, 7년 뒤에 이 땅으로 내려오시는 것을 '지상재림'이라고 합니다. '공중재림'과 '지상재림' 중에서는 '지상재림'이 인류의 마지막 순간이 되는 것입니다. 왜냐하면 7년 대환난 중에도 인류의 역사는 계속 진행된다고 볼 수 있기 때문입니다. 그러나 예수 그리스도께서 지상재림하시면 인류의 역사는 사실상 끝이 납니다.

지금까지는 이 세상이 인간들에 의해서 주도되어져 왔습니다. 인간들에 의해서 움직여왔고, 인간들에 의해서 모든 것이 이루어져 왔습니다. 물론 하나님께서 역사하셨지만 외형상으로 보기에는 그렇습니다. 그래서 세계의 역사는 곧 인류의 역사라고 할 수 있습니다. 그러나 예수님께서 이 땅에 오시면 그 때부터는 예수님께서 모든 것을 직접 주관하심으로 인류의 역사는 끝이 나게 되는 것입니다.

예수 그리스도의 지상재림

본문은 예수님께서 지상으로 내려오시는 장면을 기록하고 있습니다(11-16절). 이 장면에 정말 잘 어울리는 멋진 음악이 바로 헨델의 '할렐루야 합창'입니다. 우리 주님께서 오실 그 날을 생각하면 얼마나 기대되는지 모릅니다. 예수님께서 지상재림하실 때 백마를 타고 오시는데 혼자 오시는 것이 아니라 하늘의 군대와 함께 오십니다. 14절을 보겠습니다.

"하늘에 있는 군대들이 희고 깨끗한 세마포 옷을 입고 백마를 타고 그를 따르더라"(계 19:14).

이 '군대들' 속에는 천군 천사들, 예수님께서 공중으로 재림하실 때 들림 받은 하나님의 백성들(신약시대의 성도들), 구약시대 성도들, 7년 대환난 기간 중에 구원받고 순교당한 사람들이 포함되어 있습니다. 온 하늘의 군대가 예수님을 따르면서 함께 지상으로 내려오는 것입니다. 이 본문에는 구름을 타고 오신다는 말이 없지만 요한 계시록 1장 7절과 마태복음 24장 29-30절에 보면 그런 표현이 있습니다.

"볼지어다. 그가 구름을 타고 오시리라. 각 사람의 눈이 그를 보겠고, 그를 찌른 자들도 볼 것이요, 땅에 있는 모든 족속이 그로 말미암아 애곡하리니 그러하리라. 아멘"(계 1:7).

"그 날 환난 후에 즉시 해가 어두워지며, 달이 빛을 내지 아니하며, 별들이 하늘에서 떨어지며, 하늘의 권능들이 흔들리리라. 그 때에 인자의 징조가 하늘에서 보이겠고, 그 때에 땅의 모든 족속들이 통곡하며, 그들이 인자가 구름을 타고 능력과 큰 영광으로 오는 것을 보리라"(마 24:29-30).

우리 주님께서는 구름을 타고 능력과 영광 중에 오십니다. 여러분, 그 날을 한 번 상상해 보십시오. 어느 날 갑자기 하늘이 열리고, 예수 그리스도의 모습이 나타납니다. 그리고 수많은 군대가 그 뒤를 따르는 가운데 우리 주님께서 지상으로 내려오십니다. 구원받은 우리는 이미 공중의 군대 속에 있을 것이고, 땅에 있는 사람들은 그 장엄한 광경을 보게 될 것입니다.

공의로 심판하시기 위해 다시 오시는 예수 그리스도

예수님께서 다시 오시는 목적은 이 세상과 믿지 않는 자들을 심판하시기 위해서입니다. 11절에 '공의로 심판하신다' 는 표현이 나옵니다. 이천 년 전에 이 땅에 계셨을 때와는 완연히 다른 모습으로 오시는 것입니다. 이천년 전에 우리 주님은 이 땅에서 매우 초라한 모습으로 사셨습니다. 그러나 다시 오실 때는 화려하고, 당당하고, 그리고 아주 무서운 모습으로 오시는 것입니다. 12절에 우리 주님의 눈이 '불꽃과 같다' 고 말씀하고 있습니다. '불꽃 같은 눈' 으로 바라보면 못 보는 것이 없겠지요. 사람들의 심령과 폐부를 다 살핍니다. 그렇게 심판을 하시는 것입니다. 15절에는 '그 입에서 예리한 검이 나온다' 고 말씀하고 있습니다. 이것은 실제적인 검이 아니라 말씀의 검을 이야기하는 것인데 이 말씀의 검으로 사람들을 심판하는 것입니다.

그리고 13절에 보면 '피 뿌린 옷을 입고 있다' 고 말씀하고 있는데 이것은 '피로 물든 옷을 입고 있다' 라고 번역하는 것이 더 맞습니다. 이 피가 누구의 피인가 하는 것에 대해서는 성경을 연구하는 사람들마다 의견이 다른데 예수 그리스도께서 십자가에서 흘리신 피라고 말하는 사람도 있고, 예수 그리스도의 원수들의 피, 예수 그리스도에 의해서 심판 당한 이들의 피라고 말하는 사람도 있습니다. 또 성도들의 피라고 말하는 사람도 있습니다. 셋 중 하나일 텐데 어떤 것으로 이해하더라도 성경을 이해하는데 크게 문제될 것은 없다고 봅니다. 제가 볼 때는 성도들의 피가 아닐까 하는 생각이 듭니다. 요한계시록 6장 10절에 보면 7년 대환난 기간 중에 순교당한 사람들이 하나님께 이렇게 이야기하고 있습니다.

"거룩하고 참되신 대 주재여, 땅에 거하는 자들을 심판하여 우리 피를 갚아 주지 아니하시기를 어느 때까지 하시려 하나이까"(계 6:10b).

자기들의 피를 갚아 달라고 애원하는 것입니다. 그 때 하나님께서 뭐라고 하시는가 하면 "아직 잠시 동안 쉬되 그들의 동무 종들과 형제들도 자기처럼 죽임을 당하여 그 수가 차기까지 하라"(계 6:11b)

라고 하십니다.

예수님께서 다시 오실 때는 여러 가지 목적이 있지만 그 중 하나가 7년 대환난 기간 중에 순교당한 사람들의 피 값을 갚으시기 위해 오신다는 것입니다. 그러니 그 심판이 얼마나 무섭겠습니까. 그래서 15절에 '맹렬한 진노'라는 표현이 나오는 것입니다. 또 15절 끝 부분에 보면 '포도주 틀을 밟겠고'라고 하시는데 포도주 틀을 밟는 것처럼 사람들을 밟겠다, 그렇게 심판을 하시겠다는 말씀입니다. 그러니 얼마나 무서운 심판이 되겠습니까.

산 채로 유황불에 던져지는 짐승과 거짓 선지자

17-21절을 보면 이제 적그리스도와 그를 따르던 사람들을 심판하시는 내용이 나옵니다. 그 중 20-21절을 보겠습니다.

"짐승이 잡히고 그 앞에서 표적을 행하던 거짓 선지자도 함께 잡혔으니 이는 짐승의 표를 받고 그의 우상에게 경배하던 자들을 표적으로 미혹하던 자라. 이 둘이 산 채로 유황불 붙는 못에 던져지고, 그 나머지는 말 탄 자의 입으로부터 나오는 검에 죽으매 모든 새가 그들의 살로 배불리더라"(계 19:20-21).

짐승, 즉 적그리스도와 거짓 선지자가 심판을 당하는 모습입니다. 그들이 '산 채로 유황불 붙는 못에 던져졌다'고 말씀합니다. 여기 나오는 '유황불 붙는 못'이 우리가 보통 이야기하는 '지옥'입니다. 그런데 성경을 잘 보면 '음부'라고 하는 곳도 나옵니다. 누가복음 16장에 나오는 '부자와 거지 나사로' 이야기를 보면 부자가 죽어서 간 곳이 '음부'입니다. 요한계시록 20장 13-14절을 보면 이 '음부'는 '불못(지옥)'하고는 다른 곳이라는 것을 알 수 있습니다.

"바다가 그 가운데에서 죽은 자들을 내주고, 또 사망과 음부도 그 가운데에서 죽은 자들을 내주매, 각 사람이 자기의 행위대로 심판을 받고, 사망과 음부도 불못에 던져지니 이것은 둘째 사망 곧 불못이라"(계 20:13-14).

이 말씀에 '음부'라는 단어도 나오고, '불못'이라는 단어도 나옵니다. 그러므로 둘은 확실히 다른 곳임을 알 수 있습니다. 믿지 않는 사람이 죽으면 '음부'에 떨어지게 됩니다. 그리고 심판을 거쳐서 나중에 '불못'으로 옮겨지게 되는 것입니다. 그러나 성격은 같은 곳입니다. 두 곳 다 뜨거운 불이 있고, 고통스러운 곳입니다. 그런데 불못에 처음으로 들어가게 되는 사람이 누구인가 하면 바로 적그리스도와 거짓 선지자입니다.

그 나머지는 말 탄 자의 입으로부터 나오는 검에 죽으매

그리고 그들을 따르던 사람들은 예수 그리스도에 의해서 죽임을 당하게 됩니다. 21절 말씀을 보겠습니다.

"그 나머지는 말 탄 자의 입으로부터 나오는 검에 죽으매 모든 새가 그들의 살로 배불리더라"(계 19:21).

예수 그리스도의 입으로부터 나오는 검에 의해서 다 멸망당하는 것을 볼 수 있습니다.

그런데 18절에 보면 이 날 죽는 사람들 중에는 왕들, 장군들, 장사들이 있습니다. 이들은 '아마겟돈 전쟁'을 위해 아마겟돈에 모여 있던 사람들입니다. '아마겟돈 전쟁'에 대해서는 요한계시록 16장에서 살펴본 바 있습니다. 이들은 어떤 목적이 있어서 아마겟돈에 모였는데 예수 그리스도와 그의 군대가 하늘에서 내려오는 모습을 보고는 예수 그리스도를 대항합니다. 하늘을 향해서 미사일도 쏘고, 총도 쏘고, 활도 쏘면서 전쟁을 하는 것이지요. 그러나 그런 것으로 예수 그리스도의 군대를 이길 수는 없습니다. 오히려 예수 그리스도의 입에서 나오는 검으로 그들은 순식간에 죽임을 당하게 됩니다. 그리고 그들의 시체는 공중을 나는 새들의 밥이 된다고 기록하고 있습니다. 이것이 성경이 묘사하는 인류 최후의 날입니다.

본문의 지리적인 장소는 이스라엘입니다. 예수님께서 재림하실 곳은 감람산으로 스가랴 14장 4절에 기록되어 있습니다. 예수님께서 승천하신 곳도 감람산이고, 다시 오실 곳도 감람산입니다. 감람산은 이스라엘의 예루살렘 근교에 있는 산입니다. 아마겟돈도 이스라엘에 있는 지역입니다. 그러므로 본문의 장면들은 모두 이스라엘 땅에서 이루어질 일들을 보여주는 것입니다.

온 세상을 심판하시는 예수 그리스도

그러면 이스라엘이 아닌 다른 곳에 있는 사람들은 어떻게 될까요? 예를 들어서 예수님께서 지상으로 재림하실 때 한국 땅에도 여전히 사람들은 살고 있을 것이고, 미국 땅, 중국 땅, 온 세계에 사람들이 살고 있을 텐데 그들은 과연 어떻게 되는 것일까요? 그들도 다 예수 그리스도에 의해서 심판을 받게 됩니다. 마태복음 25장에 보면 양과 염소의 심판이 나옵니다.

"인자가 자기 영광으로 모든 천사와 함께 올 때에 자기 영광의 보좌에 앉으리니 모든 민족을 그 앞에 모으고, 각각 구분하기를 목자가 양과 염소를 구분하는 것 같이 하여 양은 그 오른편에, 염소는 왼편에 두리라"(마 25:31-33).

이 심판이 이방인들을 심판하는 내용인데 이 심판의 결과에 따라 어떤 사람들은 영생에, 어떤 사람들은 영벌에 들어가게 되는 것입니다.

또 유대인들에 대해서도 심판을 하시는데 유대인들에 대한 심판은 에스겔 20장 33-38절에 기록되어 있습니다.

"주 여호와의 말씀이니라. 내가 나의 삶을 두고 맹세하노니 내가 능한 손과 편 팔로 분노를 쏟아 너희를 여러 지방에서 모아내고, 너희를 인도하여 여러 나라 광야에 이르러 거기서 너희를 대면하여 심판하되 내가 애굽 땅 광야에서 너희 조상들을 심판한 것 같이 너희를 심판하리라. 주 여호와의 말씀이니라. 내가 너희를 막대기 아래로 지나가게 하며, 언약의 줄로 매려니와, 너희 가운데에서 반역하는 자와 내게 범죄하는 자를 모두 제하여 버릴지라. 그들을 머물러 살던 땅에서는 나오게 하여도 이스라엘 땅에는 들어가지 못하게 하리니 너희가 나는 여호와인줄 알리라"(겔 20:33-38).

그러므로 예수님께서 이 땅에 오시면 결국 이 땅의 모든 사람들이 다 심판을 받게 되는 것입니다. 인류의 역사는 지금까지 성경에 기록된 대로 이루어져 왔습니다. 이제 마지막 남은 한 가지는 예수 그리스도께서 다시 오시는 일입니다. 이천 년 전에 예수님께서 이 땅에 오셨을 때는 우리를 구원해 주시기 위해서 오셨지만 다시 오실 때는 이 세상을 심판하시기 위해서 오신다는 것을 잊지 마시기 바랍니다.

사랑하는 여러분! 여러분은 예수 그리스도 앞에 서실 준비가 되어 있습니까? 만약 아직 구원받지 못했다면 언젠가는 여러분도 예수 그리스도 앞에 서게 될 텐데 그 때는 예수 그리스도께서 여러분을 심판주로 대하실 것입니다. 그러므로 아직 구원받지 못했다면 속히 예수 그리스도를 당신의 구주로 영접하시기 바랍니다. 본문 말씀은 당신과 관계없는 이야기, 아직 먼 이야기가 아닙니다. 물론 당신이 살아 있는 동안 예수님께서 이 땅에 안 오실 수도 있겠지요. 그러나 죽음은 하루하루 다가오고 있습니다. 히브리서 9장 27절에 "한 번 죽는 것은 사람에게 정해진 것이요, 그 후에는 심판이 있다"고 말씀하고 있습니다. 살아 있는 동안 예수 그리스도의 재림을 보게 되는 사람은 산 채로 예수 그리스도 앞에서 심판을 받게 될 것이고, 죽은 뒤에 예수 그리스도 앞에 서게 되는 사람은 죽은 후에 심판을 받게 될 것입니다. 이 사실을 명심하고 앞으로 일어날 일들에 대해서 대비할 줄 아는 당신이 되시기 바랍니다.

그 이름은 충신과 진실, 하나님의 말씀

예수님에 대해서 몇 가지만 더 살펴보겠습니다. 본문을 보면 예수님을 소개하는 표현들이 몇 가지 나옵니다. 11절을 보겠습니다.

"또 내가 하늘이 열린 것을 보니 보라 백마와 그것을 탄 자가 있으니 그 이름은 충신과 진실이라. 그가 공의로 심판하며 싸우더라"(계 19:11).

예수님의 이름을 '충신과 진실'이라고 소개하고 있습니다. 이 말은 '예수님은 신실하시고 참되신 분'이라는 의미입니다. 이 세상에 100% 신실하고 참된 사람이 있을까요? 인간들 중에는 없습니다. 아무리 사람이 좋고, 신실하고, 착한 사람이라고 해도 그 안을 들여다보면 거짓이 있고, 불의가 있습니다. 그러나 하나님은 어떠실까요? 하나님은 100% 신실하시고, 100% 참되십니다. 그런데 바로 예수님

이 그렇다고 소개해주고 있습니다. 왜 그런지 아십니까? 예수님이
바로 하나님이시기 때문에 그렇습니다.

13절에는 예수님의 이름을 '하나님의 말씀'이라고 소개하고 있습
니다.

"또 그가 피 뿌린 옷을 입었는데 그 이름은 하나님의 말씀이라 칭
하더라"(계 19:13).

요한복음 1장 1절에 "태초에 말씀이 계시니라. 이 말씀이 하나님과
함께 계셨으니 이 말씀은 곧 하나님이시니라" 하는 말씀이 있습니
다. 이 말씀에 의하면 하나님은 항상 말씀으로 존재하는 분이십니
다. 그래서 '하나님은 말씀'이라고 이해할 수 있습니다. 그런데 그
말씀이 육신이 되어 이 땅에 오신 분이 바로 예수 그리스도이십니
다. 요한복음 1장 14절에 "말씀이 육신이 되어 우리 가운데 거하심
에 우리가 그의 영광을 보니 아버지의 독생자의 영광이요, 은혜와
진리가 충만하더라" 하셨습니다. 예수님은 인간의 몸을 입고 이 땅
에서 사셨지만 그 분은 하나님이셨습니다. 이것을 놓치지 말아야 합
니다.

16절에는 예수님의 이름을 '만왕의 왕', '만주의 주'라고 소개하
고 있습니다.

"그 옷과 그 다리에 이름을 쓴 것이 있으니 만왕의 왕이요, 만주의
주라 하였더라"(계 19:16).

지금까지 이 세상에는 많은 왕들, 많은 군주들이 있었습니다. 그러
나 이 세상의 진짜 왕은 하나님 한 분 밖에 안 계십니다. 그래서 디
모데전서 6장 15절에는 하나님을 일컬어서 '유일하신 주권자, 만왕
의 왕, 만주의 주'라고 말씀합니다. 그런데 본문에서는 예수님을

'만왕의 왕, 만주의 주'라고 말씀하고 있습니다. 예수님이 하나님이 시기 때문입니다.

인류 최후의 날

사랑하는 여러분! 이천 년 전에 이 땅에 아기로 태어나서 가난하게 살다가 결국에는 십자가에 못 박혀 죽으신 예수 그리스도가 하나님 이라는 사실을 잊지 마시기 바랍니다. 이사야 9장 6절을 보면 예수 그리스도에 대해서 말씀하면서 "이는 한 아이가 우리에게 났고, 한 아들을 우리에게 주신 바 되었는데 그의 어깨에는 정사를 메었고, 그의 이름은 기묘자라, 모사라, 전능하신 하나님이라, 영존하시는 아버지라, 평강의 왕이라 할 것임이라" 하셨습니다. 예수님 탄생 700여 년 전에 이사야 선지자를 통해서 하신 말씀인데 이 말씀에 의하면 아기 예수는 '전능하신 하나님, 영존하시는 아버지, 평강의 왕'이라는 것입니다. 이것이 예수님에 대한 정확한 답입니다. 예수 님은 '하나님', '영원하신 아버지'이십니다.

그런데 하나님 되시는 예수 그리스도께서 십자가에서 그토록 처참 하게 돌아가신 까닭이 무엇일까요? 그것은 우리의 죄 값을 지불해 주시고, 우리를 구원해 주시기 위함이었습니다. 이 세상 사람들은 한 사람도 예외 없이 모두가 다 죄인입니다. 죄 없는 사람이 없습니 다. 감옥에는 안 갔는지 모르지만 하나님의 기준으로 보면 모두가 다 더럽고 누추한 죄인들입니다. 죄인은 벌을 받아야 하는데 하나님 께서는 우리 대신 예수 그리스도로 하여금 우리의 죄 값을 지불하게 하셨습니다. 이것이 예수 그리스도의 십자가 사건입니다. 그러나 하 나님이신 예수님은 3일 만에 다시 살아나셨고, 40일 동안 이 땅에 계시다가 제자들이 보는 가운데 하늘로 승천하셨습니다.

사랑하는 여러분! 예수 그리스도는 반드시 다시 오십니다.

예수님께서 다시 오시겠다고 약속하셨습니다. 성경 여러 곳에서도 다시 오실 것에 대해서 말씀하고 있습니다. 예수 그리스도께서 다시 오실 그 날이 인류 최후의 날입니다.

당신은 예수 그리스도 앞에 설 준비가 되어 있습니까?

23
천 년의 왕 노릇

(계 20:1-10)

계 20:1-10

1 또 내가 보매 천사가 무저갱의 열쇠와 큰 쇠사슬을 그의 손에 가지고 하늘로부터 내려와서 2 용을 잡으니 곧 옛 뱀이요 마귀요 사탄이라 잡아서 천 년 동안 결박하여 3 무저갱에 던져 넣어 잠그고 그 위에 인봉하여 천 년이 차도록 다시는 만국을 미혹하지 못하게 하였는데 그 후에는 반드시 잠깐 놓이리라 4 또 내가 보좌들을 보니 거기에 앉은 자들이 있어 심판하는 권세를 받았더라 또 내가 보니 예수를 증언함과 하나님의 말씀 때문에 목 베임을 당한 자들의 영혼들과 또 짐승과 그의 우상에게 경배하지 아니하고 그들의 이마와 손에 그의 표를 받지 아니한 자들이 살아서 그리스도와 더불어 천 년 동안 왕 노릇 하니 5 (그 나머지 죽은 자들은 그 천 년이 차기까지 살지 못하더라) 이는 첫째 부활이라 6 이 첫째 부활에 참여하는 자들은 복이 있고 거룩하도다 둘째 사망이 그들을 다스리는 권세가 없고 도리어 그들이 하나님과 그리스도의 제사장이 되어 천 년 동안 그리스도와 더불어 왕 노릇 하리라 7 천 년이 차매 사탄이 그 옥에서 놓여 8 나와서 땅의 사방 백성 곧 곡과 마곡을 미혹하고 모아 싸움을 붙이리니 그 수가 바다의 모래 같으리라 9 그들이 지면에 널리 퍼져 성도들의 진과 사랑하시는 성을 두르매 하늘에서 불이 내려와 그들을 태워버리고 10 또 그들을 미혹하는 마귀가 불과 유황 못에 던져지니 거기는 그 짐승과 거짓 선지자도 있어 세세토록 밤낮 괴로움을 받으리라

본문은 '천년왕국'에 대한 말씀입니다. 본문에 '천 년'이라는 단어가 여섯 번 나오고, '왕 노릇'이라는 단어가 두 번 나옵니다. '왕 노릇'이라는 단어는 본문 뿐 아니라 요한계시록 다른 곳에서도 나오는 것을 볼 수 있습니다. 요한계시록 5장 10절입니다.

"그들로 우리 하나님 앞에서 나라와 제사장들을 삼으셨으니, 그들이 땅에서 왕 노릇 하리로다"(계 5:10).

'땅에서 왕 노릇 한다'는 것이 무슨 말일까요? 이것은 천년왕국에서 왕 노릇하는 것을 이야기하는 것입니다. 그 기간이 얼마입니까? 천 년입니다.

천년왕국에 대한 세 가지 견해

천년왕국에 대해서는 크게 세 가지 견해가 있습니다.

첫 번째 견해는 '전(前)천년설'입니다. 이것은 예수님께서 지상재림하신 후에 실제적인 천년왕국이 이 땅 위에 선다고 믿는 것입니다. 하나님의 말씀을 문자 그대로 믿는 것이지요. 이름을 '전천년설'이라고 붙인 것은 예수님의 재림이 천년왕국 이전에 있을 것이기 때문입니다.

두 번째 견해는 '후(後)천년설'입니다. 이것은 예수님께서 재림하시기 전에 이 땅 위에 천 년 동안의 왕국이 건설된다고 믿는 것입니다. 실제적인 천년왕국이 있다고 믿는 것은 '전천년설'과 비슷하나 그 시기가 다릅니다. '전천년설'은 예수님께서 먼저 재림하신 후 이 땅 위에 천년왕국이 있는 것이고, '후천년설'은 천년왕국이 이 땅 위에 먼저 있은 후 예수님께서 지상으로 내려오신다는 것입니다. 예수님께서 천년왕국 후에 오신다고 해서 '후천년설'이라는 이름이 붙여졌습니다.

세 번째 견해는 '무(無)천년설'입니다. 이것은 이 땅 위에 실제적으로 세워지는 천년왕국은 없다는 것입니다. 천 년은 실제적인 천년이 아니라 긴 세월을 이야기하는 것이고, 오늘날의 교회시대가 영적인 천년왕국이라고 믿습니다. 오늘날 대부분의 장로교회에서 믿는 것이 '무천년설'입니다. 물론 모든 장로교회가 다 그렇게 믿는 것은 아니고, 장로교회 목사님들 중에도 '전천년설'을 믿는 분들이 계십니다.

어떤 견해가 옳은 것인가

문제는 이 세 가지 견해 중에서 어느 것이 과연 옳은 것인가 하는 것입니다. 제가 볼 때는 일단 '후천년설'은 아닌 것 같습니다. '후천년설'은 예수님께서 오시기 전에 이 땅 위에 천년왕국이 들어선다는 것인데, 그렇다면 예수님께서 지상재림하시기 전에 이 세상은 정말 살기 좋은 세상으로 천 년 동안 지속되어야 합니다. 그런데 이 세상을 보면 전혀 그렇지 않습니다. 날이 갈수록, 주님의 재림이 점점 임박해짐에도 불구하고 이 세상은 천년왕국과는 거리가 더 멀어지고 있습니다. 죄도 더 많고, 병도 더 많고, 또 타락된 일들도 더 많습니다. 그래서 '후천년설'은 아니라고 생각합니다. 이 '후천년설'은 사회구원을 주장하는 사람들이 주로 믿습니다. 이분들은 정치에도 참여하고, 열심히 데모도 합니다. 그래야 좋은 세상이 만들어진다고 생각하니까요. 그러나 그렇게 한다고 해서 좋은 세상이 이루어지는 것은 아닙니다.

'무천년설'도 아닌 것 같습니다. '무천년설'은 오늘날의 교회시대가 영적으로 천년왕국이라고 믿는 견해인데 여기에도 문제가 있습니다. 본문을 잘 보면 그것을 알 수 있습니다. 2-3절을 보겠습니다. "용을 잡으니 곧 옛 뱀이요, 마귀요, 사탄이라. 잡아서 천 년 동안 결박하여 무저갱에 던져 넣어 잠그고 그 위에 인봉하여 천 년이 차도록 다시는 만국을 미혹하지 못하게 하였는데 그 후에는 반드시 잠깐 놓이리라"(계 20:2-3).

천 년 동안 사탄이 결박되는 것에 대해 말씀하고 있습니다. 이 말씀에 의하면 천 년 동안 사탄은 무저갱에 갇혀 있으므로 활동을 하지 못합니다. 그런데 지금, 이 교회시대에 과연 사탄이 묶여 있고,

활동을 안 하고 있습니까? 그렇지 않습니다. 사탄은 그 어느 때보다도 지금 이 시대에 더 강하게 역사하고 있습니다. 그래서 베드로전서 5장 8절에는 "마귀가 우는 사자 같이 두루 다니며 삼킬 자들을 찾는다"고 했습니다. 그러므로 이런 말씀을 보면 이 주장에 문제가 있는 것을 발견하게 됩니다. 그리고 4절에도 보면 그 문제점이 나타납니다.

"또 내가 보좌들을 보니 거기에 앉은 자들이 있어 심판하는 권세를 받았더라. 또 내가 보니 예수를 증언함과 하나님의 말씀 때문에 목 베임을 당한 자들의 영혼들과 또 짐승과 그의 우상에게 경배하지 아니하고, 그들의 이마와 손에 그의 표를 받지 아니한 자들이 살아서 그리스도와 더불어 천 년 동안 왕 노릇 하니"(계 20:4).

천년왕국이 시작되기 전에 순교당한 사람들이 살아나서 그들이 천년왕국에 들어가 왕 노릇하게 될 것이라고 말씀하고 있습니다. 그런데 '무천년설'을 믿는 사람들의 주장에 따르면 교회시대가 천년왕국시대인데 교회시대가 시작되기 직전에 순교당한 사람들이 살아나는 일이 있었느냐는 것입니다. 그런 일이 없었습니다. 만약 이들처럼 천년왕국을 영적으로 이해하려면 '순교 당한 것'과 '순교당한 사람들이 부활하는 것'도 영적으로 이해해야 하는데 이것은 영적인 부활이 아니라 실제적으로 죽은 자들의 부활에 대해 이야기하는 것으로 보입니다. 그러므로 '무천년설'에 문제가 있는 것을 알 수 있습니다. 그리고 4절 앞부분에도 보면 '또 내가 보좌들을 보니 거기에 앉은 자들이 있어 심판하는 권세를 받았더라' 하는 말씀이 있는데 여기의 '보좌들'은 주님과 함께 공중에서 지상으로 내려온 성도들이 앉을 보좌들을 이야기하는 것입니다. 그래서 성도들이 '심판하는 권세'를 받았다고 말씀하는 것입니다. 그런데 이 말씀을 보니 마태복음 19장 28절이 생각납니다.

"예수께서 이르시되 내가 진실로 너희에게 이르노니 세상이 새롭게 되어 인자가 자기 영광의 보좌에 앉을 때에 나를 따르는 너희도 열두 보좌에 앉아 이스라엘 열두 지파를 심판하리라"(마 19:28).

이 말씀은 예수님께서 열두 제자에게 하신 말씀인데 요한계시록 20장 4절 말씀과 비슷합니다. 무천년주의자들의 견해를 따르면 이 말씀도 교회시대에 일어나야 하는 일인데 지금 교회시대에 이런 일이 일어나고 있는 것 같습니까? 아니지요. 이것은 분명히 미래의 일입니다. 천년왕국 시대에 가서 다스리는 일, 심판하는 일을 하게 될 것이라는 말씀입니다. 그러므로 '무천년설'도 문제가 있다는 것을 알 수 있습니다.

가장 성경적인 것은 '전천년설'

그렇다면 세 가지 견해 중에서 어떤 것이 가장 성경적일까요? 그것은 '전천년설'입니다. 성경을 문법적으로, 역사적으로, 객관적으로 보면 '전천년설'이 성경과 가장 잘 맞는다는 것을 발견할 수 있습니다. 물론 '전천년설'을 믿을 것인가, '후천년설'을 믿을 것인가, '무천년설'을 믿을 것인가에 따라 천국 가고, 지옥 가는 것이 결정되는 것은 아닙니다. 하지만 이왕이면 성경이 말하는 것을 잘 연구하여 정확하게 믿으면 좋겠지요. '전천년설'이 가장 성경적인 종말론 견해임을 믿으시기 바랍니다.

첫째 부활에 참여하는 자들은 복이 있고

그러면 어떤 사람들이 천년왕국에 들어가게 되는 것일까요? 본문 말씀에 의하면 '첫째 부활'에 참여하는 자들이 들어가게 될 것이라고 말씀합니다.

"이 첫째 부활에 참여하는 자들은 복이 있고, 거룩하도다. 둘째 사망이 그들을 다스리는 권세가 없고, 도리어 그들이 하나님과 그리스도의 제사장이 되어 천 년 동안 그리스도와 더불어 왕 노릇 하리라"(계 20:6).

첫째 부활에 참여하는 자들이 천년왕국에 들어가 천 년 동안 그리스도와 더불어 왕 노릇하게 될 것이라고 말씀하고 있습니다. 여기서 말하는 '첫째 부활'은 '의인들의 부활', '생명의 부활'(요 5:29)을 이야기하는 것입니다. 성경을 보면 구체적으로 세 부류의 사람들이 여기에 해당됩니다.

먼저 '예수 그리스도 안에서 죽은 신약시대의 성도들'이 첫째 부활에 해당되는 사람들입니다. 즉 저와 여러분이 해당되는 사람들인데, 하나님의 말씀에 의하면 신약시대 성도들은 죽으면 예수님께서 공중에 재림하실 때 살아난다고 말씀하고 있습니다. 이 말씀은 데살로니가전서 4장 16-17절에 나옵니다.

"주께서 호령과 천사장의 소리와 하나님의 나팔소리로 친히 하늘로부터 강림하시리니 그리스도 안에서 죽은 자들이 먼저 일어나고, 그 후에 우리 살아남은 자들도 그들과 함께 구름 속으로 끌어 올려 공중에서 주를 영접하게 하시리니 그리하여 우리가 항상 주와 함께 있으리라"(살전 4:16-17).

또 '7년 대환난 기간 중에 죽임 당한 성도들'이 이에 해당되는 사람들입니다. 7년 대환난 기간 중에도 구원받는 사람들이 있고, 그들 대다수는 적그리스도에 의해 순교를 당하게 되는데 그들도 천년왕국이 시작되기 전에 다시 살아날 것을 본문이 말씀하고 있습니다. 4절에 나오는 '다시 살아난 순교 당한 사람들'이 바로 7년 대환난 기간 중에 구원받고 순교 당한 사람들입니다. '짐승과 그의 우상에게 경배하지 아니했다', '짐승의 표를 받지 아니했다'는 표현들이 그것을 말해줍니다.

그리고 '구약시대 성도들'도 첫째 부활에 해당되는 사람들입니다. 구약시대 성도들도 7년 대환난 때 순교당한 사람들처럼 예수님께서 지상재림하시고, 천년왕국이 시작되기 전에 다시 살아나게 됩니다. 그 말씀은 다니엘서 12장 11-13절에 나와 있습니다.

"매일 드리는 제사를 폐하며 멸망하게 할 가증한 것을 세울 때부터 천이백구십 일을 지낼 것이요, 기다려서 천삼백삼십오 일까지 이르는 그 사람은 복이 있으리라. 너는 가서 마지막을 기다리라. 이는 네가 평안히 쉬다가 끝 날에는 네 몫을 누릴 것임이라"(단 12:11-13).

이 말씀은 하나님께서 다니엘에게 하신 말씀인데 다니엘에게만 해당되는 말씀이 아니라 구약시대 모든 성도들에게 해당되는 말씀입니다. 이 말씀을 잘 보면 구약시대 성도들이 언제 다시 살아날 것인지를 알 수 있습니다. '매일 드리는 제사를 폐하며 멸망하게 할 가증한 것을 세울 때부터 천이백구십 일' 그리고 또 '천삼백삼십오 일'을 이야기하고 있는데 이것은 7년 대환난 기간 중간에 적그리스도가 성전에 자기의 우상을 세우는 사건으로부터 천삼백삼십오 일의 기간을 지나는 사람은 복이 있을 것이다, 즉 살아날 것이라는 말씀입니다. 그리고 그 시기는 예수님께서 지상재림하시고, 천년왕국이 시작되기 전임을 알 수 있습니다.

그런데 성경을 잘 보면 부활하기 전의 신약시대 성도들과 구약시대 성도들은 다 낙원에 있는 것을 알 수 있습니다. 예를 들면 누가복음 16장의 '부자와 거지 나사로' 이야기에서 거지가 죽어 낙원으로 갔는데 그 낙원에 아브라함이 있었습니다. 아브라함은 구약시대의 성도입니다. 그리고 이 분들이 다 몸을 입고 있습니다. 거지 나사로는 죽어서 땅에 묻혔는데 낙원에서 몸을 가지고 있는 것입니다. 또 음부에 떨어져 고통을 당하고 있는 부자도 마찬가지입니다. 부자의 시신은 땅속에 묻혔는데 음부에서 몸을 가지고 있습니다. 이런 것을 보면 영혼이 임시적으로 입고 있는 몸이 있다는 것을 알 수 있습니다. 그러나 부활을 하게 되면 임시적인 몸과는 또 다른 정말 좋은 몸을 입게 된다는 것이지요. 그래서 천년왕국에 들어갈 때는 부활의 몸을 입고 들어가게 되는 것입니다.

자연의 몸으로 천년왕국에 들어가는 사람들

또 누가 천년왕국에 들어가게 될까요? 7년 대환난 기간 중에 살아남은 그리스도인들이 있을 터인데 그들은 산 채로 천년왕국에 들어가게 될 것입니다. 그들은 변화되지 않은 몸, 자연의 몸을 그대로 가지고 있기 때문에 천년왕국에서 결혼도 하고, 자식도 낳을 것입니다.

천년왕국에 누가 들어가는지 종합적으로 다시 이야기하면 인류 역사상 구원받은 모든 하나님의 백성들이 다 들어가게 되는 것입니다. 구약시대 성도들도 들어가고, 신약시대 성도들도 들어가고, 7년 대환난 시대 성도들도 들어가는 것입니다. 그리고 부활의 몸을 입은 사람과 육신의 몸을 입은 사람이 함께 어울려 사는 곳이 천년왕국입니다. 그러나 부활의 몸을 입고 들어간 사람들은 결혼을 하거나, 자식을 낳거나, 죽는 일이 없으므로 그 수가 변함이 없을 것입니다. 그러나 육신의 몸, 자연의 몸을 입고 들어간 사람들은 결혼도 하고, 자식도 낳기 때문에 그 수가 계속 늘어날 것입니다.

이상향의 나라 천년왕국

그러면 천년왕국은 과연 어떤 곳일까요? 이곳은 한 마디로 말씀드리면 사람들이 늘 생각해오던 이상향의 나라입니다. 이상향의 나라를 '유토피아' 라고 하는데 사람들은 그런 나라를 만들지 못했습니다. 여러 방면으로 노력도 하고, 과학도 발전시켰지만 그런 나라는 어디까지나 이상향일 뿐이었습니다. 그러나 사람들은 실패했지만 천년왕국에서는 사람들이 그토록 갈구하던 나라가 이루어지는 것입니다. 그렇게 될 수밖에 없는 것이 천년왕국의 통치자가 예수 그리스도이시기 때문입니다. 예수 그리스도가 통치하시므로 정치, 경제, 사회, 문화 모든 면에서 완벽할 수밖에 없는 것입니다. 모든 것을 공의로 다스리므로 완벽하고 좋은 세상이 되는 것입니다. 그리고 무엇보다도 마귀가 천 년 동안 결박당하여 활동을 못하기 때문에 천년왕국은 평화롭고 좋은 세상이 됩니다. 또한 천년왕국은 창세기에 나오는 에덴동산과 같이 자연 환경도 매우 좋습니다. 이사야 51장 3절에 보면 이런 말씀이 있습니다.

"나 여호와가 시온의 모든 황폐한 곳들을 위로하여 그 사막을 에덴 같게, 그 광야를 여호와의 동산 같게 하였나니, 그 가운데에 기뻐함과 즐거워함과 감사함과 창화하는 소리가 있으리라"(사 51:3).

여기서 '에덴 같다', '여호와의 동산 같다'는 표현은 천년왕국을 두고 이야기하는 것입니다. 그러니 자연 환경이 얼마나 좋겠습니까. 더 자세한 내용이 이사야서에 많이 나오는데 이사야 11장 6-9절을 보겠습니다.

"그 때에 이리가 어린 양과 함께 살며, 표범이 어린 염소와 함께 누우며, 송아지와 어린 사자와 살진 짐승이 함께 있어 어린 아이에게 끌리며, 암소와 곰이 함께 먹으며, 그것들의 새끼가 함께 엎드리며, 사자가 소처럼 풀을 먹을 것이며, 젖 먹는 아이가 독사의 구멍에서 장난하며, 젖 뗀 어린 아이가 독사의 굴에 손을 넣을 것이라. 내 거룩한 산 모든 곳에서 해됨도 없고, 상함도 없을 것이니, 이는 물이 바다를 덮음 같이 여호와를 아는 지식이 세상에 충만할 것임이니라"(사 11:6-9).

이 말씀을 보면 완전히 지상 낙원입니다. 에덴동산이 이런 모습이었을 것입니다. 인간이 타락하기 전에는 세상의 모든 동물들이 매우 온순하였습니다. 타락한 후 하나님의 저주를 받아서 땅도 엉겅퀴를 내고, 동물들도 사나워지게 된 것입니다. 그러나 천년왕국이 되면 모든 자연이 회복되고, 여호와 하나님을 아는 지식이 온 세상에 충만하게 될 것입니다. 얼마나 좋은 세상입니까. 지금 우리가 열심히 복음을 전하고 있지만 하나님 말씀이 온 세상에 충만하지는 않습니다. 그러나 천년왕국이 되면 그렇게 된다는 것입니다. 이사야 35장 5-10절도 보겠습니다.

"그 때에 맹인의 눈이 밝을 것이며, 못 듣는 사람의 귀가 열릴 것이며, 그 때에 저는 자는 사슴 같이 뛸 것이며, 말 못하는 자의 혀는 노래하리니, 이는 광야에서 물이 솟겠고, 사막에서 시내가 흐를 것임이라. 뜨거운 사막이 변하여 못이 될 것이며, 메마른 땅이 변하여 원천이 될 것이며, 승냥이의 눕던 곳에 풀과 갈대와 부들이 날 것이며, 거기에 대로가 있어 그 길을 거룩한 길이라 일컫는 바 되리니 깨끗하지 못한 자는 지나가지 못하겠고, 오직 구속함을 입은 자들을 위하여 있게 될 것이라. 우매한 행인은 그 길로 다니지 못할 것이며, 거기에는 사자가 없고, 사나운 짐승이 그리로 올라가지 아니하므로 그것을 만나지 못하겠고, 오직 구속함을 받은 자만 그리로 행할 것이며, 여호와의 속량함을 받은 자들이 돌아오되 노래하며 시온에 이르러 그들의 머리 위에 영영한 희락을 띠고, 기쁨과 즐거움을 얻으리니, 슬픔과 탄식이 사라지리로다"(사 35:5-10).

육신에 장애가 있었던 사람들의 몸이 온전하게 되고, 자연 환경이 완전히 회복되며, 사람들의 슬픔과 탄식이 없어지게 된다고 하니 얼마나 기쁘고 즐겁겠습니까.

또 이사야 65장 20-25절을 보겠습니다.

"거기는 날 수가 많지 못하여 죽는 어린이와 수한이 차지 못한 노인이 다시는 없을 것이라. 곧 백세에 죽는 자를 젊은이라 하겠고, 백세가 못되어 죽는 자는 저주 받은 자이리라. 그들이 가옥을 건축하고 그 안에 살겠고, 포도나무를 심고 열매를 먹을 것이며, 그들이 건축한 데에 타인이 살지 아니할 것이며, 그들이 심은 것을 타인이 먹지 아니하리니 이는 내 백성의 수한이 나무의 수한과 같겠고, 내가 택한 자가 그 손으로 일한 것을 길이 누릴 것이며, 그들의 수고가 헛되지 않겠고, 그들이 생산한 것이 재난을 당하지 아니하리니, 그들은 여호와의 복된 자의 자손이요, 그들의 후손도 그들과 같은 것임이라. 그들이 부르기 전에 내가 응답하겠고, 그들이 말을 마치기 전에 내가 들을 것이며, 이리와 어린 양이 함께 먹을 것이며, 사자가 소처럼 짚을 먹을 것이며, 뱀은 흙을 양식으로 삼을 것이니 나의 성산에서는 해함도 없겠고, 상함도 없으리라 여호와께서 말씀하시니라"(사 65:20-25).

천년왕국에서는 사람의 수명이 나무의 수한과 같다고 말씀하고 있습니다. 나무는 수백 년, 어떤 것은 천년 이상을 살기도 하는데 천년왕국에서 자연의 몸을 입고 살아가는 사람들의 수명이 그렇다는 것입니다. 그래서 그 때는 백 년도 안 되서 죽는 사람들은 저주받은 사람들이고, 모두 장수를 누린다고 말씀하고 있습니다. 그러니까 인구수도 굉장히 늘어나겠지요. 이렇게 건강하고, 병도 없이 오래 사니 인구가 얼마나 많이 늘어나겠습니까. 예전에 아담은 구백삼십 년을 살았고, 성경에서 제일 오래 산 므두셀라는 구백육십구 년을 살았습니다. 천년왕국에서 사람들의 수명이 이렇게 다시 늘어난다는 것입니다.

그리고 천년왕국에서는 나라들 간에 전쟁이 없습니다. 성경을 잘 보면 천년왕국시대에도 이스라엘을 비롯하여 이 세상의 나라들이 다 존속하는데 전쟁은 없습니다. 이사야 2장 4절에 '서로 전쟁하는 일이 없을 것'이라고 말씀하고 있습니다.

천년왕국은 에덴동산과 같은 곳입니다. 그곳에서 우리는 먼저 간 성도들과 우리 주님과 함께 천 년 동안 살게 될 것입니다. 이 땅에서는 칠팔십 년 사는 것도 수고와 고통이지만 천년왕국에서는 우리 주님께서 마음껏 축복해 주시기 때문에 그 축복을 누리며 살게 될 것입니다. 그리고 그 후에 우리는 영원한 세계로 들어가게 될 것입니다.

천 년이 차매 그 옥에서 잠깐 놓이는 사탄

그런데 본문을 보면 천년왕국 마지막 부분에 하나님을 대적하는 일이 잠깐 일어나는 것을 볼 수 있습니다. 7-10절 말씀을 보겠습니다.

"천 년이 차매 사탄이 그 옥에서 놓여 나와서 땅의 사방 백성 곧 곡과 마곡을 미혹하고 모아 싸움을 붙이리니 그 수가 바다의 모래 같으리라. 그들이 지면에 널리 퍼져 성도들의 진과 사랑하시는 성을 두르매 하늘에서 불이 내려와 그들을 태워버리고, 또 그들을 미혹하는 마귀가 불과 유황 못에 던져지니 거기는 그 짐승과 거짓 선지자도 있어 세세토록 밤낮 괴로움을 받으리라"(계 20:7-10).

천년왕국 마지막 부분에 하나님께서 사탄을 잠깐 풀어주십니다. 그 때 사탄이 어떤 짓을 하는가 하면 사람들을 미혹하여 하나님을 대적하게 합니다. '곡과 마곡' 사람들이 사탄에게 미혹당하여 하나님을 대적한다고 하였습니다. '곡과 마곡'은 에스겔서 38-39장에 나오는 표현인데 여기서는 그냥 하나님을 대적하는 사람들을 상징하는 표현이라고 생각합니다. 그런데 그 수가 얼마나 많든지 '바다의 모래와 같다'고 말씀하고 있습니다. 이 사람들이 누구일까요? 천년왕국기간 중에도 육신의 몸을 가진 사람들이 있다고 했지요. 그들이 구백 년, 천 년 동안 자식을 낳는다고 생각해 보십시오. 그 수가 얼마나 빠르게, 기하급수적으로 늘어나겠습니까. 그런데 그 자녀들이 다 하나님을 경배하는 것은 아닙니다. 천년왕국에서 태어나고, 천년왕국에서 생활해도 거기에는 하나님을 믿지 않는 사람들이 있습니다. 그래서 마귀가 미혹할 때 넘어가 하나님을 대적하게 되는 것입니다. 그런데 하나님께서는 이 사건을 통해서 결국 알곡과 쭉정이를 가려내십니다. 마귀를 잠깐 풀어놓음으로써 자연의 몸을 가지고 있는 사람들 중에 누가 과연 참된 하나님의 사람들이고, 누가 그렇지 않은 사람들인지를 구분하는 것입니다. 그래서 쭉정이로 드러난 사람들은 하늘에서 불을 내려 다 태워버린다고 하셨습니다.

마귀와 그 사자들을 위하여 예비된 영원한 불못

그리고 마귀는 '불과 유황 못'에 던져지게 됩니다. '불과 유황 못'에 대해서는 앞 장에서 살펴보았는데 적그리스도와 거짓 선지자가 그곳에 들어가 있습니다. 그들은 천 년 동안 계속 산 채로 고통을 당하고 있었습니다. 그리고 천 년 뒤 사탄을 그 곳에서 다시 만나 영원토록 고통을 당하는 것입니다. 이 지옥 불못은 원래 사람들을 위해 만들어 놓은 장소가 아닙니다. 사탄과 그를 추종하는 악령들을 위해서 만들어 놓은 곳입니다. 마태복음 25장 41절에 '마귀와 그 사자들을 위하여 예비된 영원한 불'이라고 기록되어 있습니다. 그런데 사람들이 사탄을 따르기 때문에 결국 그들도 지옥으로 가게 되는 것입니다. 하나님은 한 사람도 멸망당하기를 원치 않으시지만 사탄을 따라갈 때에는 어쩔 수가 없는 것입니다.

사랑하는 여러분! 여러분의 미래는 어떨 것 같습니까?

천년왕국과 영원한 세계에서 주님과 함께 영원히 살 수 있다고 생각하십니까, 아니면 아직까지 확신이 없으십니까?

확신이 없으시다면 아직도 늦지 않았습니다.

예수님을 여러분의 주님으로 영접하시고 구원받아 본문에서 살펴본 천년왕국, 그리고 영원한 세계에서 우리 주님과 함께 살 수 있기를 바랍니다.

24
영원한 갈림길

(계 20:11-22:5)

계 20:11-22:5

11 또 내가 크고 흰 보좌와 그 위에 앉으신 이를 보니 땅과 하늘이 그 앞에서 피하여 간 데 없더라 12 또 내가 보니 죽은 자들이 큰 자나 작은 자나 그 보좌 앞에 서 있는데 책들이 펴 있고 또 다른 책이 펴졌으니 곧 생명책이라 죽은 자들이 자기 행위를 따라 책들에 기록된 대로 심판을 받으니 13 바다가 그 가운데에서 죽은 자들을 내주고 또 사망과 음부도 그 가운데에서 죽은 자들을 내주매 각 사람이 자기의 행위대로 심판을 받고 14 사망과 음부도 불못에 던져지니 이것은 둘째 사망 곧 불못이라 15 누구든지 생명책에 기록되지 못한 자는 불못에 던져지더라

21장 1 또 내가 새 하늘과 새 땅을 보니 처음 하늘과 처음 땅이 없어졌고 바다도 다시 있지 않더라 2 또 내가 보매 거룩한 성 새 예루살렘이 하나님께로부터 하늘에서 내려오니 그 준비한 것이 신부가 남편을 위하여 단장한 것 같더라 3 내가 들으니 보좌에서 큰 음성이 나서 이르되 보라 하나님의 장막이 사람들과 함께 있으매 하나님이 그들과 함께 계시리니 그들은 하나님의 백성이 되고 하나님은 친히 그들과 함께 계셔서 4 모든 눈물을 그 눈에서 닦아 주시니 다시는 사망이 없고 애통하는 것이나 곡하는 것이나 아픈 것이 다시 있지 아니하리니 처음 것들이 다 지나갔음이러라 5 보좌에 앉으신 이가 이르시되 보라 내가 만물을 새롭게 하노라 하시고 또 이르시되 이 말은 신실하고 참되니 기록하라 하시고 6 또 내게 말씀하시되 이루었도다 나는 알파와 오메가요 처음과 마지막이라 내가 생명수 샘물을 목마른 자에게 값없이 주리니 7 이기는 자는 이것들을 상속으로 받으리라 나는 그의 하나님이 되고 그는 내 아들이 되리라 8 그러나 두려워하는 자들과 믿지 아니하는 자들과 흉악한 자들과 살인자들과 음행하는 자들과 점술가들과 우상 숭배자들과 거짓말하는 모든 자들은 불과 유황으로 타는 못에 던져지리니 이것이 둘째 사망이라 9 일곱 대접을 가지고 마지막 일곱 재앙을 담은 일곱 천사 중 하나가 나아와서 내게 말하여 이르되 이리 오라 내가 신부 곧 어린 양의 아내를 네게 보이리라 하고 10 성령으로 나를 데리고 크고 높은 산으로 올라가 하나님께로부터 하늘에서 내려오는 거룩한 성 예루살렘을 보이니 11 하나님의 영광이 있어 그 성의 빛이 지극히 귀한 보석 같고 벽옥과 수정 같이 맑더라 12 크고 높은 성곽이 있고 열두 문이 있는데 문에 열두 천사가 있고 그 문들 위에 이름을 썼으니 이스라엘 자손 열두 지파의 이름들이라 13 동쪽에 세 문, 북쪽에 세 문, 남쪽에 세 문, 서쪽에 세 문이니 14 그 성의 성곽에는 열두 기초석이 있고 그 위에는 어린 양의 열두 사도의 열두 이름이 있더라 15 내게 말하는 자가 그 성과 그 문들과 성곽을 측량하려고 금 갈대 자를 가졌더라 16 그 성은 네모가 반듯하여 길이와 너비가 같은

지라 그 갈대 자로 그 성을 측량하니 만 이천 스다디온이요 길이와 너비와 높이가 같더라 17 그 성곽을 측량하매 백사십사 규빗이니 사람의 측량 곧 천사의 측량이라 18 그 성곽은 벽옥으로 쌓였고 그 성은 정금인데 맑은 유리 같더라 19 그 성의 성곽의 기초석은 각색 보석으로 꾸몄는데 첫째 기초석은 벽옥이요 둘째는 남보석이요 셋째는 옥수요 넷째는 녹보석이요 20 다섯째는 홍마노요 여섯째는 홍보석이요 일곱째는 황옥이요 여덟째는 녹옥이요 아홉째는 담황옥이요 열째는 비취옥이요 열한째는 청옥이요 열두째는 자수정이라 21 그 열두 문은 열두 진주니 각 문마다 한 개의 진주로 되어 있고 성의 길은 맑은 유리 같은 정금이더라 22 성 안에서 내가 성전을 보지 못하였으니 이는 주 하나님 곧 전능하신 이와 및 어린 양이 그 성전이심이라 23 그 성은 해나 달의 비침이 쓸 데 없으니 이는 하나님의 영광이 비치고 어린 양이 그 등불이 되심이라 24 만국이 그 빛 가운데로 다니고 땅의 왕들이 자기 영광을 가지고 그리로 들어가리라 25 낮에 성문들을 도무지 닫지 아니하리니 거기에는 밤이 없음이라 26 사람들이 만국의 영광과 존귀를 가지고 그리로 들어가겠고 27 무엇이든지 속된 것이나 가증한 일 또는 거짓말하는 자는 결코 그리로 들어가지 못하되 오직 어린 양의 생명책에 기록된 자들만 들어가리라

22장 1 또 그가 수정 같이 맑은 생명수의 강을 내게 보이니 하나님과 및 어린 양의 보좌로부터 나와서 2 길 가운데로 흐르더라 강 좌우에 생명나무가 있어 열두 가지 열매를 맺되 달마다 그 열매를 맺고 그 나무 잎사귀들은 만국을 치료하기 위하여 있더라 3 다시 저주가 없으며 하나님과 그 어린 양의 보좌가 그 가운데에 있으리니 그의 종들이 그를 섬기며 4 그의 얼굴을 볼 터이요 그의 이름도 그들의 이마에 있으리라 5 다시 밤이 없겠고 등불과 햇빛이 쓸 데 없으니 이는 주 하나님이 그들에게 비치심이라 그들이 세세토록 왕 노릇 하리로다

이 세상에는 두 부류의 사람들이 있습니다. 한 부류의 사람들은 심판받고 영원한 불못에 떨어질 사람들이고, 또 한 부류의 사람들은 거룩한 성 새 예루살렘에서 하나님과 함께 영원히 살 사람들입니다. '불못'은 우리가 보통 이야기하는 '지옥'이고, '거룩한 성 새 예루살렘'은 '천국'을 이야기하는 것입니다.

오늘날 많은 사람들이 천국과 지옥을 믿지 않습니다. 살다가 죽으면 끝이지 무슨 천국과 지옥이 있느냐고 합니다. 그러나 하나님의 말씀은 천국과 지옥이 분명히 존재한다고 말씀합니다. 천국과 지옥을 믿을 것인가, 말 것인가 하는 것은 개인의 선택이지만 천국과 지옥을 믿지 않는 사람도 죽고 나면 천국과 지옥이 분명히 존재하는 곳임을 알게 될 것입니다. 그러나 그 때는 이미 늦습니다. 지옥에 떨어져서 '아, 지옥이 정말 있었구나. 내가 진작 믿었어야 했는데…' 하고 아무리 후회하고 가슴을 쳐도 소용이 없습니다.

성경이 말하는 '천국'과 '지옥'은 과연 어떤 곳일까요?

불과 유황으로 타는 못에 던져지리니

먼저 지옥에 대해서 살펴보겠습니다. 본문 20장 11-15절의 말씀을 보면 하나님의 말씀을 믿지 않던 자들이 심판받고 불못에 떨어지는 내용이 기록되어 있습니다. 이 말씀의 시간적 배경은 천년왕국이 끝난 직후입니다. 천년왕국이 끝난 뒤 요한이 보니 지금 있는 땅과 하늘이 사라지고, 죽은 자들이 보좌 앞에 서서 심판을 받고 있습니다. 그런데 그 보좌는 '크고 흰 보좌'입니다. 그래서 이 심판을 일컬어 '흰 보좌 심판'이라고 합니다. 그리고 심판을 받는 사람들은 불 못에 던져집니다. 이 땅에서 하나님을 거역했던 사람들, 예수 그리스도를 믿지 않았던 사람들이 심판 받고 불못에 던져지는 것입니다.

21장 8절에는 어떤 사람들이 불못에 던져지는지 조금 더 구체적으로 말씀하고 있습니다.

"그러나 두려워하는 자들과 믿지 아니하는 자들과 흉악한 자들과 살인자들과 음행하는 자들과 점술가들과 우상 숭배자들과 거짓말하는 모든 자들은 불과 유황으로 타는 못에 던져지리니 이것이 둘째 사망이라"(계 21:8).

첫 번째는 '두려워하는 자들'이 불못에 던져진다고 말씀하고 있습니다. '두려워하는 자들'은 헬라어성경으로 보면 '겁쟁이들', '비겁한 자들'입니다. 요한계시록이 기록될 때에는 로마에 의한 핍박이 매우 심했습니다. 예수 믿는 사람들이 감옥에 들어가고, 죽임을 당하는 등 말할 수 없는 어려움을 당하던 시대였습니다. 그렇기 때문에 복음을 듣고도 핍박이 두려워 믿음을 갖지 못하는 사람들이 많았는데 그런 사람들을 염두에 두고 하는 말입니다. 요한계시록에 몇 번 나오는 표현 중에 '이기는 자'라는 표현이 있는데 이것은 '믿는 사람들'을 표현한 것입니다. '두려워하는 자들', '비겁한 자들'과 상반되는 개념이지요. 믿고 싶은 마음이 있는데도 핍박이 무서워서, 죽는 것이 두려워서 겁을 내면서 믿지 못하는 사람들이 불못에 들어간다고 말씀하고 있는 것입니다. 두 번째는 '믿지 아니하는 자들'인데 이들은 처음부터 예수님을 거부하고 믿지 않는 사람들, 믿을 마음이 없는 사람들을 가리키는 것입니다. 그리고 그 다음이 '흉악한 자들', '살인자들', '음행하는 자들', '점술가들', '우상숭배자들', '거짓말하는 자들'인데 이들은 단지 믿지 않는 정도가 아니라 아주 악한, 정말 죄 많은 사람들을 이야기하는 것입니다. 이들이 모두 다 불과 유황으로 타는 못에 던져진다고 말씀하고 있습니다.

각 사람이 자기의 행위대로 심판을 받고

이 모든 사람들의 한 가지 공통점은 예수님을 믿지 않는다는 것입니다. 그래서 모두 불못에 들어가게 되는 것입니다. 그런데 성경을 잘 보면 이들이 '자기의 행위를 따라' 심판을 받게 됩니다. 20장 12-13절에 그런 말씀이 나옵니다.

"죽은 자들이 자기 행위를 따라 책들에 기록된 대로 심판을 받으니"(계 20:12b).

"각 사람이 자기의 행위대로 심판을 받고"(계 20:13b).

이 말씀들에 의하면 불못에 던져지는 사람들이 다 똑같은 벌을 받는 것이 아니라 벌에 차등이 있는 것을 볼 수 있습니다. 이런 것을 보면 우리 하나님은 참 공평한 분이십니다. 믿지 않는 사람들이 모두 불못에 던져지는데, 그 행위에 따라서 벌을 달리 주신다는 것입니다. 히틀러나 김일성, 스탈린, 김정일, 이런 사람들은 정말 큰 죄악을 저지른 사람들입니다. 이런 사람들을 예수 안 믿은 것 빼고는 정말 착하게 살았던 사람들과 똑같이 벌준다면 그것은 형평성에 문제가 있을 것입니다. 그러나 하나님께서는 각 사람의 행위대로 갚아 주시겠다고 말씀하시니 정말 공평한 분이십니다.

그들이 마음에 하나님 두기를 싫어하매

그러면 사람의 행위 중에서 가장 악한 행위가 무엇일까요? 그것은 하나님을 거역하는 것입니다. 하나님을 대적하고 예수 그리스도를 받아들이지 않는 죄가 죄 중에서 가장 악한 죄입니다. 성경 로마서 1장 28절을 보면 사람들의 여러 가지 죄악이 열거되어 있는데 제일 앞에 '그들이 마음에 하나님 두기를 싫어하매' 라는 표현이 나옵니다. 사람들이 마음에 하나님 두기를 싫어하므로 하나님께서 그 상실한 마음대로 내버려두시자 사람들이 온갖 죄를 다 범하게 된 것입니다.

"또한 그들이 마음에 하나님 두기를 싫어하매 하나님께서 그들을 그 상실한 마음대로 내버려 두사 합당하지 못한 일을 하게 하셨으니 곧 모든 불의, 추악, 탐욕, 악의가 가득한 자요, 시기, 살인, 분쟁, 사기, 악독이 가득한 자요, 수군수군하는 자요"(롬 1:28-29).

사람이 행하는 악 중에서 가장 큰 악은 하나님을 거부하는 것입니다. 여러분, 우리 인간 세상에서 거짓말하고, 사기치고, 사람을 죽이고 하는 것은 정말 나쁜 죄이지요. 그런데 자기 부모를 모른다고 부인하는 사람이 있다면 어떨까요? 그 사람이 감옥에 갈까요, 안 갈까요? 감옥에 가지 않습니다. 대한민국 법에 저촉되지 않기 때문입니다. 하지만 그런 사람은 실수로 사람을 죽인 사람보다 더 악한 사람이라고 할 수 있습니다. 그처럼 사람이 범하는 죄 중에서 가장 악하고, 가장 근본이 되는 죄가 하나님을 모른다고 하는 죄, 하나님을 떠나서 살아가는 죄입니다. 예수님께서도 "죄에 대하여라 함은 그들이 나를 믿지 아니함이요"(요 16:9)라고 하셨습니다. 사람들이 지옥에 가는 것은 다른 이유 때문이 아닙니다. 믿는 사람이건 안 믿는 사람이건 사실 마음속에 악함은 다 있습니다. 죄성을 다 가지고 삽니다. 그런데 결정적으로 사람들을 지옥가게 하는 죄는 하나님을 거부한 죄, 예수 그리스도를 받아들이지 않은 죄라는 것을 분명히 아시기 바랍니다. 이 죄 때문에 사람들이 불못에 들어가는 것입니다.

둘째 사망

이 불못에 들어가는 것을 본문에서 '둘째 사망'이라고 했습니다. 그러면 첫째 사망은 무엇일까요? 첫째 사망은 육체의 생명이 다해서 죽는 것입니다. 그리고 심판받아 불못에 들어가는 것은 둘째 사망인데 거기에는 희망이 없습니다. 영원토록 벌을 받아야 하는 것입니다. 살긴 살아도 사는 게 아닌 영원히 죽은 목숨입니다. 그래서 '둘째 사망'이라고 하는 것입니다. 이 지옥의 형벌이 얼마나 무서운 것인가 하는 것은 누가복음 16장을 보면 조금 이해할 수 있습니다. 누가복음 16장에는 '부자와 거지 나사로'의 이야기가 나옵니다. 부자는 하나님을 안 믿었던 사람이고, 지옥도 없다고 생각했던 사람입니다. 그런데 숨을 거두고 보니 지옥에서 눈을 떴습니다. 성경의 표현을 그대로 빌리면 '음부'입니다. 음부는 불못과 같은 성격의 장소입니다. 하나님께서는 천년왕국이 끝난 뒤 믿지 않는 사람들도 다 살려내십니다. 그래서 '흰 보좌 심판'을 거쳐 불못에 던져지게 되는데 그 때까지 불신자들이 있게 되는 장소가 '음부'라는 곳입니다. 그곳에도 불이 있습니다. 고통의 장소입니다. 부자가 음부에서 고통을 당하며 외치는 소리를 들어보시기 바랍니다.

"아버지 아브라함이여, 나를 긍휼히 여기사 나사로를 보내어 그 손가락 끝에 물을 찍어 내 혀를 서늘하게 하소서. 내가 이 불꽃 가운데서 괴로워하나이다"(눅 16:24).

부자가 너무나도 괴로워서 간절히 부르짖는 소리입니다. 너무 뜨겁고, 목이 말라 자기 혀에 물 한 방울만 찍어달라는 것입니다. 물론 받아들여지지 않습니다. 이런 곳이 음부이고, 지옥입니다. 여러분, 어떤 일이 있어도 이곳에 가서는 안 됩니다.

예수님께서는 마가복음 9장 48-49절에서 지옥의 고통에 대해 이렇게 말씀하셨습니다.

"거기에서는 구더기도 죽지 않고, 불도 꺼지지 아니하느니라. 사람마다 불로써 소금 치듯 함을 받으리라"(막 9:48-49).

사람을 불로 소금 치듯 볶는다고 한 번 생각해 보십시오. 얼마나 큰 고통이겠습니까. 죽고 싶어도 죽을 수 없는 곳이 지옥입니다. 영원토록 고통을 당해야 하는 곳이 지옥입니다. 그러므로 이곳은 절대로 사람이 갈 곳이 못됩니다. 지옥은 원래 사람을 보내려고 만드신 곳이 아닙니다. 마태복음 25장 41절에 보면 '마귀와 그 사자들을 위하여 예비된 영원한 불'이라고 말씀하고 있습니다. 그런데 사람들이 하나님을 거부하고 마귀 사탄을 쫓아간다면 결국 스스로의 결정에 의해서 이곳에 들어가게 되는 것입니다. 여러분 중 한 분도 이곳에 가는 사람이 없기를 바랍니다. 절대로 가면 안 되는 곳이 지옥입니다.

거룩한 성 새 예루살렘

이번에는 천국에 대해서 살펴보겠습니다. 요한계시록 21장 1절부터 22장 5절까지의 말씀이 천국에 대한 설명입니다. 먼저 21장 1-2절을 보겠습니다.

"또 내가 새 하늘과 새 땅을 보니 처음 하늘과 처음 땅이 없어졌고, 바다도 다시 있지 않더라. 또 내가 보매 거룩한 성 새 예루살렘이 하나님께로부터 하늘에서 내려오니 그 준비한 것이 신부가 남편을 위하여 단장한 것 같더라"(계 21:1-2).

처음 하늘과 처음 땅이 없어지고, 새 하늘과 새 땅이 열렸습니다. 천년왕국이 끝나고 난 뒤에 있을 일입니다. 새 하늘에서 '거룩한 성 새 예루살렘'이 내려왔다고 말씀합니다. 이 '거룩한 성 새 예루살렘'이 우리가 보통 이야기하는 '천국'입니다. 이곳에서 우리는 영원토록 주님과 함께 살게 될 것입니다. 이곳은 한 마디로 너무나도 행

복하고 좋은 곳입니다. 슬픔, 고통, 이별, 아픔, 죽음이 없는 곳, 영
원한 위로와 안식만 있는 곳이 바로 천국입니다. 21장 4절을 보겠습
니다.

"모든 눈물을 그 눈에서 닦아 주시니 다시는 사망이 없고, 애통하
는 것이나 곡하는 것이나 아픈 것이 다시 있지 아니하리니 처음 것
들이 다 지나갔음이러라"(계 21:4).

이 말씀은 읽기만 해도 은혜가 되지 않습니까? 세상에서는 눈물
흘릴 일도 많고, 아플 때나 괴로울 때도 많습니다. 그런데 천국에는
그런 것이 전혀 없다는 것입니다. 주님께서 우리의 눈물을 닦아주시
고, 우리를 위로해 주시며, 우리를 행복하게 해 주신다고 말씀하고
있습니다.

성경에는 '낙원'이라는 곳도 나옵니다. '낙원'과 '새 예루살렘' 천
국은 엄격히 말하면 서로 다른 곳입니다. '낙원'은 믿는 사람들이
죽었을 때 바로 가는 곳입니다. 예수님께서 십자가에 달리셨을 때
옆에 한 강도가 달려 있었습니다. 그 강도가 예수님을 받아들였을
때 예수님께서 "오늘 네가 나와 함께 낙원에 있으리라"라고 말씀하
셨습니다. 또 고린도후서 12장을 보면 사도 바울이 천국에 갔다 온
경험을 기록하고 있는데 그가 갔다 온 곳도 '낙원'이라고 표현하고
있습니다. '낙원'이나 '새 예루살렘' 천국이나 성격은 같은 곳으로
하나님이 계시고, 하나님의 위로가 있는 행복하고 아름다운 곳입니
다. 믿는 사람들이 죽으면 낙원에 올라가 있다가, 예수님께서 공중
재림하실 때 부활하여 공중으로 올라가 부활의 몸으로 주님을 만나
게 되고, 7년 뒤에 지상으로 다시 내려와 천년왕국을 거쳐 최종적으
로 들어가게 되는 곳이 바로 '새 예루살렘' 천국입니다.

요한이 본 천국

여러분, 천국이 어떻게 생겼는지 궁금하시지 않습니까? 어떤 분들은 자기가 천국에 갔다 왔다고 하면서 간증도 하고 책도 쓰고 하는데 그것은 신빙성이 없습니다. 요한이 본 천국이 진짜입니다. 하나님께서 계시로 보여주신 것이고, 하나님의 감동으로 기록한 하나님의 말씀이기 때문입니다. 요한이 본 천국은 과연 어떻게 생겼을까요? 요한계시록 21장 10절부터 22장 5절까지의 말씀이 천국을 묘사하고 있는 내용입니다.

"성령으로 나를 데리고 크고 높은 산으로 올라가 하나님께로부터 하늘에서 내려오는 거룩한 성 예루살렘을 보이니 하나님의 영광이 있어 그 성의 빛이 지극히 귀한 보석 같고 벽옥과 수정 같이 맑더라. 크고 높은 성곽이 있고 열두 문이 있는데 문에 열두 천사가 있고, 그 문들 위에 이름을 썼으니 이스라엘 자손 열두 지파의 이름들이라. 동쪽에 세 문, 북쪽에 세 문, 남쪽에 세 문, 서쪽에 세 문이니 그 성의 성곽에는 열두 기초석이 있고, 그 위에는 어린 양의 열두 사도의 열두 이름이 있더라. 내게 말하는 자가 그 성과 그 문들과 성곽을 측량하려고 금 갈대 자를 가졌더라. 그 성은 네모가 반듯하여 길이와 너비가 같은지라. 그 갈대 자로 그 성을 측량하니 만 이천 스다디온이요, 길이와 너비와 높이가 같더라. 그 성곽을 측량하매 백사십사 규빗이니 사람의 측량 곧 천사의 측량이라. 그 성곽은 벽옥으로 쌓였고, 그 성은 정금인데 맑은 유리 같더라. 그 성의 성곽의 기초석은 각색 보석으로 꾸몄는데 첫째 기초석은 벽옥이요, 둘째는 남보석이요, 셋째는 옥수요, 넷째는 녹보석이요, 다섯째는 홍마노요, 여섯째는 홍보석이요, 일곱째는 황옥이요, 여덟째는 녹옥이요, 아홉째는 담황옥이요, 열째는 비취옥이요, 열한째는 청옥이요, 열두째는 자수정이라. 그 열두 문은 열두 진주니 각 문마다 한 개의 진주로 되어 있고, 성의 길은 맑은 유리 같은 정금이더라. 성 안에서 내가 성전을 보지 못하였으니, 이는 주 하나님 곧 전능하신 이와 및 어린 양이 그 성전이심이라. 그 성은 해나 달의 비침이 쓸 데 없으니 이는 하나님의 영광이 비치고 어린 양이 그 등불이 되심이라…… 또 그가 수정 같이 맑은 생명수의 강을 내게 보이니 하나님과 및 어린 양의 보좌로부터 나와서 길 가운데로 흐르더라. 강 좌우에 생명나무가 있어 열두 가지 열매를 맺되 달마다 그 열매를 맺고, 그 나무 잎사귀들은 만국을 치료하기 위하여 있더라. 다시 저주가 없으며 하나님과 그 어린 양의 보좌가 그 가운데에 있으리니, 그의 종들이 그를 섬기며 그의 얼굴을 볼 터이요, 그의 이름도 그들의 이마에 있으리라. 다시 밤이 없겠고, 등불과 햇빛이 쓸 데 없으니 이는 주 하나님이 그들에게 비치심이라. 그들이 세세토록 왕 노릇 하리로다"(계 21:10-23, 22:1-5).

네모가 반듯하여 길이와 너비와 높이가 같은 성

어떻습니까? 천국에 대해서 그림이 그려지십니까? 천국은 네모가 반듯하여 길이와 넓이와 높이가 같다고 말씀합니다. 무슨 모양입니까? 정육면체 아니면 피라미드 모양입니다. 각 변의 길이는 12,000 스다디온이라고 했는데 이것은 오늘날의 길이로 22,000km 정도입니다. 이것은 대략 서울에서 홍콩까지의 거리에 해당됩니다. 그러므로 그 면적은 지구전체의 면적에 비하면 그렇게 크다고 볼 수는 없습니다. 어쩌면 알래스카를 빼놓은 미국 대륙보다도 조금 작은 것 같기도 합니다. 그렇다면 어떻게 인류 역사상 구원받은 모든 사람들이 이곳에서 다 살 수가 있을까요? 그것은 천국의 높이를 생각하면 간단히 해결됩니다. 지금 우리들은 지구의 표면에서만 살고 있습니다. 그런데 천국은 높이도 22,000km라고 말씀하고 있습니다. 그 큰 공간에서 입체적으로 살 것을 한 번 상상해 보십시오. 엄청난 공간이므로 전혀 문제가 없습니다.

크고 높은 벽옥 성곽, 정금으로 된 맑은 유리 같은 성

천국은 멀리서 보면 성의 모습입니다. 이 성에 성곽(성벽)이 있는데 그 치수가 144규빗이라고 말씀하고 있습니다. 이것은 65m에 해당됩니다. 그런데 이것이 성벽의 높이를 말하는 것인지 두께를 말하는 것인지 확실하지가 않습니다. '크고 높은 성곽'(계 21:12)이라는 표현을 보면 65m가 성곽의 두께를 이야기하는 것이 아닌가 생각됩니다. 왜냐하면 새 예루살렘 성의 높이가 22,000km인데 65m의 높이로 성곽을 둘러친다 해도 성곽이 너무 낮을 것 같기 때문입니다. 그러므로 65m는 성곽의 폭을 말하는 것으로 생각되고, 높이는 얼마인지 모릅니다. 이 성곽이 무엇으로 만들어졌는가 하면 '벽옥'이라는 아름다운 보석으로 되어 있고, 성 자체는 '정금'으로 되어 있습니다. 18절을 다시 보겠습니다.

"그 성곽은 벽옥으로 쌓였고, 그 성은 정금인데 맑은 유리 같더라"(계 21:18).

정금은 100% 순금을 말하는데 우리가 알고 있는 금과는 다른 것 같습니다. 우리가 알고 있는 금은 투명하지가 않은데 여기서는 '맑은 유리' 같다고 했습니다. 그러니 그 모습이 어떨까요? 상상만 해도 즐겁지 않습니까? 구원받은 분들은 직접 가서 보게 될 것입니다.

진주문과 정금 길, 생명수 강, 생명나무

성곽(성벽)에는 '12개의 기초석'이 있다고 말씀합니다. 기초석이 무엇으로 되어 있는가 하면 12개의 보석으로 되어 있습니다. 21장 19-20절에 12가지 보석들을 이야기하고 있는데 우리가 모르는 보석들도 많이 나옵니다. 이 기초석 위에는 12사도의 이름이 기록되어 있습니다. 또 성곽에는 동서남북에 각각 3개씩 12개의 문이 있는데 각 문이 하나의 진주로 되어 있습니다. 그리고 열두 문에 열두 천사가 있고, 그 문들 위에 이스라엘의 12지파 이름이 기록되어 있습니다. 12사도의 이름과 12지파의 이름이 천국에 기록되어 있는 것은 구약과 신약의 모든 성도들이 천국에 함께 모여 살기 때문에 이를 상징적으로 나타내기 위함이라고 생각됩니다. 그리고 성의 길은 '맑은 유리 같은 정금'이라고 말씀하고 있습니다.

"그 열두 문은 열두 진주니 각 문마다 한 개의 진주로 되어 있고, 성의 길은 맑은 유리 같은 정금이더라"(계 21:21).

유리 같이 맑은 황금길을 상상해 보십시오. 얼마나 아름답겠습니까. 그 길 가운데로 수정처럼 맑은 생명수 강이 흐르고, 강 좌우에 생명나무가 있으며, 그 생명나무 가지에서는 12가지 열매가 달마다 맺힌다고 합니다(계 22:1-2). 달마다 맺힌다고 한 걸 보니 천국에도 시간적인 개념이 있는 것 같습니다. 그러나 그곳에서는 천 년, 만 년, 영원히 산다고 해도 지루한 것은 전혀 없을 것입니다. 환희의 상태, 최고로 기쁜 상태가 지속될 것이기 때문입니다. 이런 곳에서 우리가 주님과 함께 영원토록 살게 될 것입니다. 얼마나 신이 납니까.

천국 가면 예수 믿기를 정말 잘했다고 새삼 느끼게 될 것입니다.

하나님의 영광이 비치고 어린 양이 등불이 되심

천국에는 밤도 없습니다. 하나님의 영광이 매일 비치기 때문에 그곳은 항상 낮입니다(계 22:5). 또 성전도 없습니다. 7년 대환난 중에도 이 땅에 성전이 있고, 천년왕국 기간 중에도 이 땅 위에 성전이 있습니다. 그런데 천국 예루살렘 성에는 성전이 없습니다. 천국 자체가 성전이기 때문입니다. 그곳에 하나님이 계시고, 하나님의 보좌가 있으니 완벽한 성전이지요. 따로 성전을 둘 필요가 없는 것입니다.

"성 안에서 내가 성전을 보지 못하였으니, 이는 주 하나님 곧 전능하신 이와 및 어린 양이 그 성전이심이라"(계 21:22).

그런데 천국에 대한 내용을 살펴보면 조금 이해가 안 되는 부분이 있습니다. 요한계시록 21장 24-27절의 말씀입니다.

"만국이 그 빛 가운데로 다니고, 땅의 왕들이 자기 영광을 가지고 그리로 들어가리라. 낮에 성문들을 도무지 닫지 아니하리니 거기에는 밤이 없음이라. 사람들이 만국의 영광과 존귀를 가지고 그리로 들어가겠고, 무엇이든지 속된 것이나 가증한 일 또는 거짓말하는 자는 결코 그리로 들어가지 못하되, 오직 어린 양의 생명책에 기록된 자들만 들어가리라"(계 21:24-27).

이 말씀에 '만국'이라는 표현이 나옵니다. '나라들'이지요. 그리고 '땅의 왕들'이 그리로 출입한다는 말씀을 하고 있습니다. 이런 표현은 천국에 대한 표현이 아니라 천년왕국에 대한 표현처럼 보여집니다. 천년왕국에는 나라들이 존재한다고 했습니다. 이스라엘을 비롯한 세상의 나라들이 존재합니다. 그런데 천국에 무슨 나라들이 있고, 땅의 왕들이 존재하는 것일까요. 여기 나오는 나라들, 왕들은 천년왕국 기간 동안 이 땅 위에 존재했던 나라들, 왕들, 그리고 그 나라의 백성들을 이야기하는 것입니다. 물론 다 구원받은 하나님의 백성들이지요. 천년왕국에 있던 사람들이 천국에 올라와서 사는 것을 이렇게 표현하고 있다고 생각합니다. 그러므로 구원받은 사람은 한국사람, 일본사람, 중국사람, 미국사람 할 것 없이 언젠가는 다 천국에서 살게 될 것입니다.

사랑하는 여러분! 이 세상에는 두 종류의 사람이 있습니다. 천국에 갈 사람과 지옥에 갈 사람입니다. 잘사는 사람, 못사는 사람, 훌륭한 사람, 악한 사람, 여러 종류의 사람들이 있는 것 같지만 크게 보면 단 두 종류의 사람이 있을 뿐입니다. 천국에 갈 사람과 지옥에 갈 사람. 세상에서는 칠팔십 년 잠깐 살지만 세상을 떠나면 영원히 살게 됩니다.

당신이 가게 될 곳은 어디라고 생각하십니까?

천국입니까, 지옥입니까?

지금 당신은 영원한 갈림길에 서 있습니다. 어느 길을 택할 것인가 그 결정은 당신이 하는 것입니다.

25

내가 속히 오리라

(계 22:6-21)

계 22:6-21

6 또 그가 내게 말하기를 이 말은 신실하고 참된지라 주 곧 선지자들의 영의 하나님이 그의 종들에게 반드시 속히 되어질 일을 보이시려고 그의 천사를 보내셨도다 7 보라 내가 속히 오리니 이 두루마리의 예언의 말씀을 지키는 자는 복이 있으리라 하더라 8 이것들을 보고 들은 자는 나 요한이니 내가 듣고 볼 때에 이 일을 내게 보이던 천사의 발앞에 경배하려고 엎드렸더니 9 그가 내게 말하기를 나는 너와 네 형제 선지자들과 또 이 두루마리의 말을 지키는 자들과 함께 된 종이니 그리하지 말고 하나님께 경배하라 하더라 10 또 내게 말하되 이 두루마리의 예언의 말씀을 인봉하지 말라 때가 가까우니라 11 불의를 행하는 자는 그대로 불의를 행하고 더러운 자는 그대로 더럽고 의로운 자는 그대로 의를 행하고 거룩한 자는 그대로 거룩하게 하라 12 보라 내가 속히 오리니 내가 줄 상이 내게 있어 각 사람에게 그가 행한 대로 갚아주리라 13 나는 알파와 오메가요 처음과 마지막이요 시작과 마침이라 14 자기 두루마기를 빠는 자들은 복이 있으니 이는 그들이 생명나무에 나아가며 문들을 통하여 성에 들어갈 권세를 받으려 함이로다 15 개들과 점술가들과 음행하는 자들과 살인자들과 우상 숭배자들과 및 거짓말을 좋아하며 지어내는 자는 다 성 밖에 있으리라 16 나 예수는 교회들을 위하여 내 사자를 보내어 이것들을 너희에게 증언하게 하였노라 나는 다윗의 뿌리요 자손이니 곧 광명한 새벽 별이라 하시더라 17 성령과 신부가 말씀하시기를 오라 하시는도다 듣는 자도 오라 할 것이요 목마른 자도 올것이요 또 원하는 자는 값없이 생명수를 받으라 하시더라 18 내가 이 두루마리의 예언의 말씀을 듣는 모든 사람에게 증언하노니 만일 누구든지 이것들 외에 더하면 하나님이 이 두루마리에 기록된 재앙들을 그에게 더하실 것이요 19 만일 누구든지 이 두루마리의 예언의 말씀에서 제하여 버리면 하나님이 이 두루마리에 기록된 생명나무와 및 거룩한 성에 참여함을 제하여 버리시리라 20 이것들을 증언하신 이가 이르시되 내가 진실로 속히 오리라 하시거늘 아멘 주 예수여 오시옵소서 21 주 예수의 은혜가 모든 자들에게 있을지어다 아멘

　　본문은 요한계시록의 결론 부분입니다. 본문에서 가장 핵심이 되는 말이 무엇일까요? 핵심이 되는 말은 아무래도 여러 번 나오겠지요. 예수님께서 '내가 속히 오리라' 는 말씀을 세 번 하고 계십니다.

7절에 '보라 내가 속히 오리니', 12절에 '보라 내가 속히 오리니', 그리고 20절에 '이것들을 증언하신 이가 이르시되 내가 진실로 속히 오리라' 하셨습니다.

그런데 이 말씀이 이루어졌습니까, 안 이루어졌습니까? 아직 안 이루어졌지요. 요한계시록이 AD 95년경에 기록되었는데 요한계시록이 기록된 지 2천년이 다 되어 가는 지금까지도 예수님은 오시지 않고 있습니다. 속히 오신다고 하셨는데 아직까지 오시지 않고 계시니 도대체 어떻게 된 일일까요?

여기에 대한 대답은 베드로후서 3장 8-9절에서 찾을 수 있습니다.

"사랑하는 자들아 주께는 하루가 천 년 같고, 천 년이 하루 같다는 이 한 가지를 잊지 말라. 주의 약속은 어떤 이들이 더디다고 생각하는 것 같이 더딘 것이 아니라, 오직 주께서는 너희를 대하여 오래 참으사 아무도 멸망하지 아니하고 다 회개하기에 이르기를 원하시느니라"(벧후 3:8-9).

지금도 예수님께서는 기다리고 계시는 것입니다. 한 영혼이라도 더 돌아오기를 기다리고 계시기 때문에 아직까지 오시지 않고 있는 것입니다. 그러나 때가 되면 반드시 오십니다. 그 때가 어쩌면 우리가 살고 있는 지금 이 시대인지 모르겠습니다. 세상 돌아가는 것을 볼 때 성경의 예언과 비슷하게 되어 가고 있고, 또 모든 것이 우리 주님께서 오실 날이 임박했다고 하는 것을 말해 주고 있기 때문입니다.

이 말은 신실하고 참된 지라

그럼 요한계시록의 결론 부분에 어떤 내용이 있는지 살펴봅시다. 본문에는 예수님께서 다시 오시겠다는 말씀 외에도 많은 말씀을 하고 계십니다. 한 절씩 읽으면서 교훈을 생각해 보도록 하겠습니다. 6절 말씀입니다.

"또 그가 내게 말하기를 이 말은 신실하고 참된지라. 주 곧 선지자들의 영의 하나님이 그의 종들에게 반드시 속히 되어질 일을 보이시려고 그의 천사를 보내셨도다"(계 22:6).

여기서 중요한 말은 '신실하고 참되다' 그리고 '반드시 속히 되어질 일이다' 하는 것입니다. 무엇이 신실하고 참되다는 것입니까? 또 무엇이 반드시 속히 되어질 일이라는 것입니까? 하나님께서 천사를 통하여 요한에게 알게 하신 내용들이 그렇다는 것입니다. 종말론에 대해서는 여러 가지 학설이 있지만 다른 모든 것은 신빙성이 없고, 하나님의 말씀에 기록된 내용들, 요한계시록에 기록된 내용들만 믿을 수 있고, 실제로 이루어질 내용들입니다.

예언의 말씀을 지키는 자는 복이 있으리라

7절 말씀을 보겠습니다.

"보라 내가 속히 오리니 이 두루마리의 예언의 말씀을 지키는 자는 복이 있으리라"(계 22:7).

이 말씀은 예수님께서 하시는 말씀인데, 예수님께서 속히 오시겠다는 말씀과 함께 '이 예언의 말씀을 지키는 자는 복이 있다'고 하십니다. 이 말씀은 요한계시록 1장 3절 말씀과 비슷합니다.

"이 예언의 말씀을 읽는 자와 듣는 자와 그 가운데에 기록한 것을 지키는 자는 복이 있나니 때가 가까움이라"(계 1:3).

조금 차이가 있다면 1장 3절에서는 '읽는 자와 듣는 자와 지키는 자' 를 이야기하고 있고, 22장 7절에서는 '지키는 자' 에 대해서만 이 야기하고 있습니다. 아무리 하나님의 말씀을 많이 읽고, 많이 듣는 다고 해도 지키지 않으면 아무 소용이 없겠지요. 그래서 결론적으로 하나님 말씀을 지킬 것을 이야기하는 것입니다. '하나님 말씀을 지 킨다' 는 말은 '하나님 말씀에 주의한다', '하나님 말씀을 들은 대로 실천한다' 는 의미입니다. 하나님의 말씀을 우리가 많이 듣고 있는 데, 듣기만 하고 실천하지 않는 사람이 아니라 듣는 대로 실천하는 사람들이 되어야 할 것입니다.

다음은 8-9절입니다.

"이것들을 보고 들은 자는 나 요한이니, 내가 듣고 볼 때에 이 일을 내게 보이던 천사의 발 앞에 경배하려고 엎드렸더니 그가 내게 말하 기를 나는 너와 네 형제 선지자들과 또 이 두루마리의 말을 지키는 자들과 함께 된 종이니 그리하지 말고 하나님께 경배하라 하더라" (계 22:8-9)

사도 요한은 예수 그리스도의 계시를 통하여 정말 놀라운 사실들 을 보고 들었습니다. 세상 끝날에 어떤 일들이 일어날 것인지도 보 았고, 천국의 모습도 미리 보았습니다. 그런데 이 모든 것을 예수님 께서는 천사를 통해 보여주셨습니다. 천사가 가이드 역할을 해준 것 이지요. 그러다보니 사도 요한은 이 천사에 대해서 경외심이 생겼습 니다. 천사가 신비해 보이기도 하고, 더군다나 자기를 안내하여 천 국 구경도 시켜주니 얼마나 위대한 존재로 보였겠습니까. 그래서 그 의 발 앞에 엎드려 경배하려고 했습니다. 경배하려고 했다는 말은 예배하려고 했다는 말입니다. 영어성경에 보면 'worship(예배)'이라는 말을 쓰고 있습니다. 그 때 천사가 "나에게 경배를 하면 안 됩니다. 나는 하나님의 종일뿐입니다. 하나님께 경배하십시오."라고 이야기해 주었습니다. 이 천사는 정말 착하고 충성된 천사임에 틀림없습니다. 만약 사탄이라면 어땠을까요? 경배를 받았겠지요.

사람들은 확실히 자기보다 우월하고 신비스럽다고 생각되는 존재를 보면 경배하려는 마음이 있는 것 같습니다. 이것이 사람들이 가지고 있는 종교성입니다. 모든 사람들 마음속에는 종교성이 있어서 어떤 신비한 대상을 보면 그것에 경의를 표하고 싶고, 경배하고 싶고, 복을 빌고 싶은 마음들이 다 있습니다. 그런데 문제는 제대로 된 대상에게 해야 하는데 엉뚱한 것에 한다는 것입니다. 사람들이 경배하고 예배해야 할 분은 하나님 한 분, 예수 그리스도 한 분 밖에는 없습니다. 엉뚱한 곳에 가서 절하고 복을 기원하지 말고, 살아계신 하나님께만 진실하게 예배할 수 있어야겠습니다.

이 두루마리의 예언의 말씀을 인봉하지 말라

10-11절을 보겠습니다.

"또 내게 말하되 이 두루마리의 예언의 말씀을 인봉하지 말라. 때가 가까우니라. 불의를 행하는 자는 그대로 불의를 행하고, 더러운 자는 그대로 더럽고, 의로운 자는 그대로 의를 행하고, 거룩한 자는 그대로 거룩하게 하라"(계 22:10-11).

'예언의 말씀을 인봉하지 말라'는 것은 요한계시록 말씀을 더 많이 읽고, 연구하고, 설교하고, 가르치라는 의미입니다. 그런데 오늘날 많은 교회와 성도들에게 '요한계시록'은 여전히 인봉된 책인 것 같습니다. 웬만한 교회에서는 요한계시록 강해를 잘 안합니다. 거의 들어보기가 힘듭니다. 또 성도들도 요한계시록은 무조건 어려운 책이라고 생각하여 읽지 않고 덮어놓는 경향이 있습니다. 그런데 이 예언의 말씀을 인봉하지 말라고 했습니다. 열어서 읽으라는 말씀입니다. 끝날이 가까울수록, 주님께서 오실 날이 가까울수록 요한계시록은 더 많이 설교되어져야 하고, 더 많이 읽혀져야 합니다.

그런데 11절 말씀이 조금 어렵습니다.

"불의를 행하는 자는 그대로 불의를 행하고, 더러운 자는 그대로 더럽고, 의로운 자는 그대로 의를 행하고, 거룩한 자는 그대로 거룩하게 하라"(계 22:11).

이게 도대체 무슨 말씀일까요? 이 말씀을 잘못 이해하면 전도도 하지 말고, 악한 사람은 악한 그대로 내버려 두라는 말씀으로 이해할 수 있습니다. 그런데 그런 말씀이 절대로 아닙니다. 다니엘서 12장 9-10절 말씀을 참고하면 이 말씀을 이해할 수 있습니다.

"그가 이르되 다니엘아 갈지어다. 이 말은 마지막 때까지 간수하고 봉함할 것임이니라. 많은 사람이 연단을 받아 스스로 정결하게 하며 희게 할 것이나 악한 사람은 악을 행하리니, 악한 자는 아무 것도 깨닫지 못하되 오직 지혜 있는 자는 깨달으리라"(단 12:9-10).

이 말씀과 요한계시록 22장 10-11절 말씀의 분위기가 비슷하지 않습니까? 요한계시록에서는 '인봉하지 말라'고 했고 다니엘서에서는 '봉함하라'고 했는데 이것은 상황이 다르기 때문에 그런 것이고, 그 다음 내용을 보면 사실은 두 말씀이 서로 통하는 말씀입니다. 다니엘서의 말씀을 염두에 두고 요한계시록의 말씀을 이해하면 계시의 말씀을 받지 않는 사람들은 불의의 삶을 살게 될 것이고, 계시의 말씀을 받아들인 사람들은 거룩하고 의로운 삶을 살게 될 것이라는 의미입니다. 그러므로 계시의 말씀을 열심히 전해서 사람들로 하여금 의로운 삶을 살게 하라는 말씀이지요. 예수님께서 오실 날이 가까울수록 우리는 복음 전하는 일을 더 열심히 해야 합니다. 그것이 요한계시록 22장 11절의 의미입니다. 더 열심히 전도해서 악한 사람들로 하여금 바른 사람이 되게 하라는 일종의 역설적인 표현을 썼다고 이해하면 되겠습니다.

내가 줄 상이 있어 행한 대로 갚아 주리라

12절을 보겠습니다.

"보라 내가 속히 오리니 내가 줄 상이 내게 있어 각 사람에게 그가 행한 대로 갚아 주리라"(계 22:12).

11절 말씀에서는 열심히 전도하고, 봉사할 것을 말씀하셨습니다. 그리고 그렇게 하면 12절에서는 주님께서 오실 때 상을 주시겠다고 하십니다. 그 때가 언제인가 하면 주님께서 공중에 재림하시고 우리가 공중으로 들림 받았을 때입니다. 누가복음 14장 14절에 보면 '의인들의 부활 시에 갚아 주시겠다' 는 말씀이 있는데 그 때가 바로 이 때를 이야기하는 것입니다. 그러므로 우리는 상 받을 수 있도록 더 열심히 전도하고, 주님을 위해서 더 많은 일을 할 수 있어야겠습니다. 13절로 갑니다.

"나는 알파와 오메가요, 처음과 마지막이요, 시작과 마침이라"(계 22:13).

이 말씀에 나오는 '나' 는 예수님을 이야기하는 것입니다. 그런데 여기 나오는 표현들은 모두 하나님에 대한 표현들입니다. 예를 들면

'알파와 오메가', '처음과 마지막', '시작과 마침', 모두 창조주 하나님에 대한 표현들입니다.

"주 하나님이 이르시되 나는 알파와 오메가라. 이제도 있고, 전에도 있었고, 장차 올 자요, 전능한 자라 하시더라"(계 1:8).

"만군의 여호와가 이같이 말하노라. 나는 처음이요, 나는 마지막이라. 나 외에 다른 신이 없느니라"(사 44:6).

요한계시록 1장 8절과 이사야 44장 6절 말씀은 하나님께서 자신에 대해 하신 말씀입니다. 그런데 본문에서는 예수님께서 '나는 알파와 오메가요, 처음과 마지막이요, 시작과 마침'이라고 말씀하고 계십니다. 그러므로 이 말씀에 의하면 예수님이 곧 성부 하나님이시요, 창조주 하나님이심을 알 수 있습니다. 성경은 '예수님이 곧 하나님'이라고 가르치고 있습니다. 그런데 '여호와의 증인들'은 이것을 믿지 않고, 예수님을 하나님으로 인정하려 하지 않습니다. 똑같은 성경을 보면서도 깨닫지 못하는 그들이 안타깝습니다. 이 말씀 외에도 예수님의 하나님 되심을 이야기하는 구절은 많습니다. 예수님은 그냥 단순한 한 인간이 아니라 하나님이라고 하는 사실을 잊지 맙시다.

생명나무에 나아가며, 성에 들어갈 권세를 받으려 함이로라

14-15절을 보겠습니다.

"자기 두루마기를 빠는 자들은 복이 있으니 이는 그들이 생명나무에 나아가며 문들을 통하여 성에 들어갈 권세를 받으려 함이로다. 개들과 점술가들과 음행하는 자들과 살인자들과 우상 숭배자들과 및 거짓말을 좋아하며 지어내는 자는 다 성 밖에 있으리라"(계

22:14-15).

'두루마기'는 '겉옷'을 이야기하는 것입니다. 요한계시록에는 '두루마리'라는 표현도 나오기 때문에 혼동할 수도 있는데 '두루마리'는 책을 이야기하는 것이고, '두루마기'는 옷을 이야기하는 것입니다. '자기 겉옷을 빠는 자들은 복이 있다'고 하였는데 이들은 '예수 그리스도의 보혈로 죄 씻음 받은 사람들'을 말하는 것입니다. 요한계시록 7장 14절에는 구원받은 사람들에 대해 말하면서 '어린 양의 피에 그 옷을 씻어 희게 하였느니라' 하는 표현이 나옵니다. 본문에 나오는 표현과 비슷한 표현입니다.

이들에게는 '생명나무에 나아가며 문들을 통하여 성에 들어갈 권세'가 있다고 말씀하고 있습니다. '생명나무'는 천국에 있습니다. 황금길 가운데로 생명수 강이 흐르고 생명수 강 좌우에 생명나무가 있습니다. 그리고 여기의 '성'은 '거룩한 성 새 예루살렘', 즉 '천국'을 이야기하는 것입니다. 구원받은 사람들은 그 성에 들어갈 수 있는 권세가 있습니다. 세상에 이보다 더 큰 권세가 있을까요? 청와대에 들어가는 것도 상당한 권세이고, 백악관에 들어가는 것도 상당한 권세임에 틀림없지만, 하나님의 거룩한 성에 출입할 수 있는 권세야말로 세상에서 가장 위대한 권세라고 믿습니다. 저와 여러분이 이 권세를 가진 사람들입니다.

그런데 말씀을 보면 성 안에 있는 사람들도 있고, 성 밖에 있는 사람들도 있습니다. 누가 성 밖에 있는가 하면 '개들', '점술가들', '음행하는 자들', '살인자들', '우상 숭배자들', '거짓말을 좋아하며 지어내는 자'라고 말씀하고 있습니다(15절). '개들'은 악한 사람들을 나타내는 표현이고 이들 모두는 믿지 않는 사람들을 대표하는 사람들이라고 볼 수 있습니다. 그들은 '성 밖에 있을 것'이라고 말씀하고 있는데 이것은 그들이 '불못'에 있는 것을 말하는 것입니다. 요한계시록 21장 8절에 보면 이런 사람들이 불못에 던져진다는 표현이 있습니다. 그러므로 '불못'에 있는 것과 '성 밖'에 있는 것이 같은 표현인 것을 알 수 있습니다.

다윗의 뿌리요, 자손이니, 곧 광명한 새벽 별이라

다음은 16절입니다.

"나 예수는 교회들을 위하여 내 사자를 보내어 이것들을 너희에게 증언하게 하였노라. 나는 다윗의 뿌리요 자손이니, 곧 광명한 새벽 별이라 하시더라"(계 22:16).

예수님께서 자신을 두 가지로 소개하고 있습니다. 첫째는 '다윗의 뿌리요, 자손', 두 번째는 '광명한 새벽 별'입니다. '다윗의 뿌리요 자손'이라는 말씀은 예수님이 메시아 되심을 나타내는 표현입니다. 구약성경에 보면 메시아는 다윗의 혈통을 통해 나오고, 동시에 다윗보다도 먼저 있는 분입니다. '뿌리'라는 말은 조상이나 먼저 된 것을 이야기하는 것입니다. 그러므로 이것은 예수님께서 다윗의 뿌리로 다윗보다 먼저 있는 존재이면서 또한 다윗의 후손으로 오신 메시아임을 나타내는 표현입니다.

또 '광명한 새벽 별'은 예수님이 '새로운 날의 시작을 알리는 분'임을 나타내는 표현이라고 할 수 있습니다. 광명한 새벽 별이 뜨면 밤이 가고 아침이 되는 것처럼 누구든지 예수님을 모시게 되면 새로운 날이 시작된다는 말입니다. 개인도, 가정도, 나라도 예수님을 모시면 새로운 날이 시작되는 것입니다. 여러분은 그런 경험을 해 보셨습니까? 예수님을 모시고 나서 삶이 변하고, 새로운 아침이 찾아온 그런 경험 말입니다. 예수님을 만나면 인생관이 달라지고, 가치관이 달라지고, 모든 것이 다 달라집니다. 예수님은 새로운 아침을 주시는 분이십니다. 그래서 예수님은 광명한 새벽 별과 같은 분이십니다. 나라들도 마찬가지입니다. 우상숭배하고 죄악으로 가득한 나라들은 하나님께서 복을 주시지 않습니다. 그러나 회개하고 돌아와 하나님을 섬기는 나라, 하나님을 섬기는 민족이 되면 하나님께서 그 나라와 민족을 축복해 주십니다. 새로운 날을 주시는 것이지요. 지금 이 세상은 죄로 인해 매우 어둡고 혼탁합니다. 그러나 주님께서 오셔서 다스리시면 세상이 달라질 것입니다. 예수님은 '광명한 새벽 별' 이시기 때문입니다.

원하는 자는 값없이 생명수를 받으라

17절을 보겠습니다.

"성령과 신부가 말씀하시기를 오라 하시는도다. 듣는 자도 오라 할 것이요, 목마른 자도 올 것이요, 또 원하는 자는 값없이 생명수를 받으라 하시더라"(계 22:17).

성령과 신부가 사람들을 초대하는 장면입니다. '신부' 는 '교회' 를 말합니다. 어떤 사람들을 초대하고 있습니까? 요한계시록의 말씀을 읽을 사람들, 또는 읽는 사람들을 초대하는 것입니다.

하나님께서 성경을 기록하신 목적은 사람들을 하나님께로 초대하기 위함입니다. 창세기부터 요한계시록까지 모든 성경은 사람들을 하나님께로 초대하고 있습니다. 그러므로 요한계시록도 초대의 말을 빠뜨리지 않고 있는 것입니다. 어떻게 초대하고 있습니까? 목마른 사람들, 원하는 사람들은 누구나 다 오라고 초대하고 있습니다. 그리고 오는 자들에게는 생명수를 주시겠다고 말씀하고 있습니다. '생명수'는 '영원한 생명', '구원'을 이야기하는 것입니다. 사람들에게는 이 세상 것으로는 도저히 채울 수 없는 목마름이 있습니다. 영혼의 목마름, 하나님께 대한 목마름입니다. 그런데 사람들은 그 갈급함을 무엇으로 채워야 할지를 모릅니다. 그래서 돈이 많으면 만족할 수 있을까, 행복해질 수 있을까 하고 돈을 열심히 모읍니다. 그러나 아무리 돈을 많이 모아도 그 목마름이 채워지지 않습니다. 어떤 사람들은 인기가 없어서 그런가 하고 열심히 인기를 추구하고, 어떤 사람들은 명예, 어떤 사람들은 권력을 추구합니다. 그러나 이 목마름은 인기나 명예나 권세를 통해서도 채워지지 않습니다. 또 어떤 사람들은 술도 마셔보고, 쾌락도 추구해봅니다. 그러나 그런 것으로도 영혼의 목마름은 해결되지 않습니다. 사람이라면 누구에게나 있는 이 목마름은 오직 하나님만이 채워주실 수 있습니다. 왜냐하면 이 목마름은 결국 하나님에 대한 목마름이기 때문에 그렇습니다.

요한복음 4장에 보면 한 목마른 여인의 이야기가 나옵니다. 이 여인이 우물가에 물을 길으러 왔습니다. 육신적으로도 목이 말랐지만 이 여자는 영혼이 더 목말랐습니다. 그래서 자기 영혼의 목마름을 해결해 보고자 남편을 계속 바꾸었습니다. 이 남자, 저 남자 바꾸어 가며 다섯 번이나 남자를 바꾸었고 지금은 여섯 번째 남자와 살고 있습니다. 그런데도 이 여자의 목마름은 해결되지 않았습니다. 결국 이 여자도 우물가에서 만난 예수 그리스도로 인해서 영혼의 해갈이 이루어지고 인생의 기쁨과 행복을 발견하게 됩니다. 이것이 하나님

만이 채워주실 수 있는 해갈입니다. 혹시 여러분 중에 목마름이 있는데 그것이 무슨 목마름인지 잘 모르는 분이 계십니까? 그 목마름은 영혼의 목마름, 하나님께 대한 목마름입니다. 본문의 초대는 바로 그런 사람들을 위한 것입니다.

'원하는 자는 값없이 생명수를 받으라' 하십니다. 여러분에게 영혼의 해갈이 있기를 바랍니다. 그런데 그 생명수의 값이 얼마인 줄 아십니까? 값이 없습니다. 그냥 주십니다. 그런데 우리로 하여금 값없이, 공짜로 얻도록 하기 위해 예수님께서 엄청난 값을 지불하셨다는 것을 잊지 말아야 합니다. 예수님께서는 우리로 하여금 값없이 생명수를 얻도록 하려고 이 땅에 오셔서 죽으셨습니다. 예수님이 대신 값을 지불하신 것입니다. 이것이 우리가 예수님을 믿는 이유입니다. 누구라도 예수님을 믿으면 참된 행복, 영원한 기쁨을 발견하게 됩니다.

예언의 말씀에서 더하거나 제하여 버리면

18-19절입니다.

"내가 이 두루마리의 예언의 말씀을 듣는 모든 사람에게 증언하노니 만일 누구든지 이것들 외에 더하면 하나님이 이 두루마리에 기록된 재앙들을 그에게 더하실 것이요, 만일 누구든지 이 두루마리의 예언의 말씀에서 제하여 버리면 하나님이 이 두루마리에 기록된 생명나무와 및 거룩한 성에 참여함을 제하여 버리시리라"(계 22:18-19).

굉장히 무서운 말씀입니다. 누구라도 하나님의 말씀, 여기서는 특별히 요한계시록의 말씀을 이야기하는 것인데 이 말씀에서 더하거나 빼면 이 책에 기록된 재앙들을 그에게 쏟아 붓고, 거룩한 성에 참여함을 제하여 버리겠다고 말씀하고 계십니다. 이런 말씀을 하시는 이유가 무엇일까요? 요한계시록에 기록된 말씀은 더할 것도, 뺄 것도 없는 완전한 하나님의 말씀이기 때문입니다. 신명기 4장 2절과 12장 32절에 보면 '하나님 말씀에 가감하지 말라' 는 말씀이 있습니다. 거기서 말하는 하나님의 말씀은 창세기부터 신명기까지, 즉 '모세오경' 을 이야기하는 것입니다. 유대인들은 지금도 모세오경에 대해서는 철저합니다. 신약성경은 인정하지 않지만 모세오경에 대해서는 대단한 경외심을 가지고 있습니다. 그런데 모세오경 뿐 아니라 요한계시록도 하나님의 영감으로 기록된 말씀입니다. 그러므로 모세오경의 말씀도 가감하면 안 되지만, 요한계시록의 말씀도 절대로 인위적으로 빼거나 더해서는 안 된다는 것입니다. 그리고 이 말씀은 성경 전체에 해당되는 말씀이기도 합니다. 성경은 전체가 66권으로 되어 있는데 여기에는 뺄 것도, 더할 것도 없습니다. 66권으로 완전합니다. 성경의 마지막 책인 요한계시록에 성경 말씀에 가감하지 말라는 말씀을 기록하고 있는 것이 놀랍지 않습니까? 하나님께서는 성경 66권을 기록하시고 마지막으로 이 경고의 말씀을 요한계시록에 강조해 놓으셨습니다. 성경이 얼마나 놀라운 책인지 모릅니다. 저자도 하나님, 편집하신 분도 하나님, 보존하신 분도 하나님이십니다. 그러므로 우리는 하나님의 말씀인 성경을 사랑하고, 읽고, 이 말씀대로 살아야 하는 것입니다.

아멘 주 예수여 오시옵소서

20절로 갑니다.

"이것들을 증언하신 이가 이르시되 내가 진실로 속히 오리라 하시거늘 아멘 주 예수여 오시옵소서"(계 22:20).

이 말씀이 요한계시록의 결론이고, 성경 전체의 결론이기도 합니다.

성경의 주인공은 예수 그리스도이십니다. 성경의 주인공 예수 그리스도에 대한 말씀 중에서 딱 한 가지 이루어지지 않은 것이 있는데 그것은 다시 오시겠다는 말씀입니다. 예수님은 성경을 마감하면서 '내가 다시 오겠다'는 말씀을 하고 계십니다. 저는 이 말씀을 문자 그대로 믿습니다. 언젠가는 예수님께서 하신 말씀 그대로 다시 오실 것을 저는 믿습니다. 당신도 그렇게 믿으십니까? 그렇다면 우리도 요한처럼 이렇게 고백할 수 있어야 합니다.

"아멘, 주 예수여 오시옵소서."

초대교회 성도들의 신앙 가운데 가장 중요한 것 중 하나가 예수님께서 다시 오실 것을 믿는 신앙이었습니다. 그들은 예수님께서 다시 오실 것을 정말 간절히 기다렸습니다. 그래서 그들은 인사도 "마라나타!"라고 했습니다. '마라나타'라는 말의 의미는 '주님, 오십시오!'라는 뜻입니다. 고린도전서 16장 22절에 보면 '우리 주여 오시옵소서'라는 말씀이 나옵니다. 그 말씀을 헬라어 성경에서 찾아보면 '마라나타'라고 되어 있습니다. 표준새번역 성경이나 영어 킹제임스, NASV 성경에는 '마라나타'라고 그대로 옮겨 놓았습니다. 원래 이 말은 아람어로 그 당시 사람들이 쓰던 용어였기 때문에 그대로 음역해 놓은 것입니다. 그래서 사도 바울도 고린도전서 16장을 기록하다가 늘 하던 대로 "마라나타!"라고 인사를 했던 것입니다.

사랑하는 성도 여러분!

우리도 초대교회 성도들처럼, 그리고 요한계시록을 기록한 사도 요한처럼 "주님, 어서 오십시오" 하는 마음으로 살아갈 수 있어야겠습니다.

마지막으로 21절을 보겠습니다.

"주 예수의 은혜가 모든 자들에게 있을지어다. 아멘"(계 22:21).

언제 들어도 듣기 좋은 말, 기분 좋은 말입니다. 인사 중에 최고의 인사라고 생각합니다. 우리나라의 "안녕하세요?"나 영어의 "How are you?" 보다 "예수님의 은혜가 당신에게 있기를 바랍니다" 하는 인사가 얼마나 좋은 인사인지 모릅니다.

요한계시록 강해를 끝내면서 이 인사를 당신에게 드립니다.

"우리 주 예수님의 은혜가 당신에게 있기를 바랍니다."